铁路专业系列教材

铁路工务安全

中国国家铁路集团有限公司工电部　主编

中国铁道出版社有限公司

2025年·北京

内 容 简 介

为加强铁路专业技术和技能人才队伍建设，增强铁路职业教育和技术业务培训的系统性、针对性，中国国家铁路集团有限公司组织编写了铁路专业系列教材。

《铁路工务安全》为铁路专业系列教材之一，全书包含维修管理及相关法律法规，行车安全，人身及工务设备安全，电气化铁路作业安全，机械、车辆使用，材料装卸与堆放，道口安全，周边环境管理及灾害监测系统，预防其他灾害等内容。

本书既可作为高等职业学校铁道类相关专业基本教材，又可作为普通高等学校铁路专业入门教材，同时也可作为铁路企业管理人员、专业技术人员、技能人员岗位培训和业务学习参考用书。

图书在版编目(CIP)数据

铁路工务安全/中国国家铁路集团有限公司工电部主编.—北京：中国铁道出版社有限公司，2022.8(2025.7 重印)
铁路专业系列教材
ISBN 978-7-113-29271-3

Ⅰ.①铁… Ⅱ.①中… Ⅲ.①铁路工程-安全技术-教材 Ⅳ.①U2

中国版本图书馆 CIP 数据核字(2022)第 106599 号

书　　名：**铁路工务安全**
作　　者：中国国家铁路集团有限公司工电部

责任编辑：赵雅敏　　**编辑部电话**：(010)51873141
封面设计：崔丽芳　　**封 面 摄 影**：房富国
责任校对：安海燕
责任印制：高春晓

出版发行：中国铁道出版社有限公司(100054，北京市西城区右安门西街 8 号)
网　　址：https://www.tdpress.com
印　　刷：北京联兴盛业印刷股份有限公司
版　　次：2022 年 8 月第 1 版　2025 年 7 月第 8 次印刷
开　　本：787 mm×1 092 mm 1/16　**印张**：17.75　**字数**：399 千
书　　号：ISBN 978-7-113-29271-3
定　　价：50.00 元

前言

为加强铁路专业技术和技能人才队伍建设，增强铁路职业教育和技术业务培训的系统性、针对性，在全国铁道职业教育教学指导委员会指导下，中国国家铁路集团有限公司组织编写了铁路专业系列教材。

近年来，随着我国铁路事业的快速发展，铁路技术装备加快升级，铁路生产组织、作业方式、作业规章发生了较大变化，对铁路专业技术及技能人才的知识结构、技能结构提出了更高要求。从对院校铁路专业教学调研的情况看，部分院校专业教材存在知识老化、与现场岗位技能要求脱节的问题，影响了铁路技能人才培养质量。中国国家铁路集团有限公司组织编写本套教材，旨在引导院校加强铁路主专业建设，将铁路企业现场新技术、新规章、新技能融入专业教材中，指导院校完善课程体系，改进专业教学，提高铁路人才队伍源头培养质量。

本套教材由中国国家铁路集团有限公司各业务部门组织铁路企业专业技术人员及院校专家共同编写，历时一年完成。在教材编写过程中，广泛征求了铁路企业和院校专家意见，并经多次修改完善。整套教材紧扣铁路现代化发展，系统梳理了近年来我国铁路发展特别是高速铁路发展理论和实践经验，全面概括了铁路各专业学科的基本内容、基本要求，是我国铁路专业教材建设的重要成果。本教材有以下主要特点：

第一，系统性。系列教材涵盖铁路主要行车工种对应的行车、客运、货运、机务、车辆、动车组、工务、信号、通信、供电等各专业，编写思路清晰，结构科学严谨。通用教材与专业教材承接紧密，各专业教材之间协调互补，构建了全面、系统的铁路专业知识体系，反映了铁路专业学科特色和基本要求。

第二，权威性。坚持专业领航、产教融合、校企合作，组建“企业（技术管理、运营维护、科学研究、生产制造)+院校”的编写团队，由中国国家铁路集团有限公司各业务部门牵头把关，组织来自铁路局集团公司、铁科院集团公司、高等学校、高职院校以及生产制造企业的数百名专业人士，潜心撰写，深入研讨，既有理论阐释，又有现场作业演示，全方位、多视角呈现了铁路专业学科知识。

第三，实用性。坚持学以致用，注重对最新规章标准文件的运用和解读，针对铁路现场岗位技能要求，确保教材内容与铁路运输岗位标准相契合，突出铁路职工岗位必知必会内容。本套教材减少大篇幅的理论推导和施工报告式的工艺流程堆砌，避免晦涩难懂的专业术语和理论运算，体现实用性和可读性相互兼顾。根据普通高校、职业院校和铁路职工岗位专业学习的特点，系列教材既有一般教材的共性，又有铁路专业学科的知识体系、逻辑结构和体例风格，特别是结合现场工作要求，突出岗位技能，使广大师生和铁路从业人员学得懂、用得上。

第四，融合性。坚持融合出版，本套教材收入了大量的现场设备及现场作业实景图片，图文并茂，生动易懂。在编写和出版过程中，积极运用“互联网+职业教育”的思维方法，推动传统教学理论变革，打造立体化新型教材，推进学术性与知识性结合。同时，充分运用现代信息技术，融合电子图书、课程视频、知识库等多种数字资源，进一步丰富教材内容，通过手机浏览器扫描二维码，下载安装教材 App，获得电子教材与规章标准数据联通共享，知识内容检索等增值服务，便于读者深入学习和拓展阅读。

本套教材既可作为高等职业学校铁道类专业基本教材，又可作为普通高等学校铁路专业入门教材，同时也可作为铁路企业管理人员、专业技术人员、技能人员岗位培训和业务学习参考用书。

本书为《铁路工务安全》，包含维修管理及相关法律法规，行车安全，人身及工务设备安全，电气化铁路作业安全，机械、车辆使用，材料装卸与堆放，道口安全，周边环境管理及灾害监测系统，预防其他灾害等内容。

本书由中国国家铁路集团有限公司工电部主编。参加编写人员有：中国国家铁路集团有限公司赵英超、谭丙磊、许圣强、刘战，沈阳局集团公司杨忠吉、朱新伟、王强、杨晓东、王志广，北京局集团公司徐海军、金家骐、马玉辉。审定人员有：吉林铁道职业技术学院徐光华，湖南高速铁路职业技术学院赵宏旭、张同文、秦立朝、曾锟。

本书在编写过程中得到了吉林铁道职业技术学院、湖南高速铁路职业技术学院、沈阳局集团公司和北京局集团公司的大力支持，在此一并表示感谢。

由于编者水平有限，书中难免有遗漏和不妥之处，诚请读者批评指正。

编　者

2022 年 7 月

目录

第一章 维修管理及相关法律法规

学习任务

铁路线桥设备是列车运行的基础，要加强维修管理，切实保证铁路线桥设备良好的技术状态，必须要有合理的基层养护维修部门和必要的规章制度作为保障，在维修过程中，运用科学合理和经济的维修策略，严格维修管理，全面提升设备质量，不断提高维修管理水平。

本章主要介绍工务段、车间设置；介绍《中华人民共和国安全生产法》《中华人民共和国铁路法》《铁路安全管理条例》《铁路交通事故应急救援和调查处理条例》《铁路技术管理规程》《普速铁路线路修理规则》《普速铁路工务安全规则》《高速铁路工务安全规则（试行）》等涉及铁路行业及工务安全管理的相关法律法规和规章。

通过学习，了解工务段及车间设置，重点掌握各法律法规、规章施行的日期，制定目的。

第一节　维修管理

一、普速铁路线路[1,2]

2019 年 4 月 1 日起施行《普速铁路线路修理规则》，对工务维修管理部门设备管辖范围、维修机构及相关标准重新进行了修订，更加有利于工务系统的安全管理。

普速铁路工务段的管辖范围：正线线路延展长度不宜超过 1 200 km，特殊情况下由铁路局集团公司规定；山区铁路、管辖范围内有编组站或一等及以上车站时，管辖正线长度可适当减少。线路车间的管辖范围：正线延展长度单线以 60～80 km 为宜，双线以 100～120 km 为宜。工务段下设安全生产调度指挥中心和线路车间、重点维修车间、综合机修车间、探伤车间等。线路车间下设检查工区、维修工区、线路工区。支线铁路可只设车间，不设或少设工区。

线路设备维修实行检养修分开制度。检养修分开的基本原则是实行独立检查以及专业化、机械化集中修理。在集团公司、工务段、线路车间各层级均实行检养修分开模式。铁路局集团公司层面:工电检测所负责检(动态检测)、工务段负责养、工务机械段负责修;工务段层面:检查车间或线路车间检查工区负责检、线路车间负责养、综合维修车间负责修;车间层面:检查工区负责检、线路工区负责养、维修工区负责修。

安全生产调度指挥中心负责指挥和监控全段日常生产,掌握作业和设备安全信息;汇总分析设备检查、监控数据,跟踪设备病害和缺陷的调查、复核及处理情况;掌握全段日作业计划,对日作业计划进行审核、协调和过程监控;跟踪掌握工电自轮运转特种设备、专用车辆运行状态和路料运输情况;指挥、处理突发情况等。线路车间作为组织维修生产的主体,组织制订车间年、月生产计划,周天窗维修计划以及日作业计划;组织设备检查、维护、验收;定期分析评价设备质量,跟踪考核维修、日常保持状态等。重点维修车间作为段实施机械化修理和专业修理的主体,负责配合大型养路机械作业、集中修作业,钢轨和道岔焊接等工作。综合机修车间负责养路机械维修保养,工具制作修理及线路配件修理,轨道车的运行及管理等工作。探伤车间负责钢轨探伤工作。线路工区负责线路巡查、临时补修、应急值守等。维修工区负责采用小型养路机械进行线路成段和道岔成组维修、配合大型养路机械作业、轨道伤损部件更换、道床翻浆整治、线路和道岔钢轨打磨、道口翻修及季节性重点工作等。检查工区负责线路的周期性设备静态检查、设备质量分析、作业验收和重点病害的调查、复核等。各铁路局集团公司可结合实际情况,对上述分工作适当调整。

二、高速铁路有砟轨道线路[3]

2013 年 4 月 1 日起施行《高速铁路有砟轨道线路维修规则(试行)》,规定高速铁路有砟轨道线路车间管辖线路长度以营业里程 100 km 左右为宜,线路车间下设线路工区,工区应在车站设置,线路工区管辖线路长度以营业里程 30 km 左右为宜。站间距较小的城际铁路、山区、高原及严寒地区车间和工区管辖线路长度可适当缩短。在动车段(所)应单独设置线路车间或工区。根据需要可设置其他车间和工区。

三、高速铁路无砟轨道线路[4]

2012 年 4 月 19 日起施行《高速铁路无砟轨道线路维修规则(试行)》,规定高速铁路无砟轨道线路车间管辖线路长度以营业里程 200~300 km 为宜,线路车间下设工区,工区间距平原地区一般为 100 km 左右。站间距较小的城际铁路、山区、高原、严寒地区的车间和工区管辖线路长度可适当缩短。动车段(所)应单独设置线路车间或工区。

第二节　相关法律法规

安全生产的法律、法规和规章既是工务现场严格遵守的规章制度,也是现场作业要严格执行的标准,对于不同部门、不同岗位要求有所不同,下面对铁路工务部门密切相关的法律、法规和规章进行简要介绍。

一、法律法规

1.《中华人民共和国安全生产法》

《中华人民共和国安全生产法》简称《安全生产法》，中华人民共和国第十三届全国人民代表大会常务委员会第二十九次会议通过了《全国人民代表大会常务委员会关于修改〈中华人民共和国安全生产法〉的决定》，自 2021 年 9 月 1 日起施行。

《中华人民共和国安全生产法》共包括七项主要内容：第一章总则，第二章生产经营单位的安全生产保障，第三章从业人员的安全生产权利义务，第四章安全生产的监督管理，第五章生产安全事故的应急救援与调查处理，第六章法律责任，第七章附则。

《中华人民共和国安全生产法》立法目的，是为了加强安全生产工作，防止和减少生产安全事故，保障人民群众生命和财产安全，促进经济社会持续健康发展。

2.《中华人民共和国铁路法》

《中华人民共和国铁路法》简称《铁路法》，1990 年 9 月 7 日发布，自 1991 年 5 月 1 日起施行。

《中华人民共和国铁路法》根据全国人民代表大会常务委员会关于修改部分法律的决定，于 2009 年 8 月和 2015 年 4 月进行了修正，现生效版本为 2015 年 4 月 24 日修正版。

《中华人民共和国铁路法》共包括六项主要内容：第一章总则，第二章铁路运输营业，第三章铁路建设，第四章铁路安全与保护，第五章法律责任，第六章附则。

《中华人民共和国铁路法》立法目的是保障铁路运输和铁路建设的顺利进行，以适应社会主义现代化建设和人民生活的需要，规范与协调铁路主管部门同旅客、货主及其他与铁路关系人的权利与义务。《中华人民共和国铁路法》指出："国务院铁路主管部门主管全国铁路工作，对国家铁路实行高度集中、统一指挥的运输管理体制，对地方铁路、专用铁路和铁路专用线进行指导、协调、监督和帮助。"

3.《铁路安全管理条例》

《铁路安全管理条例》(原《铁路运输安全保护条例》)，是根据《中华人民共和国安全生产法》和《中华人民共和国铁路法》制定的。铁路是我国国民经济和社会发展的重要基础设施，国家高度重视铁路安全工作。对于保障铁路运输安全发挥了重要作用，所以需要对《铁路安全管理条例》中不适应改革要求的规定进行调整。于 2004 年和 2013 年分别对该条例进行了全面修订，在 2013 年 7 月 24 日，《铁路安全管理条例》由国务院第 18 次常务会议通过，自 2014 年 1 月 1 日起施行。

《铁路安全管理条例》共包括八项主要内容：第一章总则，第二章铁路建设质量安全，第三章铁路专用设备质量安全，第四章铁路线路安全，第五章铁路运营安全，第六章监督检查，第七章法律责任，第八章附则。

《铁路安全管理条例》制定目的是加强铁路运输安全管理，保障铁路运输安全和畅通，保护人身安全、财产安全及其他合法权益。

4.《铁路交通事故应急救援和调查处理条例》

《铁路交通事故应急救援和调查处理条例》是经 2007 年 6 月 27 日国务院第 182 次常务

会议通过,2007年7月11日中华人民共和国国务院令第501号公布的法规,自2007年9月1日起施行。根据《国务院关于修改和废止部分行政法规的决定》于2012年进行修正。2012年11月9日中华人民共和国国务院令第628号公布,本条例自2013年1月1日起施行。

《铁路交通事故应急救援和调查处理条例》共包括八项主要内容:第一章总则,第二章事故等级,第三章事故报告,第四章事故应急救援,第五章事故调查处理,第六章事故赔偿,第七章法律责任,第八章附则。

《铁路交通事故应急救援和调查处理条例》制定目的是为加强铁路交通事故的应急救援工作,规范铁路交通事故调查处理,减少人员伤亡和财产损失,保障铁路运输安全和畅通,根据《中华人民共和国铁路法》和其他有关法律的规定,制定本条例。

二、工务相关规章

1.《铁路技术管理规程》

《铁路技术管理规程》简称《技规》,我国《铁路技术管理规程》的编制工作始于新中国成立后,第一版《铁路技术管理规程》于1950年1月出版,以后随着中国铁路的不断发展,于1954年、1956年、1960年、1964年、1972年、1983年、1992年、1999年、2006年、2014年历经十次修订。《铁路技术管理规程》的每一次修订都是一次生产实践和科学研究的总结。因此,《铁路技术管理规程》的编制和修订是铁路技术管理的一项非常重要的工作,涉及铁路的方方面面。随着铁路运输科技水平和管理水平的不断发展,《铁路技术管理规程》的内容也将进一步得到充实和完善。现执行的《铁路技术管理规程》于2014年11月1日正式施行。《铁路技术管理规程》依据《中华人民共和国铁路法》《铁路安全管理条例》等有关法律法规制定,是铁路技术管理的基本规章。铁路其他规则和规范性文件以及各部门、各单位制定的技术管理文件等都必须符合《铁路技术管理规程》的规定。新版《铁路技术管理规程》吸纳了很多新内容,分为高速铁路部分和普速铁路部分。

现行《铁路技术管理规程(普速铁路部分)》,由中国铁路总公司在2007年版《铁路技术管理规程》基础上重新组织编写而成,适用于200 km/h以下的铁路(仅运行动车组列车的铁路除外),是国家铁路技术管理的基本规章,是各部门、单位制定铁路技术管理文件的依据和基础。《铁路技术管理规程(普速铁路部分)》分为技术设备、行车组织、信号显示共三编十九章,并包括附图2种、附件10个。《铁路技术管理规程(普速铁路部分)》内容包括线路、桥梁及隧道,信号、通信,铁路信息系统,车站及枢纽,机车车辆,供电、给水,房屋建筑,铁路用地,编组列车,调车工作,行车闭塞,列车运行,固定信号,移动信号及手信号,信号表示器及标志,听觉信号等相关规定和要求。

现行《铁路技术管理规程(高速铁路部分)》,由中国铁路总公司在2007年版《铁路技术管理规程》基础上重新组织编写而成,适用于200 km/h及以上的铁路和200 km/h以下仅运行动车组列车的铁路。200 km/h客货共线铁路有关货运技术设备的要求参照《铁路技术管理规程(普速铁路部分)》执行。本规程是国家铁路技术管理的基本规章,是各部门、单位制定铁路技术管理文件的依据和基础。《铁路技术管理规程(高速铁路部分)》分为技术设备、行车组织、信号显示共三编二十五章,并包括附图2种、附件3个。《铁路技术管理规程

(高速铁路部分)》内容包括线路、桥梁及隧道,信号、通信,铁路信息系统,车站及枢纽,机车车辆,供电、给水,房屋建筑,铁路用地,编组列车,调度指挥,列车运行,限速管理,调车工作,施工维修,灾害天气行车,设备故障行车,非正常行车组织,救援,固定信号,移动信号及手信号,信号表示器及标志,听觉信号等相关规定和要求。

《铁路技术管理规程》制定目的,是为加强中国国家铁路集团有限公司(简称"国铁集团")的铁路技术管理,确保国家铁路安全正点、方便快捷、高速高效,根据有关法律、法规、规章和技术标准等制定本规程。

2.《普速铁路线路修理规则》

《普速铁路线路修理规则》简称《普速修规》。2006 年铁道部发布的《铁路线路修理规则》(铁运〔2006〕146 号)对指导线路修理,保证线路质量,确保铁路运输安全生产起到了重要作用。十多年来,铁路管理体制发生了较大的变化,工务"线桥结构现代化、施工作业机械化、企业管理科学化"取得了长足进步,工务维修体制改革收到了显著成效,2006 版的《铁路线路修理规则》已不适应铁路改革和运输发展的要求。因此中国铁路总公司工电部组织对《铁路线路修理规则》进行了修订,并更名为《普速铁路线路修理规则》,自 2019 年 4 月 1 日起施行。

《普速铁路线路修理规则》制定目的是为贯彻落实"强基达标、提质增效"工作主题,适应普速铁路运营要求,规范线路设备管理,提高线路设备修理和技术管理水平。《普速铁路线路修理规则》共包括十章和八个附录,主要规定了线路设备修理工作内容及工作组织、线路设备标准和修理要求、线路设备修理主要作业要求、线路设备大修设计及预算、线路设备修理标准、线路质量评定、线路设备检查、道口看守、平面和高程控制网和附则等内容。

3.《高速铁路有砟轨道线路维修规则(试行)》

《高速铁路有砟轨道线路维修规则(试行)》简称《高速有砟维规》,为做好有砟轨道线路设备维修管理,提高维修技术水平,在总结高速铁路有砟轨道相关研究成果和国内外养护维修技术基础上,中国铁路总公司运输局组织编制了《高速铁路有砟轨道线路维修规则(试行)》,自 2013 年 4 月 1 日起施行。

《高速铁路有砟轨道线路维修规则(试行)》制定目的是为适应高速铁路运营要求,做好有砟轨道线路设备维修管理,提高维修技术水平,满足线路高可靠性、高稳定性、高平顺性的要求。

《高速铁路有砟轨道线路维修规则(试行)》共包括九章和十二个附录,阐述了高速铁路有砟轨道线路主要设备技术标准和维修要求,规定了线路设备检查内容和周期、维修标准、维修作业要求、线路质量评定及精测网应用与维护要求等内容。

4.《高速铁路无砟轨道线路维修规则(试行)》

《高速铁路无砟轨道线路维修规则(试行)》简称《高速无砟维规》,为做好无砟轨道线路设备维修管理,提高维修技术水平,中国铁路总公司运输局组织编制了《高速铁路无砟轨道线路维修规则(试行)》,自 2012 年 4 月 19 日起施行。

《高速铁路无砟轨道线路维修规则(试行)》制定目的是为指导我国高速铁路无砟轨道线路养护维修,满足线路高平顺性、高稳定性、高可靠性,保持无砟轨道耐久性。《高速铁路无砟轨道线路维修规则(试行)》共包括九章和二十二个附录,阐述了高速铁路无砟轨道线路主要设备技术标准和维修要求,规定了线路设备检查内容和周期、维修标准、维修作业要求、线路质量评定及精测网应用与维护要求等内容。

5.《普速铁路工务安全规则》

《普速铁路工务安全规则》简称《普速安规》,自2006年《铁路工务安全规则》(铁运〔2006〕177号)颁布实施以来,铁路运输及工务生产组织、设备状况均发生了较大变化。铁道部相继出台或修改了多项规则、办法,尤其是铁道部《铁路营业线施工安全管理办法》(铁运〔2012〕280号)的一些条款突破了《铁路工务安全规则》的相关规定;同时,《铁路技术管理规程》对安全防护等内容也做出了部分修改。因此,中国铁路总公司对《铁路工务安全规则》更名为《普速铁路工务安全规则》,并对有关内容进行补充或修改,自2014年12月1日起施行。

《普速铁路工务安全规则》制定目的:保证安全生产是工务部门的基本职责。各级工务部门必须认真贯彻执行"安全第一、预防为主、综合治理"的方针,掌握安全生产规律,加强对安全生产的领导,建立健全各项安全管理制度,严格作业纪律和劳动纪律,落实防范措施,防患于未然。《普速铁路工务安全规则》共包括四章和五个附录,阐述了其制定的目的、工务部门安全生产方针及适用范围、行车安全、人身安全、工务设备安全的相关要求。

6.《高速铁路工务安全规则(试行)》

《高速铁路工务安全规则(试行)》简称《高速安规》,为进一步规范高速铁路工务安全管理工作,保证高速铁路工务行车和人身安全,保持列车正常运输秩序,适应高速铁路运营要求,在总结既有提速线和高速铁路安全生产管理经验基础上编制了此规则,自2014年11月1日起施行。

《高速铁路工务安全规则(试行)》制定目的:高速铁路工务安全管理应坚持"安全第一,预防为主,综合治理"的原则,建立健全并严格执行各项安全管理制度,严格作业纪律,落实安全防范措施,防患于未然,保证工务安全生产稳定,保证高速铁路行车和人身安全,保持列车正常运输秩序。《高速铁路工务安全规则(试行)》共包括八章和四个附录,阐述了高速铁路安全管理制度,行车安全,养路机械、专用车辆及工程机械,人身安全,工务设备安全,安全防护设施及周边环境管理,灾害监测系统等工务安全相关要求。

7.《铁路交通事故调查处理规则》

《铁路交通事故调查处理规则》简称《事规》,2007年8月28日铁道部令第30号公布,自2007年9月1日起施行。

《铁路交通事故调查处理规则》制定目的是为及时准确调查处理铁路交通事故,严肃追究事故责任,防止和减少铁路交通事故的发生,根据《铁路交通事故应急救援和调查处理条例》,《铁路交通事故调查处理规则》共包括八项主要内容:第一章总则,第二章事故等级,第三章事故报告,第四章事故调查,第五章事故责任判定和损失认定,第六章事故统计、分析,第七章罚则,第八章附则。

典型案例1-1

异物侵限高速铁路线路影响列车晚点

1. 概　　况

某机务段动车组司机王某驾驶 CRH380A-6092L 动车组，于某日 8 时 43 分从某站发车，发车后以 40 km/h 的速度运行至某区间 K691+110 处时，司机发现列车运行前方约 300 m（K690+820）处有异物（蓝色彩钢瓦及钢架）侵入限界，立即采取了紧急制动停车，8 时 45 分列车停于 K691+065 处，距侵限异物约 245 m，停车后司机立即向列车调度员进行了汇报。9 时 55 分，工务、供电、车站、公安等部门清除了异物，接触网设备送电；10 时 11 分列车恢复行车，造成后续 3 辆列车分别晚点 1 h 25 min、43 min、29 min。根据《铁路交通事故调查处理规则》第二章第十六条之规定，该事故构成铁路交通一般 C 类事故。

2. 原因分析

（1）某镇八里堂村村民焦某在上行线 K690+870 高架桥北侧桥下私建的违章建筑房屋，顶部彩钢瓦被大风刮到高速铁路高架桥上（K690+820 处），侵入铁路上行限界并触及接触网导线造成设备跳闸，是导致列车停车事故的直接原因。

（2）某工务段、某铁路公安部门对该处铁路保护区内的违章建筑未能及时有效制止是造成此次事故的重要原因。

（3）对铁路安全保护区范围内的非法建筑清查不重视。清理铁路线路安全保护区建筑物、构筑物的工作不彻底，说明日常工作不到位，清查力度不大，是造成事故的主要原因。

（4）对铁路安全保护区宣传工作不到位。当地群众对铁路安全保护区的概念缺乏认识，对影响高速铁路安全的违章建筑物的危害缺乏足够的认识，是造成此事故的重要原因。

复习思考题

1.《中华人民共和国安全生产法》自何时起施行，制定目的是什么？
2.《铁路安全管理条例》自何时起施行，制定目的是什么？
3.《铁路交通事故调查处理规则》自何时起施行？
4.《铁路技术管理规程》自 2014 年 11 月 1 日正式施行，分为哪两部分？
5.《普速铁路线路修理规则》自何时起施行？
6.《高速铁路有砟轨道线路维修规则（试行）》制定目的是什么？
7.《高速铁路无砟轨道线路维修规则（试行）》自何时起施行？
8.《普速铁路工务安全规则》自何时起施行？
9.《高速铁路工务安全规则（试行）》自何时起施行？

引用规章文件

[1]《普速铁路线路修理规则》(铁总工电〔2019〕34 号)第二章第 2.4.6 条
[2]《普速铁路线路修理规则》(铁总工电〔2019〕34 号)第二章第 2.4.7 条
[3]《高速铁路有砟轨道线路维修规则(试行)》(铁运〔2013〕29 号)第二章第 2.3.2 条
[4]《高速铁路无砟轨道线路维修规则(试行)》(铁运〔2013〕83 号)第二章第 2.3.2 条

第二章
行车安全

学习任务

随着客运列车高速化、货运列车重载化的发展，营业线的施工、维修工作进一步提高，工务部门作业标准化的落实如果存在差距，就有可能造成不良后果甚至引发事故。所以，为了确保行车安全，在进行营业线作业、组织管理、防护及突发故障的处置等过程中都要落实标准化作业的要求。

本章主要介绍营业线工务作业、作业组织与管理、放行列车条件，信号及标志，作业防护办法，应急处置与特殊线路故障的预防和处理等相关规定和注意事项；简要叙述了邻近营业线施工相关要求。

通过学习，重点掌握营业线施工安全的注意事项、应急处置与特殊线路故障的预防和处理方法及各种施工防护的设置方法。

第一节　基本作业要求

一、营业线作业

铁路营业线是指已经建成并投入运输生产使用的铁路线路。营业线按线路的配置分为单线和双线，按主管部门分为工务、电务、供电等设备。

普速铁路和高速铁路工务作业分为施工作业和维修作业[1,2]。

（一）施工作业

1. 普速铁路施工作业[3,4]

施工作业系指影响设备稳定、使用和行车安全或需改变列车运行条件的作业。施工必须纳入月度施工计划（格式详见附录1），并在车站（调度所）办理封锁或慢行手续。

施工项目主要包括：

（1）线路及站场设备技术改造，增建线路、新线引入、电气化改造等施工。

(2)跨越或穿越线路、站场的桥梁、隧道、涵洞、地下工程、管道、渡槽和电力线路、通信线路、油气(燃气、蒸汽)管线以及铺设道口、平过道等设备设施的施工,如图2-1所示。

(a)上跨作业　　(b)下穿作业

图2-1　上跨下穿施工

(3)在规定的安全区域内进行影响建筑限界、路基和桥隧涵稳定的各种施工及爆破作业。

(4)设置在线路上的安全检测、监控设备的新建、技术改造、大中修施工。

(5)线路大中修,路基、桥隧涵大修施工及大型养路机械作业。

(6)成段破底清筛、更换钢轨或轨枕,成组更换道岔(含钢轨伸缩调节器)及轨件,更换轨道板(道床板),更换无砟道床。

(7)无缝线路应力放散。

(8)成段更换钢轨或轨枕,使用冻害垫板一次总厚度大于等于40 mm的冻害整治等施工。

(9)在线间距不足6.5 m地段(两线间已有站台、栅栏等设施的除外)一线作业邻线行车时,单个防护单元内(防护单元长度原则上不超过100 m)使用小型养路机械(包括捣固机、捣固镐、道岔打磨机、仿形打磨机、内燃扳手、切轨机)总数10台及以上的作业。

(10)其他影响营业线设备稳定、使用和行车安全的施工。

2. 高速铁路施工作业[4,5]

施工项目主要包括:

(1)线路及站场设备技术改造、新线引入等施工。

(2)跨越或穿越线路、站场的桥梁、隧道、涵洞、地下工程、管道、渡槽和电力线路、通信线路、油气(燃气、蒸汽)管线等设备设施的施工。

(3)在铁路安全保护区内架设、铺设、拆除管道、渡槽和电力线路、通信线路、杆塔、油气(燃气、蒸汽)管线等设施的施工。

(4)在规定的安全区域内实施爆破作业,在线路隐蔽工程(含通信、信号、电力电缆径路,给水管路)上作业,影响路基和桥隧涵稳定的各种施工。

(5)设置在线路上的安全检测、监控设备的新建、技术改造、大中修施工,如图2-2所示。

(6)线路大中修、路基、桥隧涵大修施工及大型养路机械作业。

(7)成段破底清筛,成组更换道岔(含钢轨伸缩调节器)及轨件,成段更换扣件,更换轨道板(道床板),更换无砟道床。

图 2-2 安全监控设备

(8)无缝线路应力放散。

(9)线路、路基、桥隧涵病害整治,使用冻害垫板一次总厚度大于等于 10 mm 的冻害整治,如图 2-3 所示;更换钢轨或轨枕(板),更换无砟道床,更换道岔(含钢轨伸缩调节器)主要部件等施工。

图 2-3 冻害垫板作业

(10)其他影响工务设备稳定、使用和行车安全的施工。

(二)营业线施工等级分类

普速铁路和高速铁路营业线施工等级分为三级[6,7]。

1. 普速铁路施工等级分类[6,8]

(1)Ⅰ级施工

①繁忙干线封锁 5 h 及以上、干线封锁 6 h 及以上或繁忙干线和干线影响信联闭 8 h 及

以上的大型站场改造、新线引入施工。

②繁忙干线和干线大型换梁施工。

③繁忙干线和干线封锁 2 h 以上的大型上跨铁路结构物施工。

(2) Ⅱ级施工

①繁忙干线封锁正线 3 h 以上或影响全站(全场)信联闭 4 h 及以上的施工。

②干线封锁正线 4 h 及以上或影响全站(全场)信联闭 6 h 及以上的施工。

③繁忙干线和干线其他换梁施工。

④繁忙干线和干线封锁 2 h 及以内的大型上跨铁路结构物施工。

大型养路机械维修作业、清筛,人工处理路基基床,成段更换钢轨和轨枕以及不影响相邻正线行车的更换道岔施工除外。

(3) Ⅲ级施工

除Ⅰ级、Ⅱ级施工以外的各类施工。

2. 高速铁路施工等级分类[7]

(1) Ⅰ级施工

超出图定天窗时间且需调整图定跨局旅客列车开行(含确认列车)的大型站场改造、新线引入、换梁、上跨铁路结构物等施工。

(2) Ⅱ级施工

不需调整图定跨局旅客列车开行(含确认列车)的站场改造、新线引入、换梁、上跨铁路结构物施工。

(3) Ⅲ级施工

除Ⅰ级、Ⅱ级施工以外的各类施工。

(三)维修作业[2,9,10]

普速铁路和高速铁路的维修作业是指作业开始前不需对行车条件进行限制,结束后须达到正常放行列车条件的作业。根据作业是否需要天窗,维修项目分为应纳入天窗的维修项目和可不纳入天窗的维修项目。纳入天窗的维修项目按照作业复杂程度和设备影响范围,分为Ⅰ级维修和Ⅱ级维修。

1. 普速铁路维修项目[9,11,12]

(1) 纳入天窗的维修项目

①Ⅰ级维修项目

a. 更换道岔尖轨、辙叉、护轨、基本轨,如图 2-4 所示;更换道岔扳道器下长岔枕、可动心轨道岔钢枕及两侧相邻岔枕或辙叉短心轨转向轴处轨枕。

b. 开行路用列车运送作业人员、装卸机具、路料。邻线未封锁时,在区间作业人员上下车、装卸机具材料不得在两线间,站内不得在靠近正线的两线间进行。

c. 利用小型爆破开挖侧沟或基坑(限于不影响路基稳定的范围)。

d. 更换和整正桥梁梁缝挡砟板。

②Ⅱ级维修项目

a. 利用小型养路机械整治线路病害,更换或修理轨道(道岔)伤损零部件。

b. 胶接、焊接钢轨,非成段更换钢轨,如图 2-5 所示。

图 2-4　更换道岔辙叉作业

图 2-5　胶接、焊接钢轨作业

c. 一次起道量、拨道量不超过 40 mm 的起道、拨道作业。

d. 螺栓扣件涂油。

e. 桥梁施工进行试顶，需要起动梁身并回落原位；拨正支座，支座垫砂浆厚度在 50 mm 及以下时。

f. 更换桥梁护轨，钢梁明桥面单根抽换桥枕、更换护木。

g. 隧道拱顶漏水整治、衬砌裂损修补。

h. 整修道口铺面。

i. 不破底处理道床翻浆冒泥，清筛道床；破底清筛道床以及更换、方正轨枕连续不超过 2 根。

破底清筛道床以及更换、方正轨枕后，枕下道床不稳定，列车通过时会发生沉降。如果两段作业的间隔过密，会产生连续性多波不平顺，极易引发列车激振，所以两段间隔应不小于 18 m。

j. 可能影响行车安全的清理危石、砍伐危树及隧道内除冰作业。

k. 更换桥梁挡砟块、作业通道步行板。

l. 箱梁支座脱空、翻浆整治。

m. 在天窗内可以完成的其他作业项目。

(2)可不纳入天窗的维修项目

下列维修作业可在天窗点外进行：

①160 km/h 及以下的区段使用轨道检查仪、钢轨探伤仪(双轨探伤仪除外)等随时能撤出线路的便携设备进行检查、检测作业。

②利用速度小于 160 km/h 的列车与前一趟列车之间的间隔时间进行预卸路料的加固；线路标志涂刷；整理道床；清理垃圾或弃物；其他在道床坡脚以外栅栏以内不影响线桥设备正常使用的作业。

③利用速度小于 160 km/h 的列车与前一趟列车之间的间隔时间进行桥梁更换人行道步行板、栏杆油漆、不移动桥枕进行钢梁上盖板涂装，不影响行车安全的隧道除冰作业。

隧道内的除冰作业，当使用工具笨重，或结冰体积较大，掉落后可能侵限的作业，应纳入天窗点内进行。当使用轻便除冰工具，且结冰体积较小，掉落后不侵限的作业，可在天窗点外进行。

以上三条内容“160 km/h”指运营速度不是线路允许速度。

④成段换轨施工时，利用速度不大于 120 km/h 的列车与前一趟列车之间的间隔人工进行材料分散、收集工作。

⑤本线施工限速小于等于 60 km/h 的地段或除正线外允许速度小于等于 60 km/h 的站内线路，可使用单人能随时撤出线路的轻便小型机具进行螺栓涂油、捣固、改道、补充或紧固轨道联结零件、垫入或撤出垫板等作业。

⑥桥面以下不影响行车安全的作业等。

2. 高速铁路维修项目[13,14]

(1)纳入天窗的维修项目

①Ⅰ级维修项目

开行路用列车运送作业人员，装卸机具路料。

②Ⅱ级维修项目

a. 钢轨、道岔小型养路机械打磨。

b. 工务设备上线检查、检测。

c. 轨道精调。

d. 采用改道、垫板方式处理零小线路病害。

e. 整理外观及修理、油刷线路标志。

f. 螺栓扣件涂油。

g. 防护栅栏内各种排水设备、加固设备的整修及清淤。

h. 使用冻害垫板一次总厚度小于 10 mm 的冻害整治。

i. 整修声屏障、进入防护栅栏门内整修防护栅栏，如图 2-6 所示。

j. 路基封闭层、排水系统以及防护栅栏内的路基边坡防护设施和支挡结构的检查、整修。

k. 桥梁栏杆、桥面防水层、桥面上排水系统的检查、整修。

图 2-6 声屏障

l. 进入隧道内的检查整修,隧道洞门、缓冲结构及防护栅栏内边仰坡的检查整修。

m. 自然灾害及异物侵限监测系统的维修与更换。

n. 可能影响行车安全的危石清理。

o. 无砟轨道结构及封闭层修补作业。

p. 箱梁支座脱空、翻浆整治。

q. 在天窗内可以完成的其他作业项目。

(2)可不纳入天窗的维修项目

①防护栅栏外的工务设备检查、测量及维修。

②不通向桥面范围的检查维修作业,包括:桥梁支座、防落梁装置检查、维修作业,桥面下、箱梁内不影响结构稳定和使用的检查、测量、维修作业,如图 2-7 所示。

图 2-7 桥面下维修作业

③不进入防护栅栏门进行防护栅栏、救援疏散通道的修补。

二、邻近营业线施工

邻近营业线施工是指在营业线两侧一定范围内、营业线设备安全限界外影响或可能影响铁路营业线设备稳定、使用和行车安全的作业，其分为 A、B、C 三类[15-17]。

(1)营业线设备安全限界为[15,18]：

①普速铁路。电气化铁路接触网支柱外侧 2 m(接触网支柱外侧附加悬挂外 2 m，有下锚拉线地段时在下锚拉线外 2 m)、非电气化铁路信号机立柱外侧 1 m 为营业线设备安全限界，如图 2-8 所示。

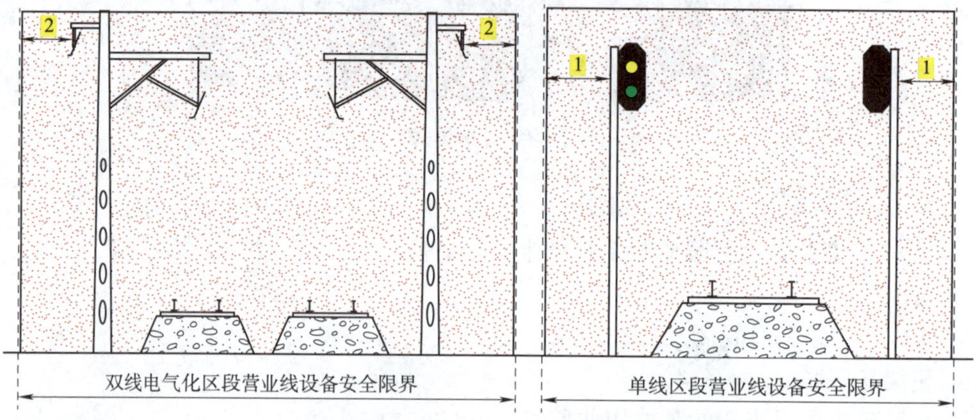

图 2-8 电气化、非电气化营业线设备安全限界(单位：m)

②高速铁路。路基地段线路防护栅栏(桥梁地段为桥面最外侧)为营业线设备安全限界。当接触网支柱在线路防护栅栏以外(桥梁地段为桥面最外侧)时，接触网支柱外侧 2 m(接触网支柱外侧附加悬挂外 2 m，有下锚拉线地段时在下锚拉线外 2 m)为营业线设备安全限界。

(2)邻近铁路营业线进行以下影响营业线设备稳定、使用和行车安全的工程施工，列为 A 类施工，必须纳入铁路局集团公司月度施工计划[15,17]。

①吊装作业时侵入营业线设备安全限界的施工。

②架设或拆除各类铁塔、支柱及接触网杆等在作业过程中侵入营业线设备安全限界的施工。

③开挖路基、路基注浆、基桩施工等影响路基稳定的施工。

④需要对邻近的营业线进行限速的施工。

(3)邻近营业线进行以下可能因翻塌、坠落等意外而危及营业线行车安全的工程施工，列为 B 类施工。B 类施工应设置防护设施并经铁路局集团公司有关部门审批，不能设置防护设施时纳入铁路局集团公司月度施工计划。影响营业线设备稳定、使用和行车安全的防护设施设置必须纳入铁路局集团公司月度施工计划[15,17]。

①使用高度或作业半径大于吊车至营业线设备安全限界之间距离的吊车吊装作业。

②影响铁路通信杆塔、通信基站、信号中继站、箱式机房及供电铁塔、支柱等基础稳定的各类施工。

③邻近营业线进行现浇梁、钢板桩、钢管桩、搭设脚手架、膺架等施工的设备和材料翻落后侵入营业线设备安全限界的施工。

④营业线路堑地段有可能发生物体坠落，翻落侵入营业线设备安全限界的施工，如图 2-9 所示。

图 2-9　推土机邻近营业线施工(路堑地段)

(4)邻近营业线进行以下可能影响铁路路基稳定、行车设备使用安全的施工，列为 C 类施工[15,17]。

①铲车、挖掘机、推土机等施工机械作业。

②开挖基坑、降水和桩基施工。

③邻近供电、通信、信号电(光)缆沟槽及供电支柱、油气及水电管路、通信信号杆塔(箱盒、通话柱)10 m 范围内的挖沟、取土、路基碾压等施工。

④绑扎钢筋、安装拆除模板等未侵入营业线设备安全限界的施工。

⑤路基填筑或弃土等施工。

(5)其他影响或可能影响营业线设备稳定、使用和行车安全的邻近营业线施工，由铁路局集团公司按上述原则界定类别。

三、作业组织与管理

天窗是指列车运行图中不铺划列车运行线或调整、抽减列车运行线，为营业线施工、维修作业预留的时间，按用途分为施工天窗和维修天窗[19,20]。

1. 普速铁路作业组织与管理

(1)天窗时间规定[19,21]

①施工天窗：线桥大中修、桥隧涵大修、大型养路机械作业不应少于 180 min。

②维修天窗：双线应不少于 120 min，单线宜不少于 120 min。维修天窗应根据维修作业需要合理安排。维修天窗原则上应安排在昼间，并满足作业轨温条件。维修天窗在时间安排上应与施工天窗重叠套用，原则上每月每区间不应少于 20 次(双线为单方向)。

(2)营业线施工作业(特别规定的慢行施工除外)和应纳入天窗的维修作业应在天窗内进行。邻近营业线 A 类及 B 类纳入铁路局集团公司月度施工计划的施工按营业线施工有关规定执行[22]。

(3)施工作业应由施工单位编制施工组织方案,并经相关设备管理单位和行车组织单位会签,施工“一日一案”推行“两图两表”,施工“一日一案”包括施工方案示意图、现场防护示意图、施工及车辆运行计划表、人员分工及安全关键卡控表。施工计划应按规定程序进行审批。维修作业应由设备管理单位编制维修作业计划,并按规定履行相应的审批程序。需临时安排的施工作业和维修作业,由设备管理单位申请,按规定履行相应的审批程序。施工作业和维修作业必须在计划审批后方可实施[23,24]。

(4)作业现场为两个及以上单位综合利用天窗在同一区间作业时,施工由施工办、维修由运输部门指定作业主体单位,明确主体作业负责人。多单位共用天窗如图 2-10 所示。主体作业负责人负责协调各单位作业,各单位作业负责人必须服从主体单位作业负责人指挥,按时完成作业任务,确保达到规定的列车放行条件。两个及以上单位作业车综合利用天窗进入同一个区间移动作业时,由主体单位作业负责人统一划分各单位作业车作业范围及分界点,作业单位必须按规定分别进行防护[25,26]。

图 2-10　多单位共用天窗

(5)施工方案审核通过后,施工单位应与相关设备管理单位和行车组织单位按施工项目分别签订施工安全协议[27-30]。

施工安全协议的基本内容应包括:

①工程概况(施工项目、作业内容、地点和时间、影响范围)。

②施工责任地段和期限。

③双方所遵循的技术标准、规程和规范。

④安全防护内容、措施及专业结合部安全分工(根据工点、专业实际情况,由双方制定具体条款)。

⑤双方安全责任、权利和义务(包括共同安全职责和双方各自安全职责)。

⑥违约责任和经济赔偿办法(包括发生铁路交通责任事故时双方所承担的法律责任)。

⑦安全监督检查和基建、技术改造项目配合费用。

⑧法律法规规定的其他内容。

施工单位在提报施工计划申请时,必须同时提报施工安全协议。未签订施工安全协议的施工计划申请,铁路局集团公司主管业务部室不予审核,严禁施工。设备管理单位在自管范围内进行的作业，不需签订施工安全协议，涉及非自管设备时应与相关单位签订施工安全协议。

（6）影响道岔或信号使用以及在道岔转辙、可动心辙叉部位进行的作业，必须提前与电务部门联系，填写工电配合通知书。影响超偏载检测装置、通信、客（货）车运行安全监测设备和接触网等设备正常使用的作业，必须与相关设备管理单位联系，填写配合通知书，由其配合人员负责拆除和恢复相关设备。影响站台、雨棚、天桥建筑限界的作业时，必须与相关设备管理单位联系，填写配合通知书[31]。

（7）设备管理单位对作业单位的监督[32]

①影响工务设备安全的外单位作业，设备管理单位应派安全监督检查人员进行全过程监督，发现安全隐患时应责令施工单位立即改正，填发“施工安全整改通知书”（见附录2）；发现危及行车安全时，必须果断采取限速或封锁线路措施，责令其停工，填发“营业线施工停工通知书”（见附录3），由施工单位组织整改并制定有针对性措施，报铁路局集团公司工务部批准后方可复工。

②设备管理单位接到作业单位的作业申请后，应认真核对作业方案、计划及影响范围，并派安全监督员监护施工的点前准备、点中控制、点后开通、阶梯提速等工作。安全监督员对作业单位违章作业、安全措施不落实，擅自施工或擅自改变作业内容或扩大范围等危及行车安全的作业，有权停止作业，同时填发“施工安全整改通知书”或“营业线施工停工通知书”，填写“安全监督员工作日志”。

③安全监督员对营业线施工安全监控要做到“四清楚”：

a. 清楚作业起止地段及起止时间；

b. 清楚作业内容及影响安全范围；

c. 清楚作业的安全措施；

d. 清楚紧急情况下的应急处置措施。

④安全监督员对营业线施工安全监控要做到“三到位”：

a. 于开工前 1 h 到位，并在作业单位的签到簿上签到；

b. 对作业的全过程监控到位，做到作业不停止，监督检查不间断；

c. 工作责任要到位，发现问题要及时填发安全整改通知书，发现危及行车安全的问题要立即停止作业，并指导做好安全防护。

⑤设备管理单位要做到“四有”：

a. 有对安全监督员的组织管理办法；

b. 有一支业务熟、能独立工作、责任心强的安全监控队伍；

c. 对安全监督员有专门的安全和业务知识培训；

d. 安全监督员有培训合格证书，持证上岗。

（8）作业负责人的确定[33-35]

①施工作业负责人由施工单位按照施工等级安排相应人员担当。施工负责人不得临时更换，遇特殊情况必须更换时，须安排同级别及以上且掌握该施工方案的专业人员担任，具体更换时机由铁路局集团公司规定。建设项目、工程单位承担的技术改造项目Ⅰ级施工由标段项目负责人担当，Ⅱ级施工由标段副职担当，Ⅲ级施工由分项目负责人（副）担当。

技术改造项目(工程单位承担的除外)、大中修项目Ⅰ级施工由施工单位负责人担当,Ⅱ级施工由施工单位分管副职担当,Ⅲ级施工由施工单位段领导或车间主任(副)担当。配合人员资格由铁路局集团公司规定。

②维修的组织领导工作由设备管理单位负责。Ⅰ级维修负责人由车间主任(副)担当(Ⅰ级维修较多时,车间主任可委托车间胜任干部担当),Ⅱ级维修负责人由工(班)长担当。

③作业负责人应具备与所负责的作业项目和作业等级相适应的职务、组织协调能力、现场经验和理论水平以及对突发事件的应急处置能力。非运营单位的施工项目经理、副经理,安全、技术、质量等主要负责人必须经国铁集团或铁路局集团公司营业线施工安全培训,未经培训或培训不合格的人员不得担任上述工作。严禁以低职代高职。

(9)作业负责人的主要职责[36]

①负责作业现场的组织指挥工作。检查作业和开通前的各项准备工作,指挥现场作业,安排作业防护,确认放行列车条件等。

②负责协调解决作业中发生的问题,协调各单位作业,掌握作业进度,反馈现场信息。

③负责总结分析作业组织、进度和安全等情况,对作业现场的安全负责。

(10)限速地段是否设置专人巡查应在施工组织方案中明确,特殊情况由作业负责人根据实际情况决定[37]。

施工后的设备变化,受施工内容、方式、用料、加固措施、天气、通过列车次数、速度等诸多因素影响,对施工限速地段的巡查工作,应由设备管理单位按现场实际情况决定。

巡查人员应按规定对线路设备巡视、检查,发现设备状态变化不能满足既有速度要求时,应在车站登记进一步降低速度。如遇特殊情况时,应先拦停列车,再按线路实际情况确定放行列车速度。

(11)凡未办理验交的线路、桥隧等设备,由施工单位负责巡查养护[38]。

2. 高速铁路作业组织与管理

(1)天窗时间规定[39-41]

高速铁路实行天窗修制度。凡影响工务设备稳定、使用和行车安全的施工作业和维修作业,都必须纳入天窗,不得利用列车间隔进行。动车段(所)内线路、与高速铁路相邻的其他线路的作业办法,由铁路局集团公司规定。

高速铁路天窗时间原则上不应少于240 min,且宜采用垂直天窗。运营速度为250 km/h及以下铁路,如确需采取V形天窗,V形天窗时段邻线限速不超过160 km/h。天窗作业结束后,工务部门应派专业技术人员添乘确认列车(图2-11),对线路状态、周边环境进行检查确认。在维修天窗的基础上,铁路局集团公司可根据列车开行情况,临时安排昼间天窗,用于设备检查。昼间天窗内,不得进行设备修理作业。

图2-11　添乘确认列车

施工作业和应纳入天窗的维修作业应在天窗内进行。

(2)施工方案的编制及审核和施工、维修计划的编制及审批应按《国铁集团铁路营业线施工管理办法》规定执行。需临时安排施工和维修作业时,按《国铁集团铁路营业线施工管理办法》的相关规定办理[42]。

(3)非设备管理单位承担的施工或维修作业,施工或维修作业单位应与设备管理单位签订安全协议。设备管理单位在自管范围内进行的施工及维修作业,不需签订施工安全协议,涉及非自管设备时应与相关单位签订施工安全协议,作业时需通知相关单位配合[28,43]。

施工安全协议的基本内容应包括:

①工程概况(施工项目、作业内容、地点和时间、影响范围)。

②施工责任地段和期限。

③双方所遵循的技术标准、规程和规范。

④安全防护内容、措施及专业结合部安全分工(根据工点、专业实际情况,由双方制定具体条款)。

⑤双方安全责任、权利和义务(包括共同安全职责和双方各自安全职责)。

⑥违约责任和经济赔偿办法(包括发生铁路交通责任事故时双方所承担的法律责任)。

⑦安全监督检查和基建、技术改造项目配合费用。

⑧法律法规规定的其他内容。

(4)工务设备管理单位应派安全监护人员对由非本单位承担的影响工务设备安全的作业进行全过程监督,发现质量不合格或安全隐患时应责令施工单位立即纠正,填发“施工安全整改通知书”(见附录2);发现危及行车安全时,必须果断采取限速或封锁线路措施,并责令其停工,填发“营业线施工停工通知书”(见附录3)[44]。

(5)作业负责人由作业单位按照施工和维修等级安排相应人员担任。Ⅰ级施工由施工单位负责人担当,Ⅱ级施工由施工单位分管副职担当,Ⅲ级施工由施工单位段领导或车间主任(副主任)担当。Ⅰ级维修负责人由车间主任(副主任)担当(Ⅰ级维修较多时,车间主任可委托车间胜任干部担当),Ⅱ级维修负责人由工(班)长担当[35,45]。

(6)作业负责人必须严格遵守下列规定[46]:

①开工前,应有针对性地对全体作业人员进行安全教育和技术交底,明确驻调度所(驻站)联络员和现场防护员。

②作业前,应按批准的作业计划或作业方案做好各项准备工作,核对调度命令,并组织对人员、工机具、材料等逐一进行清点并做好记录。

③作业中,应严格按批准的作业计划或作业方案作业,随时掌握进度与质量,监督作业人员执行作业方案和各项安全规定,消除不安全因素,并保持与现场防护员联系。

④开通前,应组织对作业质量、作业现场进行检查,确认工务设备状态达到放行列车条件及人员、工机具、材料撤出防护栅栏,并做好记录,如图2-12所示。

(7)在线路开通后不超过160 km/h的阶梯提速阶段,工务设备管理单位和作业单位应根据需要安排人员进行添乘检查,发现问题应及时通知相关单位处理;必要时可临时申请封锁线路进行检查和整修[47]。

(8)路用列车上线运行应纳入施工、维修日计划,向调度所提供“自轮运转特种设备运行、

图 2-12 清点工机具、材料

作业计划表”(格式详见附录 4)。注明发站、到站、编组、运行径路、作业地点及转线计划并经主管业务部审核批准。未提供“自轮运转特种设备运行、作业计划表”或内容不全的,禁止进入高速铁路运行。路用列车开行方案必须纳入作业计划,计划下达后,不得随意变更[48]。

四、放行列车条件

1. 普速铁路放行列车条件[49-52]

(1)施工地段放行列车时,轨道静态几何尺寸偏差不得超过相应速度等级的计划维修容许偏差管理值。列车速度 v_{max}>45 km/h 时,工务设备状态符合铁路线路、桥隧修理有关规定。列车限速 v_{max}≤45 km/h 时,线路状态应符合下列要求:

①轨枕盒内及轨枕头部道砟不少于 1/3,如图 2-13 所示。

图 2-13 轨枕盒及枕端严重缺砟

②枕底道砟串实。

③轨枕每隔 6 根可空 1 根。

④道钉或扣件:

a. 钢轨接头两根轨枕和桥枕上道钉、扣件齐全、有效;

b. 半径小于或等于 800 m 曲线地段,混凝土轨枕可每隔 1 根拧紧 3 根,木枕可每隔 1 根钉紧 6 根;

c. 半径大于 800 m 曲线及直线地段,混凝土轨枕可每隔 2 根拧紧 1 根,木枕可每隔 1 根钉紧 1 根。

⑤接头螺栓:每个接头至少拧紧 4 个(每端 2 个)。

⑥钩螺栓:每隔 3 根桥枕拧紧 1 根。

⑦起道(含垫砟)顺坡率不小于200倍。

⑧冻害垫板平台两端的顺坡率不小于200倍。

(2)施工作业过程中,设备管理单位应对施工前准备、施工中控制、线路开通和逐步提速等关键环节进行监控。线路开通、速度变更执行施工单位和设备管理单位共同检查签认制度,如图2-14所示。每次提速前要对线路设备进行检查,确认符合提速条件后方准提速。施工作业地段线路开通后,列车限速应按速度阶梯逐步提高。故障处理后的放行列车条件由工务现场负责人决定。线桥设备故障种类繁多,一些故障处理后的放行列车条件难以一一明文规定,所以故障处理后的放行列车条件由工务现场负责人决定[53-55]。

图2-14　共同检查设备

(3)在进行钢梁修理或上盖板涂装时,可根据施工需要移动桥枕,但移动后,每根桥枕的钩螺栓、道钉或分开式扣件应齐全有效,固定枕木的拉条保证枕木间距不变化;移动后的桥枕中心间距不应超过550 mm,个别情况不得超过600 mm,而接头处桥枕净距不得超过210 mm。如桥枕状态不良,可根据实际情况,采取必要的加固措施或限速运行。允许速度100 km/h以上的区段,桥枕净距大于210 mm的钢梁桥客车限速100 km/h,货车限速60 km/h[56]。

(4)下列作业应办理临时封锁手续,设置停车手信号防护。封锁完毕放行列车或单机时限速与否及限速列车的时间、次数、速度由作业负责人根据具体情况决定[57]:

①危及行车安全的突发性灾害的紧急抢修,如图2-15所示。

图2-15　突发水害

②钢轨、辙叉或夹板折断后的紧急处理。

③线路胀轨的紧急处理。

④更换重伤钢轨、辙叉或联结零件。

⑤轨道几何尺寸超过临时补修标准的病害整修。

⑥其他影响行车安全的故障处理。

影响行车安全的设备故障处理或抢修,应在临时天窗内进行。发生(4)中的①~③款规定的情形时,要及时封锁线路,施工单位或设备管理单位要立即进行故障处理或抢修,同时通知有关配合单位,并按规定在车站登记。发生本条所规定的其他情况时,由施工或设备管理单位通知有关配合单位,并按规定在车站登记,通过车站值班员报告铁路局集团公司列车调度员,在下达调度命令后,封锁线路进行处理。在调度命令下达前,设备管理单位要密切监视设备状态变化,视具体情况可采取限速或封锁线路等措施。发生(4)中的②~④款规定的情形处理后,放行列车条件可按照断轨、胀轨、单根更换钢轨作业后放行列车条件执行。

(5)施工天窗结束后普速铁路放行列车条件按表2-1执行,表2-1所列项目以外的影响行车安全的较复杂施工,列车或单机运行速度按设计文件执行[58,59]。

表 2-1　普速铁路各项施工作业放行列车条件

项　目		施工条件	作业方式	放行列车条件
一、影响道床路基稳定的施工作业	(1)成段(连续3根及以上轨枕)破底清筛 (2)成段(连续3根及以上轨枕)更换道床 (3)成段(连续3根及以上)更换轨枕(板) (4)成组更换道岔 (5)基床换填 (6)一次起道量或拨道量大于等于40 mm的成段起道或拨道 (7)利用小型爆破开挖侧沟或基坑(限于影响路基稳定范围)	封锁施工	大型养路机械捣固、稳定车作业	(1)两捣一稳作业时,开通后限速60 km/h至第二次捣固开通时止(其中第一列限速35 km/h,第二列限速45 km/h),第二次捣固开通后限速80 km/h至第三次捣固开通时止(其中第一列限速60 km/h),第三次捣固开通后限速120 km/h至第四次捣固开通时止(其中第一列限速80 km/h),第四次捣固开通后恢复常速。 (2)三捣两稳作业时,开通后限速80 km/h至第二次捣固开通时止(其中第一列限速45 km/h,第二列限速60 km/h),第二次捣固开通后限速120 km/h至第三次捣固开通时止(其中第一列限速80 km/h),第三次捣固开通后恢复常速。 道岔施工后直向、侧向按此标准分别阶梯提速。 未达到上述捣固、稳定遍数的,应相应降低列车放行速度
			小型养路机械捣固	开通后限速45 km/h不少于4 h(其中第一列限速35 km/h),后限速60 km/h至第二次捣固开通时止,第二次捣固开通后限速80 km/h至第三次捣固开通时止(其中第一列限速60 km/h),第三次捣固开通后限速120 km/h至第四次捣固开通时止(其中第一列限速80 km/h),第四次捣固开通后恢复常速
			人工捣固	(1)施工期间,当日开通后限速45 km/h不少于4 h(其中第一列限速15 km/h,第二列限速25 km/h),后限速60 km/h至下次天窗结束。 (2)施工结束,开通后限速45 km/h不少于4 h(其中第一列限速15 km/h,第二列限速25 km/h),以后按限速60 km/h、80 km/h、120 km/h各不少于24 h捣固后阶梯提速,其后正常

续上表

项　目		施工条件	放行列车条件
二、不影响道床稳定的施工作业	(1)成段(连续100 m以上)更换钢轨 (2)无缝线路应力放散 (3)成段(连续100 m以上)调整轨缝,拆开接头并插入短轨头 (4)成段(连续100 m以上)修整轨底坡	封锁施工	开通后第一列45 km/h,第二列60 km/h,第三列120 km/h,其后恢复常速
	(1)使用冻害垫板一次总厚度超过40 mm (2)长大隧道宽轨枕垫砟 (3)道口大修(若影响道床稳定,比照第一大项办理)	封锁施工	开通后第一列35 km/h,第二列45 km/h,第三列60 km/h,其后恢复常速
三、桥隧涵施工作业	(1)更换或拨正钢梁、混凝土梁 (2)抬高或降低桥梁 (3)拨正、更换T梁支座或翻修支撑垫石、砂浆厚度超过50 mm (4)整孔更换明桥面桥枕 (5)明桥面移动桥枕 (6)翻修、加深隧道内中心或横向排水沟	封锁施工	施工作业期间,当日开通后限速45 km/h至下次天窗结束;施工作业结束后,开通后限速60 km/h不少于24 h(其中第一列限速45 km/h),再限速80 km/h、120 km/h各一列后恢复常速
	(1)明桥面移动桥枕后,上盖板喷砂除锈涂装 (2)架空施工中,安装、拆除纵横梁体系的横梁,安装D型便梁的横梁 (3)修补或重新施作有砟轨道桥面、桥台顶面防水层	慢行施工	施工作业期间限速45 km/h
	线路架空或加固后桥涵顶进	慢行施工	施工作业期间限速45 km/h;施工结束后限速45 km/h不少于12 h,后限速60 km/h、80 km/h各不少于24 h、后120 km/h一列后恢复常速
	新建明、棚洞的基础施工	慢行施工	施工作业期间,本线限速45 km/h,邻线列车限速160 km/h;基础施工结束后恢复常速
	(1)在线路上安装或拆除轨束梁、工字钢纵梁、D型便梁的纵梁、纵横梁体系的纵梁,拆除D型便梁的横梁 (2)喷锚、套衬、钢拱架、防护网加固隧道衬砌 (3)模筑混凝土整治隧道拱顶空洞、防水板切割二次衬砌、施工冷缝 (4)隧道整体道床翻修、注胶抬升 (5)影响行车安全的其他复杂桥隧施工	封锁施工	按经审查批准的施工作业设计文件所确定的列车放行条件
	拨正、更换、调高箱梁支座	封锁施工	施工作业期间,当日开通后限速60 km/h至下次天窗结束;施工作业结束后,开通后限速60 km/h不少于24 h,再限速80 km/h、120 km/h各一列后恢复常速
	(1)路基注浆,挖孔桩、旋喷桩施工,路基降水 (2)隧道内增设密井暗管施工 (3)翻修、加深隧道内侧向排水沟	按经审查批准的施工设计文件所确定的施工条件和列车放行条件	

注:表内未列出的其他施工作业项目,可由铁路局集团公司比照本表类似施工作业确定施工条件和放行列车条件。

2. 高速铁路放行列车条件[60-64]

(1)作业地段放行列车时,轨道静态几何尺寸偏差不得超过下次天窗点前最高行车速度等级的计划维修容许偏差管理值,工务设备状态符合有关规定。

(2)作业完毕,但未达到正常放行列车条件时,驻调度所(驻站)联络员应在“行车设备施工登记簿”(格式详见附录5)登记行车限制条件;在设备达到正常放行列车条件后及时销记。设备故障处理后的放行列车条件由作业负责人确定。

(3)施工作业放行列车条件按表2-2执行。

表2-2 高速铁路各项施工作业放行列车条件

项目		作业方式	放行列车条件
一、影响道床路基稳定的施工作业	1. 有砟轨道 (1)成段(连续2根及以上轨枕)破底清筛 (2)成段(连续2根及以上轨枕)更换道床 (3)大型养路机械换砟 (4)基床换填 (5)平纵断面改造 (6)利用小型爆破开挖侧沟或基坑后的线路整修(限于影响路基稳定范围) (7)成组更换道岔(含钢轨伸缩调节器)或岔枕 (8)成段(连续2根及以上)更换、方正轨枕	大型养路机械捣固、稳定等作业	(1)两捣一稳作业时,开通后限速80 km/h至第二次捣固开通时止(其中第一列限速45 km/h,第二列限速60 km/h),第二次捣固开通后限速120 km/h至第三次捣固开通时止(其中第一列限速80 km/h),第三次捣固开通后限速160 km/h至第四次捣固开通时止(其中第一列限速120 km/h),第四次捣固开通后限速200 km/h至第五次捣固开通时止(其中第一列限速160 km/h),第五次捣固开通后第一列限速160 km/h,其后恢复常速。 (2)三捣两稳作业时,开通后限速120 km/h至第二次捣固开通时止(其中第一列限速60 km/h,第二列限速80 km/h),第二次捣固开通后限速160 km/h至第三次捣固开通时止(其中第一列限速120 km/h),第三次捣固开通后限速200 km/h至第四次捣固开通时止(其中第一列限速160 km/h),第四次捣固开通后第一列限速160 km/h,其后恢复常速。 (3)五捣三稳作业时,开通后限速160 km/h至第二次捣固开通时止(其中第一列限速80 km/h,第二列限速120 km/h),第二次捣固开通后限速200 km/h至第三次捣固开通时止(其中第一列限速160 km/h),第三次捣固开通后第一列限速160 km/h,其后恢复常速。 道岔施工后直向、侧向按此标准分别阶梯提速。 未达到上述捣固、稳定遍数的,应相应降低列车放行速度
		小型养路机械捣固	(1)施工作业期间:当日开通后限速45 km/h不少于4 h(其中第一列限速35 km/h),后限速60 km/h至下次天窗结束。 (2)施工作业结束后,应安排大型养路机械作业,放行列车条件按“大型养路机械捣固、稳定车作业”办理
	2. 无砟轨道 (1)更换无砟道床(含轨道板、道床板、砂浆填充层、底座板、支承层) (2)CRTS Ⅱ型无砟轨道轨道板间接缝凿除和浇筑 (3)侧向挡块凿除和浇筑 (4)CRTS Ⅰ型无砟轨道凸型挡台凿除和浇筑		按经审查批准的施工作业设计文件所确定的列车放行条件,必要时可开行综合检测列车确认
	3. 路基注浆,挖孔桩、旋喷桩施工,路基降水		按经审查批准的施工作业设计文件所确定的列车放行条件

续上表

项 目		放行列车条件
二、不影响道床稳定的施工作业	(1)成段(连续 100 m 以上)更换钢轨或扣件 (2)无缝线路应力放散 (3)成组更换道岔(含钢轨伸缩调节器)轨件 (4)使用冻害垫板一次总厚度大于等于 25 mm	当日开通后限速 160 km/h 至下次天窗结束(其中第一列限速 45 km/h,第二列限速 80 km/h,第三列限速 120 km/h)。 恢复常速前必须经精调整修、检测确认、阶梯提速
	(1)非成段更换钢轨 (2)处理胶接绝缘接头 (3)更换道岔尖轨,基本轨,护轨,可动心轨道岔辙叉,长、短心轨,翼轨,叉跟尖轨 (4)焊接钢轨 (5)单根更换、方正轨枕 (6)成段改道、撤垫板、更换铁垫板、更换和整正轨下胶垫,使用冻害垫板一次总厚度大于等于 10 mm、小于 25 mm (7)大型养路机械维修捣固作业 (8)成段更换弹条、轨距挡板	第一列限速不超过 160 km/h,以后恢复常速
三、桥隧涵的施工作业	箱梁支座调高、拨正、更换	施工作业期间,当日开通后限速 160 km/h 至下次天窗结束(其中第一列限速 80 km/h);施工作业结束后,开通后限速 160 km/h 至下次天窗结束(其中第一列限速 80 km/h),其后恢复常速
	其他桥梁的支座调高、拨正、更换	施工作业期间,当日开通后限速 45 km/h 至下次天窗结束;施工作业结束后,开通后限速 160 km/h 至下次天窗结束(其中第一列限速 45 km/h,第二列限速 80 km/h,第三列限速 120 km/h),其后恢复常速
	(1)翻修、加深隧道内侧沟 (2)翻修、加深隧道中心水沟	施工作业期间,当日开通后限速 80 km/h 至下次天窗结束(其中第一列限速 45 km/h);施工作业结束后,开通后限速 120 km/h 至次日天窗结束(其中第一列限速 45 km/h,第二列限速 80 km/h),次日开通后限速 160 km/h 至下次天窗结束,其后恢复常速
	新建明洞、棚洞的基础施工	施工作业期间,本线限速 45 km/h,邻线列车限速 160 km/h;基础施工结束后恢复常速
	(1)加厚隧道二次衬砌、增设套衬 (2)模筑混凝土整治隧道拱顶空洞、防水板切割二衬、施工冷缝	施工作业期间,当日开通后限速 120 km/h 至下次天窗结束;施工作业结束后,开通后限速 160 km/h 至下次天窗结束(其中第一列限速 120 km/h),其后恢复常速
	架空施工中,安装、拆除纵横梁体系的横梁,安装 D 型便梁的横梁	施工作业期间,限速 45 km/h
	线路架空或加固后桥涵顶进	施工作业期间,限速 45 km/h;施工结束开通后,限速 60 km/h(其中第一列限速 45 km/h)、80 km/h、120 km/h、160 km/h 各至次日天窗结束,其后恢复常速
	(1)在线路上安装或拆除轨束梁、工字钢纵梁、D 型便梁的纵梁、纵横梁体系的纵梁,拆除 D 型便梁的横梁 (2)拆换隧道仰拱及换填隧道铺底 (3)影响行车安全的其他复杂桥隧施工	按经审查批准的施工作业设计文件所确定的列车放行条件

续上表

项　目		放行列车条件
四、整锚段更换接触网施工作业	(1)更换整锚段承力索 (2)更换整锚段接触线 (3)接触网故障恢复作业后几何参数发生变化、导线损伤或有临时接头时	开通后速度不超过 160 km/h;经对接触网调整后,限速不超过 200 km/h;再经精调、检测车检测合格,恢复正常速度

注:表内未列出的其他施工作业项目,可由铁路局集团公司比照本表类似施工作业确定施工条件和放行列车条件。

第二节　信号及标志

一、信　　号

1. 信号及信号的分类[65-70]

信号是指示列车运行及调车作业的命令,有关行车人员必须严格执行。

信号显示方式及使用方法,应按《铁路技术管理规程》规定执行。《铁路技术管理规程》以外的信号显示方式,须经国铁集团批准,方可采用。

地区性联系用的手信号,由铁路局集团公司批准。

铁路信号分为视觉信号和听觉信号。

视觉信号的基本颜色:

红色——停车;

黄色——注意或减低速度;

绿色——按规定速度运行。

听觉信号:号角、口笛发出的音响和机车、动车组、自轮运转特种设备的鸣笛声。

视觉信号分为昼间、夜间及昼夜通用信号。在昼间遇降雾、暴风雨雪及其他情况,致使停车信号显示距离不足 1 000 m,注意或减速信号显示距离不足 400 m,调车信号及调车手信号显示距离不足 200 m 时,应使用夜间信号。

隧道内只采用夜间或昼夜通用信号。

铁路沿线及站内,禁止设置妨碍确认信号的红、黄、绿色的装饰彩布、标语和灯光。如已装有妨碍确认信号灯光的设备时,应拆除或采取遮光措施。

在规定的信号显示距离内,不得种植影响信号显示的树木,如图 2-16 所示。对影响信号显示的树木,其处理办法由铁路局集团公司规定。

2. 移动信号显示方式[71-73]

(1)普速铁路和高速铁路的停车信号

昼间——表面有反光材料的红色方牌;夜间——柱上红色灯光,如图 2-17 所示。

(2)减速信号

①普速铁路的减速信号

a. 表面有反光材料的黄底黑字圆牌,标明列车限制速度,如图 2-18 所示。

图 2-16　影响瞭望树木

图 2-17　停车信号牌(灯)

b. 允许速度 120 km/h<v<200 km/h 的线路，施工及其限速区段，在移动减速信号牌外方增设带“T”字的移动减速信号牌，昼间与夜间均为表面有反光材料的黄底黑“T”字圆牌，如图 2-19 所示。

图 2-18　移动减速信号牌

图 2-19　带“T”字的移动减速信号牌

②高速铁路的减速信号

a. 带“减速”字样的减速信号为表面有反光材料的黄底黑字圆牌，标明“减速”两字，如图 2-20 所示。

b. 施工及其限速区段，在减速信号牌外方增设的特殊减速信号牌为表面有反光材料的黄底黑“T”字圆牌，如图 2-21 所示。

图 2-20　带“减速”字样移动减速信号牌

图 2-21　带“T”字的移动减速信号牌

(3)减速防护地段终端信号

①普速铁路的减速防护地段终端信号

昼间与夜间均为表面有反光材料的绿色圆牌，如图 2-22 所示。在单线区段，司机应看线路右侧减速信号牌背面的绿色圆牌。

在有 1 万 t 或 2 万 t(含 1.5 万 t)货物列车运行的线路增设的 1 万 t、2 万 t(含 1.5 万 t)减速防护地段终端信号牌为表面有反光材料的绿底黑“W”字(1 万 t)或黑“L”字(1.5 万 t 和 2 万 t)圆牌，如图 2-23 所示。

图 2-22　减速防护地段终端信号牌

图 2-23　带“W”“L”字减速防护地段终端信号牌

②高速铁路的减速防护地段终端信号

表面有反光材料的绿色圆牌如图 2-24 所示。

移动信号表面反光材料应符合国家标准《道路交通反光膜》(GB/T 18833)的规定，其逆反射系数应在Ⅱ级及以上。减速信号内标注数字要连续标注，不能采用单字并排方式。

图 2-24　减速防护地段终端信号牌

3. 普速铁路和高速铁路在防护中使用的手信号[74,75]

(1)停车信号:要求列车停车。

昼间——展开的红色信号旗;夜间——红色灯光,如图 2-25 所示。

图 2-25　停车信号

昼间无红色信号旗时,两臂高举头上向两侧急剧摇动;夜间无红色灯光时,用白色灯光上下急剧摇动,如图 2-26 所示。

图 2-26　停车信号(特殊情况下)

(2)减速信号:要求列车降低到要求的速度。

昼间——展开的黄色信号旗;夜间——黄色灯光,如图 2-27 所示。

图 2-27　减速信号

昼间无黄色信号旗时,用绿色信号旗下压数次;夜间无黄色灯光时,用白色或绿色灯光下压数次,如图 2-28 所示。

图 2-28　减速信号(特殊情况下)

4. 普速铁路防护中使用的遮断信号[76,77]

(1)遮断色灯信号机显示一个红色灯光——不准列车越过该信号机;不点灯时,不起信号作用,如图 2-29 所示。

(2)遮断色灯信号机的预告信号机显示一个黄色灯光——表示遮断信号机显示红色灯光,不着灯时,不起信号作用。

遮断、遮断预告信号机以无显示为定位。

二、防护中的信号标志

(1)普速铁路的作业标,设在施工线路及其邻线距施工地点两端 500～1 000 m 处,如图 2-30 所示。司机见此标志须长声鸣笛,注意瞭望[78]。

(2)减速地点标,设在需要减速地点的两端各 20 m 处。正面表示列车应按规定限速通过地段的始点,背面表示列车应按规定限速通过地段的终点[78,79],如图 2-31 所示。

图 2-29　遮断信号机

图 2-30　作业标

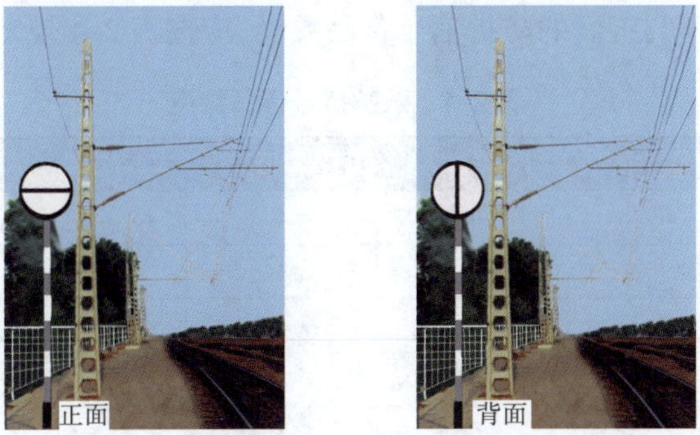

图 2-31　减速地点标

三、防护信号备品[80]

(1)普速铁路的线(桥)车间、工区和巡道、巡守小组的防护信号备品数量,应按表 2-3 规定配备。

表 2-3　防护信号备品数量

名　称	单位	单　线			双　线		
		车　间	工　区	巡道巡守	车　间	工　区	巡道巡守
作 业 标	个		4			6	
移动停车信号牌(灯)	个		2			4	
移动减速信号牌	个		2			4	
减速地点标	个		2			4	
双面信号灯	盏	1	4	1/人	1	6	1/人
喇　　叭	个		6	1		6	1
红色信号旗	面	2	6	3	2	9	3
黄色信号旗	面	2	6	1	2	6	1
短路铜线(自动闭塞区间)	条		2	1		4	2
无线电话机	台	2	4	2	2	5	2

续上表

名　称	单位	单　线			双　线		
		车　间	工　区	巡道巡守	车　间	工　区	巡道巡守
有线电话机	台	2	4	2	2	4	2
带“T”字移动减速信号牌	个		4			4	

注：(1)巡守人员多人值班时，喇叭、信号灯、信号旗应按实际需要相应增加；

(2)施工单位需要的信号用品数量，可根据实际情况规定；

(3)单线有道岔的工区，停车信号应配备3个，并配备双面黄色减速信号2个；

(4)速度大于120 km/h区段的工区配置带“T”字减速信号；

(5)电气化区段工区，配备70 mm^2 回流线，其数量与长度根据需要确定；

(6)无线电话机宜设有列车无线调度电话频点。

(2)高速铁路的车间、工区的防护信号备品数量，应按表2-4规定配备[81]。

表2-4　防护信号备品数量

名　称	单位	车间	工区	备　注
移动停车信号牌(灯)	个	4	6	仅运行动车组列车的不配备
带“减速”字移动减速信号牌	个	4	6	
带“T”字移动减速信号牌	个	4	6	
减速地点标	个	4	6	
减速防护地段终端信号牌	个	4	6	
喇　叭	个	6	6	
红、黄色信号旗	面	各6	各6	
信 号 灯	个	6	6	
短路铜线	条	4	4	
手持无线电台	台	5	8	

第三节　作业防护

一、防护办法

1. 普速铁路的防护办法

(1)施工和维修作业须设置驻站联络员、现场防护员，且不得临时调换。现场防护员应根据作业现场地形条件、列车运行特点、作业人员和机具布置等情况确定站位及移动路径，并做好自身防护[82]。

(2)在区间线路、站内线路、站内道岔上维修时，现场防护人员应站在维修地点附近且瞭望条件较好的地点进行防护，在通信不畅或瞭望条件不良地段作业时，应增设防护员。在天窗内作业时，显示停车手信号[83]，如图2-32所示。

图 2-32 显示停车手信号

在维修天窗内进行维修作业，具有作业地点频繁移动的特点，停车信号牌也随之移动位置，停车信号牌的频繁移动不仅弱化了停车信号的功能，而且造成劳动力浪费，同时增加了停车信号牌遗漏线路上的风险，因此天窗内进行维修作业不再设置移动停车信号牌，由现场防护员使用停车手信号防护。邻线来车时应暂时将停车手信号收回，避免邻线列车误认信号。

(3)封锁或慢行施工作业应办理施工手续，设置移动停车或移动减速信号防护。凡影响行车、人身安全的施工和维修作业及发生线路故障地点，均应设置防护。作业负责人、驻站联络员、现场防护员，必须携带列车无线调度电话等通信设备，如图 2-33 所示。钢轨探伤作业防护员、道口看守员、巡检及看守人员，均应携带列车无线调度电话等通信设备，随时监听列车运行情况。发生异常情况时可直接通报车站值班员、机车乘务员[84,85]。

图 2-33 现场防护员携带对讲机

凡进行营业线或邻近营业线作业，必须设置驻站联络员和现场防护员。作业负责人、防护员(驻站联络员、现场防护员、远端防护员)、道口看守员、巡检及看守人员携带列车无线调度通电话等通信设备,是保证行车和人身安全的重要措施。携带列车无线调度电话的用途如下:①作业现场发生影响行车安全的情况可及时向车站或列车司机通报所要采取的安全措施,如停车、慢行等。②通过监听列车司机与车站值班员或行车调度的通话掌握列车运行情况。

巡检及看守人员是指巡道员、桥隧巡守员、危岩落石看守人员、施工慢行地段巡守人员、水害危险地段及需要临时看守的看守人员。

(4)驻站联络员与车站值班员办理施工、维修登销记手续;向作业负责人传达调度命令;随时与现场防护员保持联系,通报列车运行情况。现场防护员在防护时,除掌握驻站联络员通报信息外,应以瞭望防护为主,时刻在岗在位,严禁参与作业,每名现场防护员应只承担一个防护单元的防护任务(每个防护单元一般不超过 100 m,瞭望不良地段,应适当缩短。两线间已设置隔离的无缝线路应力放散、成段更换钢轨、成段更换轨枕施工可适当延长)作业前后上下道、转移作业地点、人员进入两线间、小群体作业等工况下应进行重点防护,必要时增设现场防护员。如联系中断,现场防护员应立即通知作业负责人停止作业,必要时将线路恢复到准许放行列车的状态。作业负责人下达设置或撤除防护、开始或停止作业、下道避车等命令[86]。

(5)区间线路上利用列车间隔的作业,驻站联络员与现场防护员或作业负责人联系程序规定如下[87]:

①作业负责人应通过驻站联络员与车站值班员保持密切联系,设置好防护后方可作业。在作业过程中应密切注意来车"预报""确报"等信号。

a. 预报:车站对作业区间办理闭塞时,驻站联络员应立即向现场防护员发出预报;如系通过列车,则应提前一个车站(即邻站向本站发车时)发出预报。

b. 确报:车站向作业区间发车时,驻站联络员应立即向现场防护员发出确报。

c. 作业地点距车站较近或作业条件较复杂,需提前预报、确报时,作业负责人应事先与驻站联络员商定明确并告知全体防护员及作业人员。

d. 变更通知:预报、确报有变化时,驻站联络员应向现场防护员发出变更通知。

②现场防护员接到驻站联络员发出的预报、确报、变更通知后,均应立即通知到作业负责人。同时应加强警戒,注意瞭望,监视来车与作业情况。如设置有中间联络防护员时,应以上述相同方式准确及时地将信息传达给对方。

③驻站联络员应加强与车站值班员的联系,双线区段反方向来车时,驻站联络员应及时通知现场防护员转报作业负责人。

(6)线路上作业设置或撤除移动停车信号防护的程序如下[88]:

①设置移动停车信号

a. 驻站联络员抄录并确认作业调度命令,通知作业负责人。

b. 作业负责人通知现场防护员按规定在作业地点设置移动停车信号。

c. 按规定设置好移动停车信号后作业负责人发出作业命令。

②撤除移动停车信号

a. 作业负责人检查确认线路已达到放行列车条件(外单位施工的还需设备管理单位监督检查人员共同检查确认)。

b. 通知现场防护员撤除作业地段的移动停车信号。

c. 通知车站开通线路。

(7)线路发生危及行车安全故障或自然灾害时的防护办法如下[89]:

①应立即使用列车无线调度通信设备通知车站值班员或列车司机紧急停车,同时在故障或自然灾害影响地点设置停车信号。

②当确知一端先来车时,应急速奔向列车,用手信号旗(灯)或徒手显示停车信号。

③如不知来车方向,应在故障或自然灾害影响地点注意倾听和瞭望,发现来车,应急速奔向列车,用手信号旗(灯)或徒手显示停车信号。

设有固定信号机时,应先使其显示停车信号。站内线路、道岔发生故障或自然灾害时,应立即通知车站值班员采取措施,防止机车、车辆通往该故障或自然灾害影响地点,同时按规定设置停车信号防护。有人看守的道口宜装设遮断信号机。有人看守的桥隧建筑物及可能危及行车安全的坍方落石地点,如图 2-34 所示,根据需要装设遮断信号机。遮断信号机距防护地点不得小于 50 m。

图 2-34 坍方落石阻断铁路

2. 高速铁路的防护办法

(1)驻调度所(驻站)联络员和现场防护员应由指定的、经过考试合格的人员担任,持证上岗。驻调度所(驻站)联络员应使用有录音回放功能的通信工具或录音笔,铁路局集团公司应制定防护联控录音分析、考核制度[90-92]。

(2)作业负责人、驻调度所(驻站)联络员和现场防护员,应佩戴标志,并按表 2-5 要求携带防护信号用品[90,93]。

表 2-5 防护信号用品表

名　称	单位	数　量(每人)			
		作业负责人	驻调度所联络员	驻站联络员	现场防护员
喇　叭	个				1
红、黄色信号旗(昼)	面				各 1
信号灯(夜)	盏				1
短路铜线	条				1
手持无线电台	台	1		1	1
GSM-R 手机	台	1	1	1	1

(3)驻调度所(驻站)联络员应及时向作业负责人传达调度命令,作业负责人接到调度

命令后，应与驻调度所（驻站）联络员核对调度命令内容，并确认与驻调度所（驻站）联络员、现场防护员之间相互通信良好后方准安排上道作业。

作业负责人应根据施工作业现场地形条件、列车运行特点、施工（或维修）作业人员和机具布置等情况确定现场防护员站位和移动路径。现场防护员应携带必备的防护用品，做好自身防护，并随时观察施工现场和列车运行情况，发现异常情况时及时通知驻调度所（驻站）联络员和作业负责人，驻调度所（驻站）联络员及时通报列车调度员（车站值班员）[90,94]。

（4）在区间或站内线路、道岔上维修时，现场防护人员应站在维修地点附近，且瞭望条件较好的地点进行防护，在天窗内作业时，显示停车手信号。维修作业应在调度所（车站）与作业地点分别设驻调度所（驻站）联络员和现场防护人员，并保持联系[90,95]。

（5）驻调度所（驻站）联络员应与现场防护员保持联系，如联系中断，驻调度所（驻站）联络员应立即通知列车调度员停止向作业地点放行列车，不得办理作业销记手续；同时现场防护员应立即通知作业负责人停止作业，必要时将线路恢复到准许放行列车的条件。铁路局集团公司应制定驻调度所（驻站）联络员、现场防护员及作业负责人之间的联控办法，明确通信设备管理要求，对联控时机、联控内容、联控对象、联控标准用语等环节进行规范[90,96]。

（6）线路上作业设置或撤除移动停车信号防护的程序如下[97]：

①设置移动停车信号

a. 驻调度所（驻站）联络员接到调度命令后，通知现场作业负责人。

b. 现场作业负责人通知现场防护员并相互确认后，现场防护员按规定在作业地点设置移动停车信号。

c. 现场作业负责人确认按规定设置好移动停车信号后发出作业命令。

②撤除移动停车信号

a. 现场作业负责人检查确认（非设备管理单位作业时由作业负责人与设备管理单位监督检查人员共同检查确认）线路已达到放行列车条件。

b. 现场作业负责人通知现场防护员撤除移动停车信号防护。

c. 现场作业负责人通知驻调度所（驻站）联络员办理开通线路手续。

（7）影响公路交通安全的作业，应按《中华人民共和国道路交通安全法》设置防护[98]。

二、使用移动停车、移动减速信号及作业标防护办法

1. 普速铁路和高速铁路施工作业时使用移动停车信号防护办法

（1）在区间线路上施工时，使用移动停车信号的防护办法如下[99-101]：

①单线区间施工时，如图 2-35 所示。

②双线区间一条线路施工时，普速铁路设置如图 2-36 所示；高速铁路设置如图 2-37 所示。

③双线区间两条线路同时施工时，如图 2-38 所示。

④作业地点在站外，距离进站信号机（反方向进站信号机）小于 820 m 时，如图 2-39 所示。

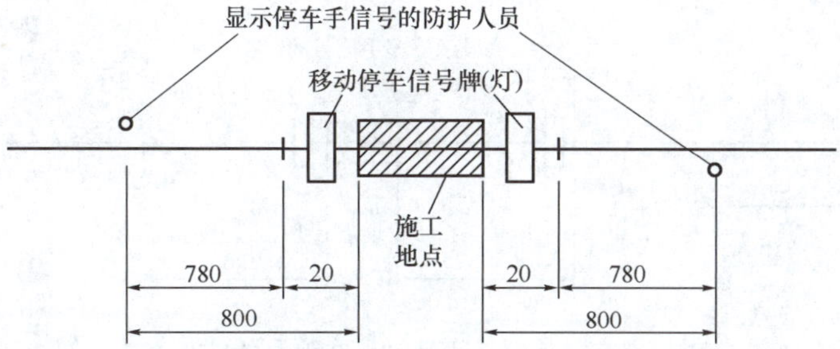

图 2-35　单线区间施工使用时移动停车信号的防护办法(单位:m)

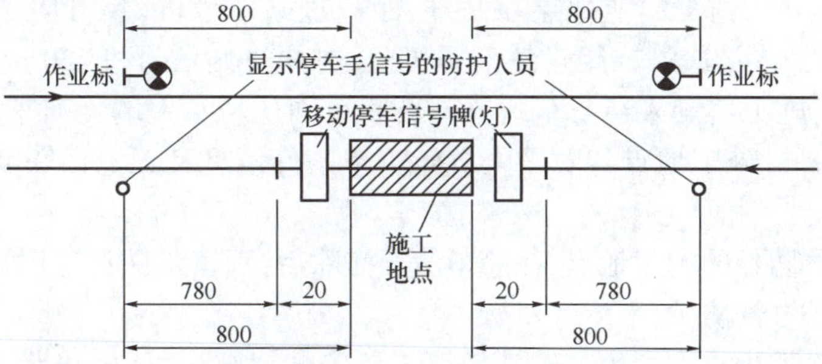

图 2-36　双线区间一条线路施工时使用移动停车信号的防护办法(普速)(单位:m)

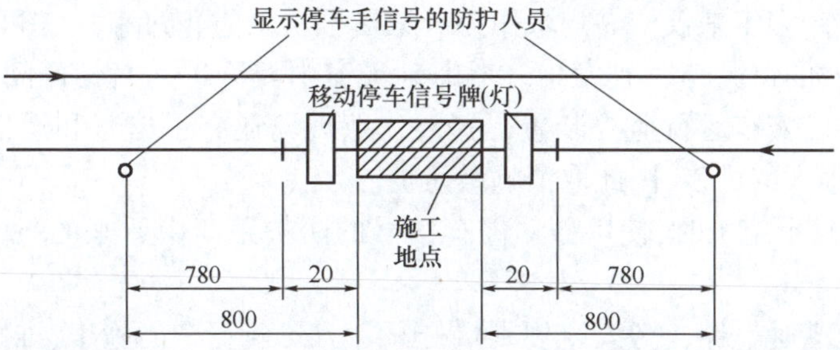

图 2-37　双线区间一条线路施工时使用移动停车信号的防护办法(高速)(单位:m)

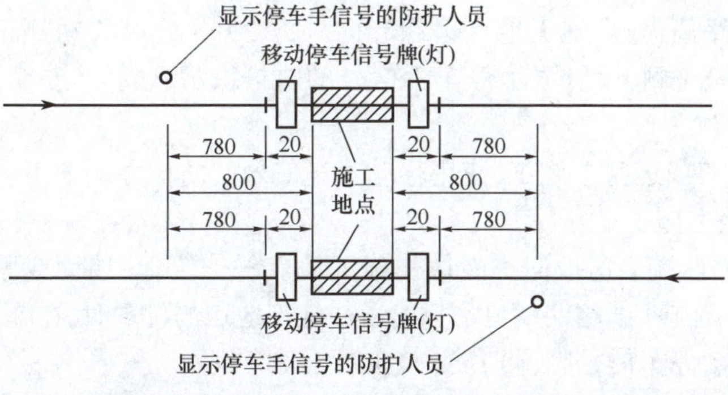

图 2-38　双线区间两条线路同时施工时使用移动停车信号的防护办法(单位:m)

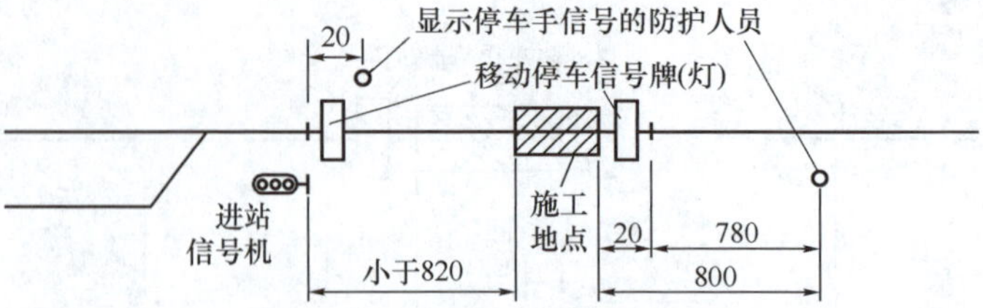

图 2-39　施工地点在站外时使用移动停车信号的防护办法(单位:m)

现场防护人员应站在距施工地点 800 m 附近(图 2-35~图 2-38),且瞭望条件较好的地点显示停车手信号;施工作业地点在站外,距离进站信号机(反方向进站信号机)小于 820 m 时,现场防护人员应站在距进站信号机(反方向进站信号机)20 m 附近(图 2-39);在尽头线上施工,施工负责人经与车站值班员联系确认尽头一端无列车、轨道车时,则尽头一端可不设防护。施工地点与防护人员间瞭望条件不良又无电话联系时,应增设中间防护人员。

凡用停车信号防护的施工地点,在停车信号撤除后,列车需减低速度通过施工地点时,应按减速信号防护办法防护。

由于行车条件发生重大变化,《普速铁路工务安全规则》对区间线路上施工,使用移动停车信号防护的防护办法进行了以下修订:

a. 取消响墩。

现有资料统计,多年来仅依靠响墩作为听觉信号从未防止过事故,但是,响墩错放或忘记撤出被列车触发的情况却时有发生。考虑到天窗内允许进入封锁区间的多为速度较低的路用列车,且均已安装运行监控装置,另外,作业现场还有手信号和通信手段防护,控车的技术手段有了很大的进步,因此取消响墩防护。

b. 在区间线路上施工时,使用移动停车信号的防护距离由原来的(800+60)m 改变为 800 m。

主要是因为《普速铁路工务安全规则》做出了"凡影响行车的施工、维修作业,都必须纳入天窗,不得利用列车间隔进行"的规定。所以对已封锁区间的施工,仅防护本线的工程车辆和自轮运转设备,其在低速运行的条件下,800 m 可以提供足够的制动距离。在区间线路上施工时,其防护距离为:自施工地点边缘起向外方 20 m 处设移动停车信号,距施工地点 800 m 处、来车方向左侧,设有显示停车手信号的防护人员,防护人员负责向驶来的列车显示停车手信号。

(2)在站内线路或道岔上施工,使用移动停车信号的防护办法如下:

①在站内线路上施工[100,102,103]

a. 将施工线路两端道岔扳向不能通往施工地点的位置,并加锁或紧固,可不设置移动停车信号牌(灯)。当施工线路两端道岔只能通往施工地点的位置时,在施工地点两端各 50 m 处线路上,设置移动停车信号牌(灯)防护,如图 2-40 所示。

b. 如施工地点距离道岔小于 50 m 时,在该端警冲标相对处线路上,设置移动停车信号牌(灯)防护,如图 2-41 所示。

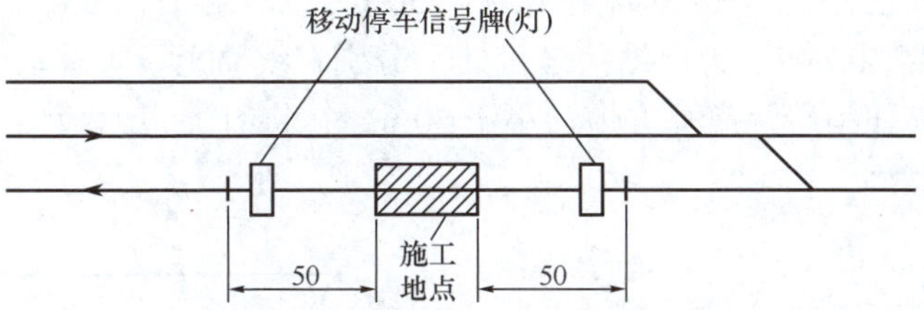

图 2-40　在站内线路施工使用时移动停车信号的防护办法(单位:m)

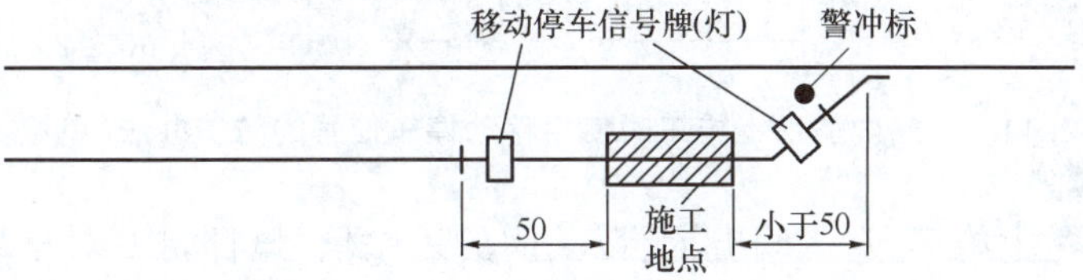

图 2-41　在站内线路施工地点距离道岔小于 50 m 时使用移动停车信号的防护办法(单位:m)

c. 在进站道岔外方线路上施工,对区间方向,以关闭的进站信号机防护;对车站方向,在进站道岔外方基本轨接头处(顺向道岔在警冲标相对处)线路上,设置移动停车信号牌(灯),如图 2-42 所示。

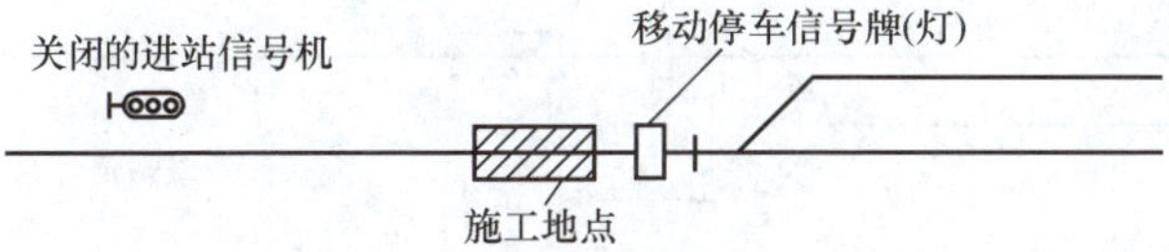

图 2-42　在进站道岔外方线路上施工时使用移动停车信号的防护办法(单位:m)

d. 双线区段,在反方向进站信号机至出站道岔的线路上施工,对区间方向,以关闭的反方向进站信号机防护。对车站方向,在出站道岔外方基本轨接头处(对向道岔在警冲标相对处)线路上,设置移动停车信号牌(灯)防护,如图 2-43 所示。

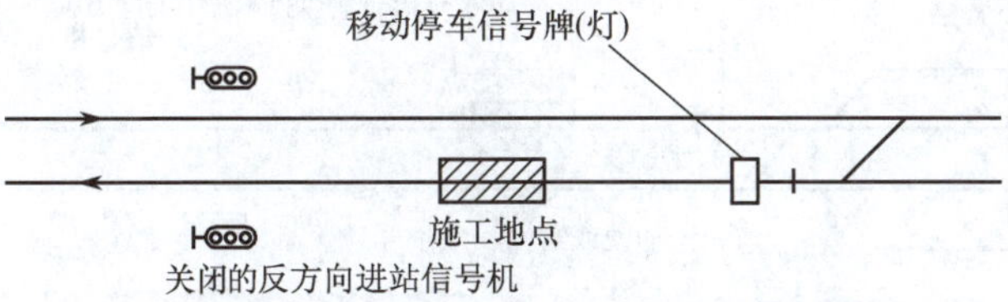

图 2-43　双线区段,在反方向进站信号机至出站道岔的线路上施工时使用移动停车信号的防护办法(单位:m)

②在站内道岔上(含警冲标至道岔尾部线路、道岔间线路)施工时,使用移动停车信号防护,防护办法如下[103,104]:

a. 在站内道岔上施工,一端距离施工地点 50 m,另一端两条线路距离施工地点 50 m(距出站信号机不足 50 m 时,为出站信号机处),分别在线路上设置移动停车信号牌(灯)防护,如图 2-44 所示;如一端距离外方道岔小于 50 m 时,将有关道岔扳向不能通往施工地点的位置,并加锁或紧固。

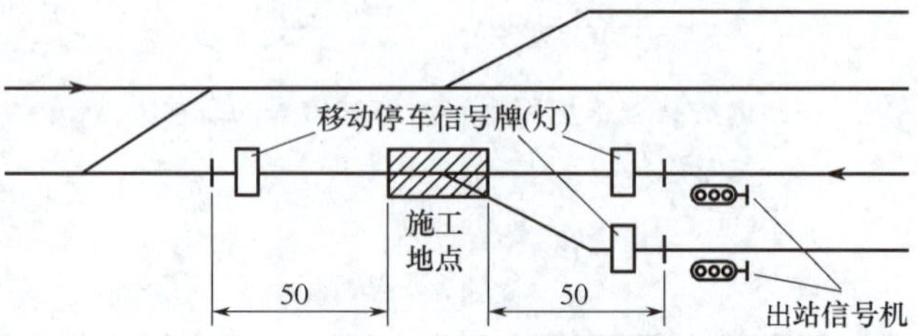

图 2-44　在站内道岔上施工时使用移动停车信号的防护办法(单位:m)

b. 在进站道岔上施工,对区间方向,以关闭的进站信号机防护;对车站方向,在距离施工地点 50 m 线路上,设置移动停车信号牌(灯)防护,如图 2-45 所示。距邻近道岔不足 50 m 时,在邻近道岔基本轨接头处设置移动停车信号牌(灯)防护,将有关道岔扳向不能通往施工地点的位置,并加锁或紧固。

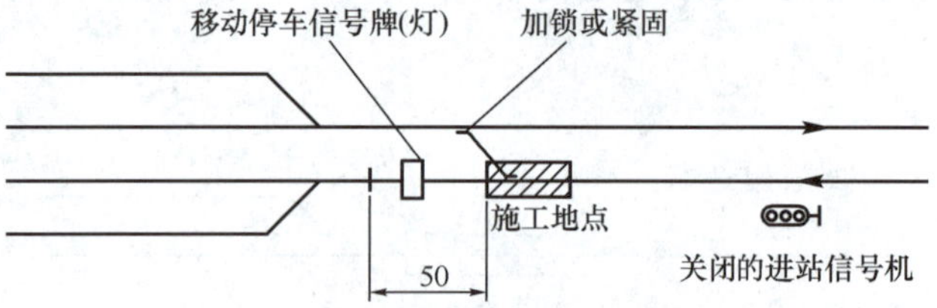

图 2-45　在进站道岔上施工时使用移动停车信号的防护办法(单位:m)

c. 在出站道岔上施工,对区间方向,以关闭的反方向进站信号机防护;对车站方向,在距离施工地段不少于 50 m 线路上,设置移动停车信号牌(灯)防护,如图 2-46 所示。距邻近道岔不足 50 m 时,将有关道岔扳向不能通往施工地点的位置,并加锁或紧固。

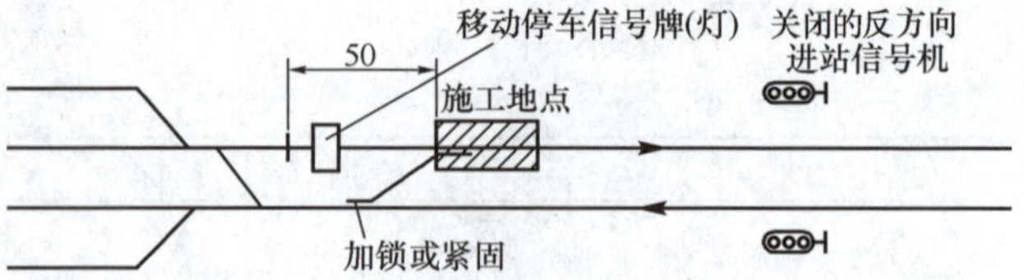

图 2-46　在出站道岔上施工时使用移动停车信号的防护办法(单位:m)

d. 在交分道岔上施工,将有关道岔扳向不能通往施工地点的位置,并加锁或紧固,在施工地点两端 50 m 处线路上,设置移动停车信号牌(灯)防护,如图 2-47 所示。

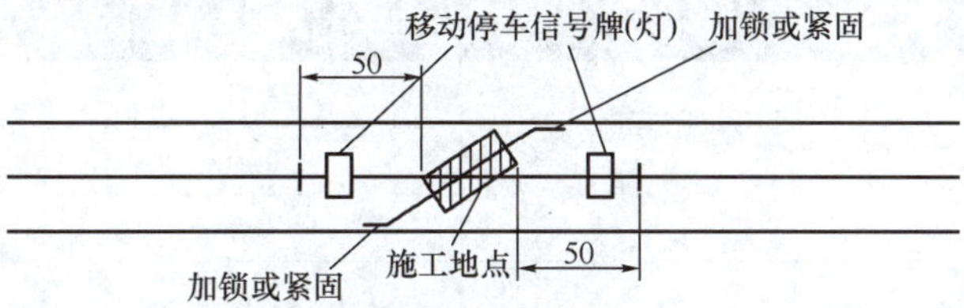

图 2-47 在交分道岔上施工时使用移动停车信号的防护办法(单位:m)

e. 在交叉渡线的一组道岔上施工,一端在菱形中轴相对处线路上,另一端在距离施工地点 50 m 处线路上,分别设置移动停车信号牌(灯)防护,将有关道岔扳向不能通往施工地点的位置,并加锁或紧固,如图 2-48 所示。

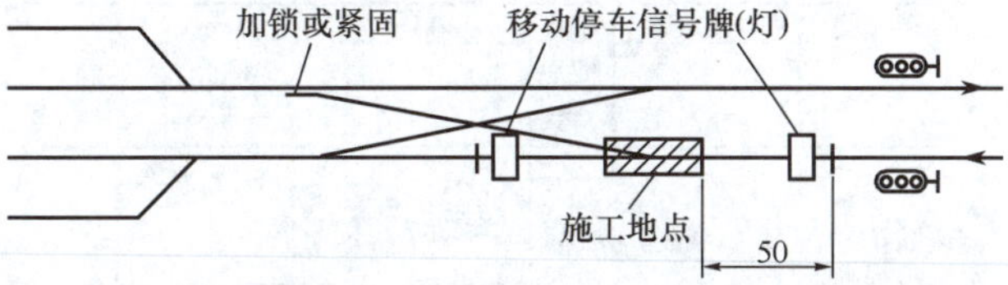

图 2-48 在交叉渡线一组道岔上施工时使用移动停车信号的防护办法(单位:m)

f. 在道岔上进行大型养路机械施工时,如延长移动停车信号牌(灯)防护距离后占用其他道岔时,对相关道岔应一并防护。

2. 普速铁路施工作业的移动减速信号防护[73,105]

(1)在区间线路上,根据线路速度等级,使用移动减速信号的防护办法如下:

①单线区间施工时,设立位置如图 2-49 所示。

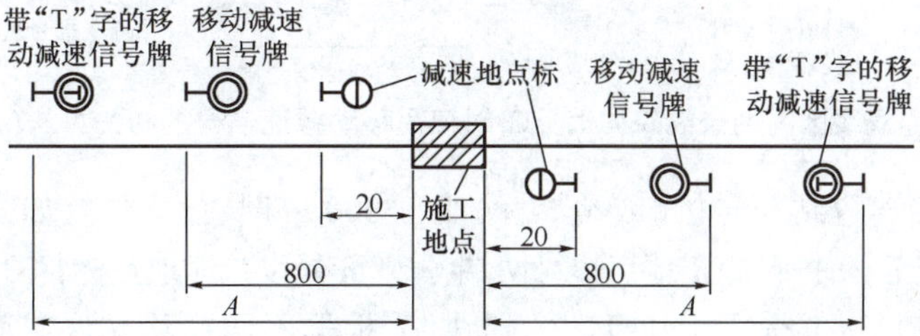

图 2-49 单线区间施工使用时移动减速信号的防护办法(单位:m)

注:(1)A 为不同线路允许速度的列车紧急制动距离(下同),见表 2-6。

(2)允许速度 120 km/h<v<200 km/h 的线路,在移动减速信号牌外方增设带“T”字的移动减速信号牌,以下同。

表 2-6　列车紧急制动距离限值

列　车　类　型	最高运行速度(km/h)	紧急制动距离限值(m)
旅客列车(动车组列车除外)	120	800
	140	1 100
	160	1 400
特快货物班列	160	1 400
快速货物班列	120	1 100
货物列车(货车轴重<25 t,快速货物班列除外)	90	800
	120	1 400
货物列车(货车轴重≥25 t)	100	1 400

②双线区间在一条线路上施工时,设立位置如图 2-50 所示。

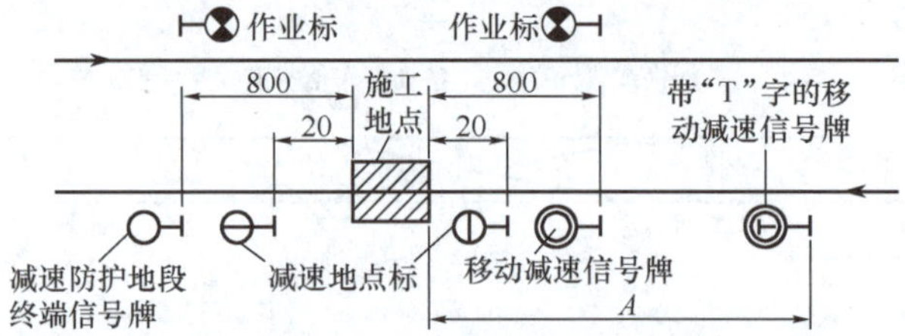

图 2-50　双线区间在一条线路上施工时使用移动减速信号的防护办法(单位:m)

注:限速地段无施工作业不设置作业标。

③双线区间两条线路同时施工时,设立位置如图 2-51 所示。

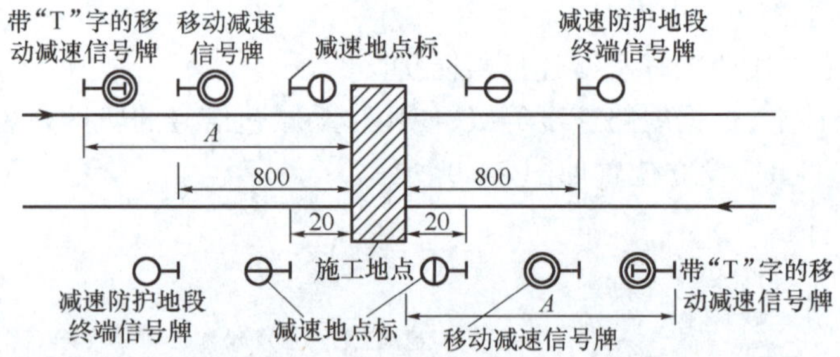

图 2-51　双线区间两条线路同时施工时使用移动减速信号的防护办法(单位:m)

④施工地点距离进站信号机(或站界标)小于 800 m 时,设立位置如图 2-52 所示。

单线区间的施工,防护自施工地点边缘两端各 20 m 处设减速地点标,800 m 处设移动减速信号牌。允许速度 120 km/h$<v_{max}\leq$200 km/h 的线路,根据不同线路允许速度的列车紧急制动距离,在移动减速信号牌外方增设带“T”字的移动减速信号牌(均设在来车方向线路左侧)。

上述规定在 800 m 处设置移动减速信号牌,是因为主要干线列车编组长度接近 800 m,当列车头部运行至减速地段终端,司机看到减速信号牌背面绿色圆牌后,恢复正常速度运行,此时列车尾部车辆已通过慢行地段。同时,为了使司机看到减速信号牌后,运行到减速地点标处能够将列车速度降到移动减速信号牌上标明的速度,避免超速运行,所以规定距离施工地点 A 处增设带“T”字的移动减速信号牌,800 m 处设置移动减速信号是合适的。

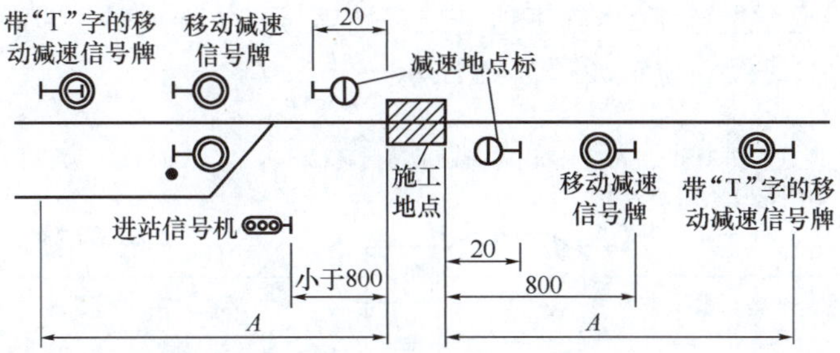

图 2-52　施工地点距离进站信号机(或站界标)小于 800 m 施工时使用移动减速信号的防护办法(单位:m)

注:(1)当站内正线警冲标距离施工地点小于 800 m 时,按 800 m 设置移动减速信号牌;
(2)当站内正线警冲标距离施工地点大于或等于 A 时,不设置带“T”字的特殊移动减速信号牌。

施工地点距进站信号机(或站界标)小于 800 m 时,区间方向防护与单线区间防护相同,对车站方向除距施工地点边缘 20 m 处设减速地点标外,还应在有关到发线警冲标处和线路左侧设移动减速信号防护,起到预告减速的作用。任何站内发车径路发出的经过该施工地点的列车,均应有减速信号起到有效防护。

(2)在站内线路或道岔上,根据线路速度等级,使用移动减速信号的防护办法如下[106-108]:

①在站内正线线路上施工,当施工地点距进站信号机大于或等于 800 m 时,单线设立位置如图 2-53 所示,双线设立位置如图 2-54 所示。

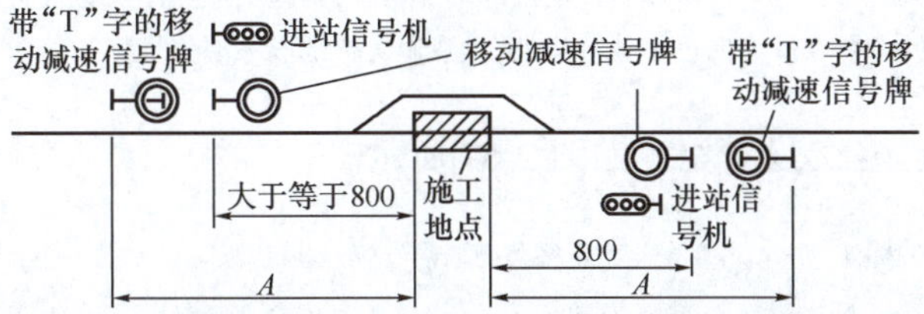

图 2-53　在站内正线线路上施工时使用移动减速信号的防护办法(单线)(单位:m)

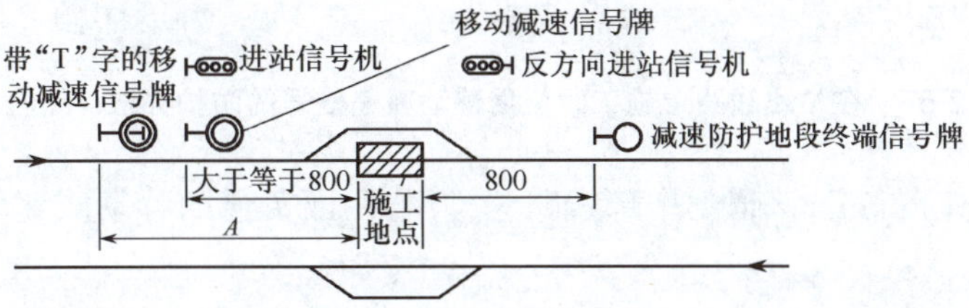

图 2-54　在站内正线线路上施工时使用移动减速信号的防护办法(双线)(单位:m)

注:当施工地点距进站信号机不足 800 m 时,自施工地点起至 800 m 处区间线路列车运行方左侧,设移动减速信号牌防护;当施工地点距进站信号机大于或等于 A 时,不设置带“T”字的移动减速信号牌;当施工地点距反方向进站信号机不足 800 m 时,自施工地点起至 800 m 处区间线路列车运行方左侧,设减速防护地段终端信号牌;当施工地点距反方向进站信号机大于或等于 800 m 时,在反方向进站信号机处,设减速防护地段终端信号牌。

②在站内正线道岔上施工,当施工地点距进站信号机大于或等于 800 m 时,单线设立位置如图 2-55 所示,双线设立位置如图 2-56 所示。

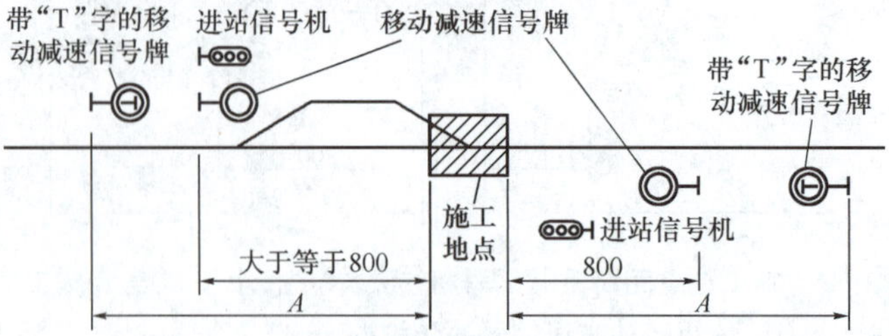

图 2-55 在站内正线道岔上施工时使用移动减速信号的防护办法(单线)(单位:m)

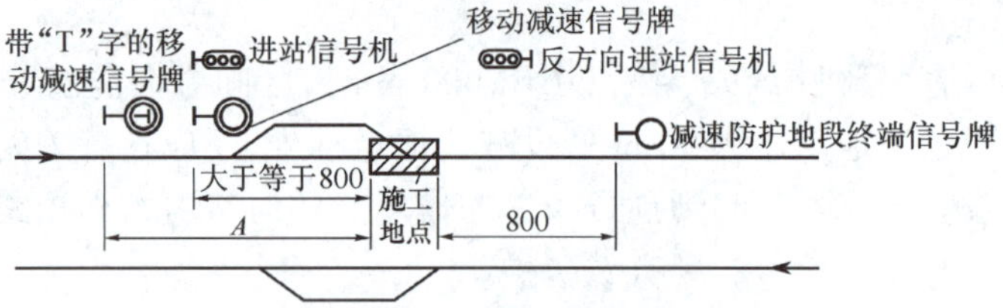

图 2-56 在站内正线道岔上施工时使用移动减速信号的防护办法(双线)(单位:m)

注:当施工地点距进站信号机不足 800 m 时,自施工地点起至 800 m 处区间线路列车运行方左侧,设移动减速信号牌防护;当施工地点距进站信号机大于或等于 A 时,不设置带"T"字的移动减速信号牌;当施工地点距反方向进站信号机不足 800 m 时,自施工地点起至 800 m 处区间线路列车运行方左侧,设减速防护地段终端信号牌;当施工地点距反方向进站信号机大于或等于 800 m 时,在反方向进站信号机处,设减速防护地段终端信号牌。

③在站线线路上施工,设立位置如图 2-57 所示。

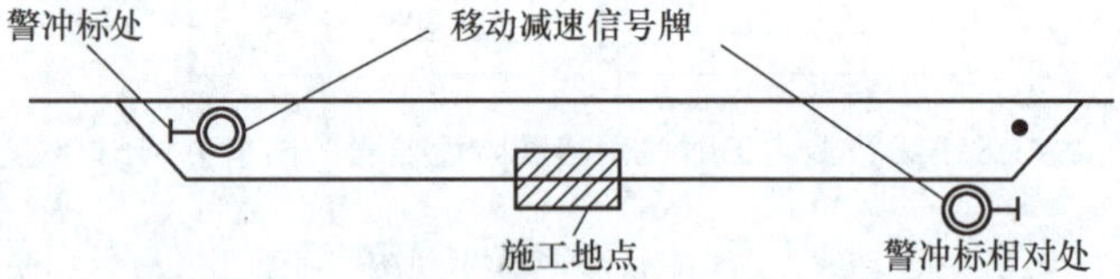

图 2-57 在站线线路上施工时使用移动减速信号的防护办法(单位:m)

④在站线道岔上施工,该道岔中部线路旁,设置两面黄色的移动减速信号,设立位置如图 2-58 所示。

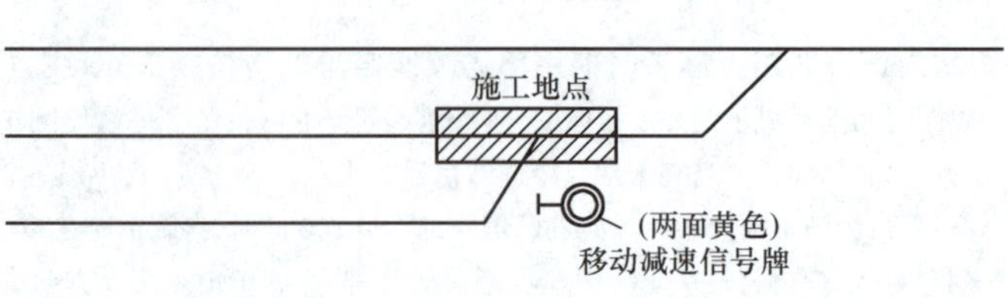

图 2-58 在站线道岔上施工时使用移动减速信号的防护办法(单位:m)

⑤凡线间距离不足规定时，应设置矮型（1 m 高）移动减速信号。在移动减速信号牌上应注明规定的慢行速度。

⑥已纳入 LKJ 基础数据的长期限制慢行地段不设置减速信号牌。

纳入 LKJ 基础数据长期限制慢行视为线路允许速度，不需要通过运行揭示或 IC 卡实现限速运行，故现场可不设置减速信号牌提示司机操作。

3. 高速铁路施工作业的移动减速信号防护[100,109]

（1）仅运行动车组列车的区间正线不设置移动减速信号防护。在其余区间正线上，使用带"T"字和"减速"字的移动减速信号的防护办法如下：

①单线区间施工，设立位置如图 2-59 所示。

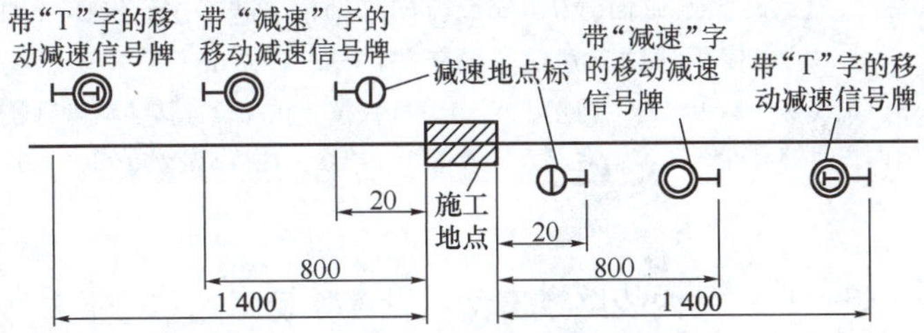

图 2-59　单线区间施工时使用移动减速信号的防护办法（单位：m）

②双线区间在一条线路上施工，设立位置如图 2-60 所示。

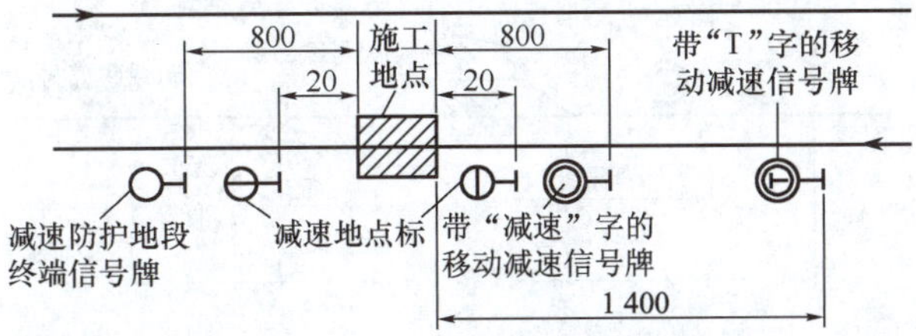

图 2-60　双线区间一条线路上施工时使用移动减速信号的防护办法（单位：m）

③双线区间两条线路同时施工，设立位置如图 2-61 所示。

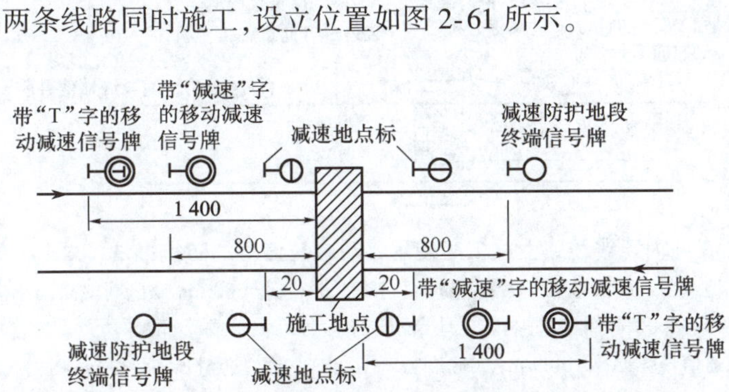

图 2-61　双线区间两条线路同时施工时使用移动减速信号的防护办法（单位：m）

④施工地点距离进站信号机(或反方向进站信号机)小于 800 m 时,设立位置如图 2-62 所示。

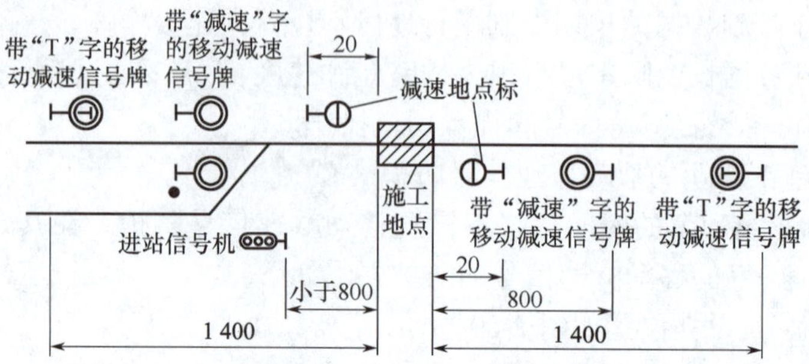

图 2-62 施工地点距离进站信号机(或反方向进站信号机)小于 800 m 时施工时,使用移动减速信号的防护办法(单位:m)

注:(1)当站内正线警冲标距离施工地点小于 800 m 时,按 800 m 设置移动减速信号牌;

(2)当站内正线警冲标距离施工地点大于或等于 1 400 m 时,不设置带"T"字的移动减速信号牌。

(2)仅运行动车组列车的站内线路或道岔不设置移动减速信号防护。在其余站内线路或道岔上,使用带"T"字和"减速"字的移动减速信号的防护办法如下:

①在站内正线线路上施工,当施工地点距进站信号机大于或等于 800 m 时,单线设立位置如图 2-63 所示,双线设立位置如图 2-64 所示。

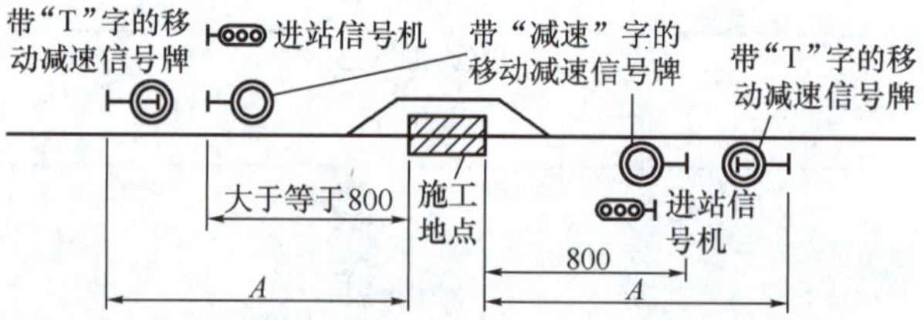

图 2-63 在站内正线线路上施工时使用移动减速信号的防护办法(单线)(单位:m)

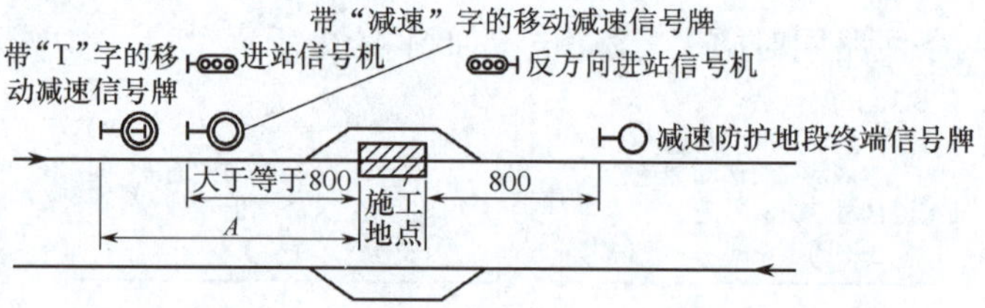

图 2-64 在站内正线线路上施工时使用移动减速信号的防护办法(双线)(单位:m)

注:当施工地点距进站信号机不足 800 m 时,自施工地点起至 800 m 处区间线路列车运行方左侧,设移动减速信号牌防护;当施工地点距进站信号机大于或等于 A 时,不设置带"T"字的移动减速信号牌,A 取 1400 m;当施工地点距反方向进站信号机不足 800 m 时,自施工地点起至 800 m 处区间线路列车运行方左侧,设减速防护地段终端信号牌;当施工地点距反方向进站信号机大于或等于 800 m 时,在反方向进站信号机处,设减速防护地段终端信号牌。

②在站内正线道岔上施工，当施工地点距进站信号机大于或等于 800 m 时，单线设立位置如图 2-65 所示，双线设立位置如图 2-66 所示。

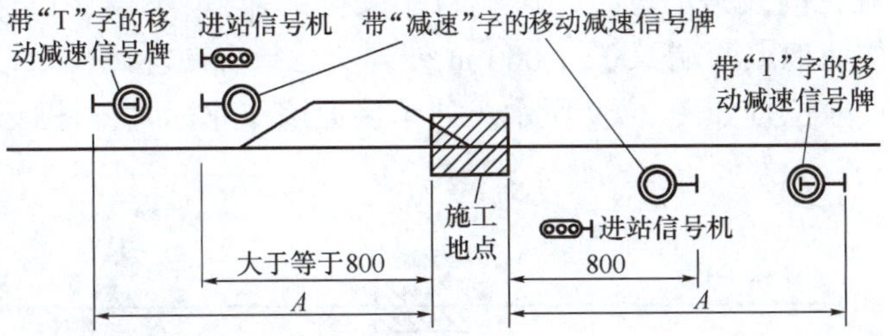

图 2-65　在站内正线道岔上施工时使用移动减速信号的防护办法（单线）（单位：m）

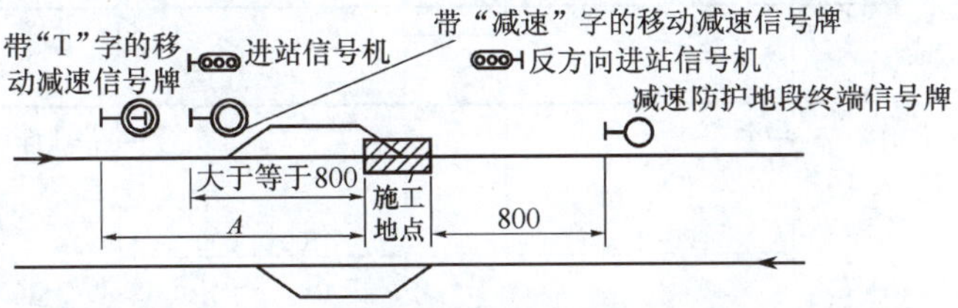

图 2-66　在站内正线道岔上施工时使用移动减速信号的防护办法（双线）（单位：m）

注：当施工地点距进站信号机不足 800 m 时，自施工地点起至 800 m 处区间线路列车运行方左侧，设移动减速信号牌防护；当施工地点距进站信号机大于或等于 A 时，不设置带“T”字的移动减速信号牌，A 取 1 400 m；当施工地点距反方向进站信号机不足 800 m 时，自施工地点起至800 m 处区间线路列车运行方左侧，设减速防护地段终端信号牌；当施工地点距反方向进站信号机大于或等于 800 m 时，在反方向进站信号机处，设减速防护地段终端信号牌。

③在站线线路上施工，设立位置如图 2-67 所示。

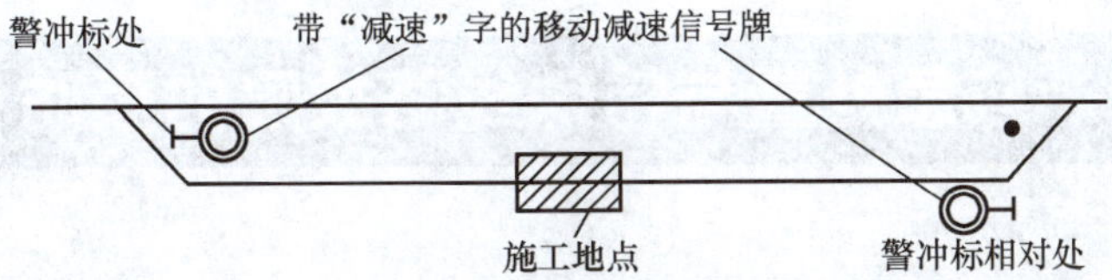

图 2-67　在站线线路上施工时使用移动减速信号的防护办法（单位：m）

④在站线道岔上施工，该道岔中部线路旁，设置两面黄色的带“减速”字的移动减速信号牌，设立位置如图 2-68 所示。

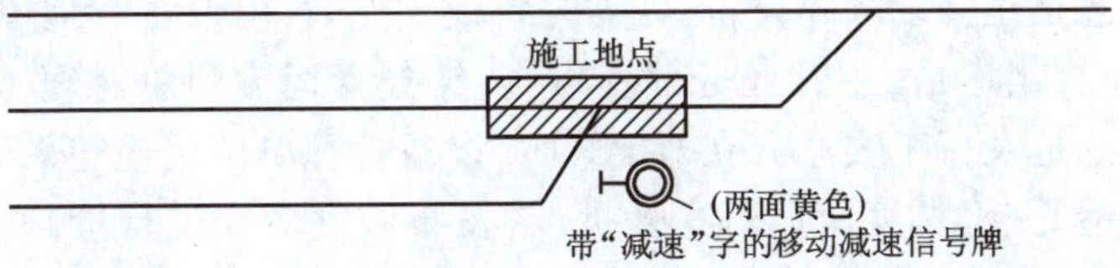

图 2-68　在站线道岔上施工时使用移动减速信号的防护办法（单位：m）

⑤凡线间距离不足规定时,应设置矮型(1 m 高)的移动减速信号牌。

4. 作业标[110,111]

(1)普速铁路在区间线路上进行不影响行车安全的作业,不需要以停车信号或移动减速信号防护,应在作业地点两端500~1 000 m处列车运行方向左侧(双线在线路外侧)的路肩上设置作业标,设立位置如图2-69所示。列车接近该作业标时,司机必须长声鸣笛,注意瞭望。

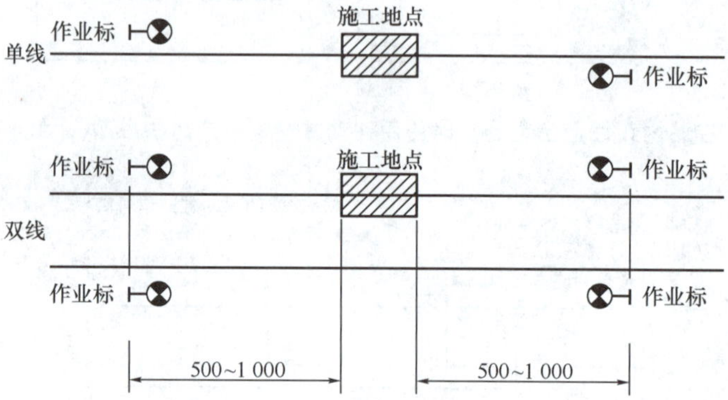

图2-69 单线及双线作业标设置(单位:m)

列车通过作业标时,应鸣笛向线路上作业人员发出列车接近报警信号。近年来,一些城市和特殊情况下设置了禁止鸣笛地区,在禁鸣笛区域内,列车无法发出列车接近报警信号时,工务可不设作业标,但驻站联络员、现场防护人员应及时通知线路上作业人员下道避车。地点频繁移动的作业可不设作业标。

(2)高速铁路施工作业和维修作业,本线和邻线均不设置作业标[112]。

第四节 应急处置与特殊线路故障的预防和处理

一、普速铁路应急处置与特殊线路故障的预防和处理

1. 故障及自然灾害应急处置分以下两种情况[29,113]

(1)当工务人员检查、作业中发现线路设备故障或自然灾害时

应立即按照本章第三节第一项序号1(7)防护办法要求进行防护。迅速通知工长或车间主任,并采取紧急措施修复故障设备;需临时封锁要点时,由设备管理单位向铁路局集团公司主管工务部室提出申请,主管业务部室审查,经分管运输副总经理(总调度长)批准后,由调度所安排。危及行车安全需立即抢修时,设备管理单位按规定采取措施在“行车设备检查登记簿”内登记,经调度所值班主任批准,发布调度命令进行抢修,设备管理单位同时通知配合单位和铁路局集团公司主管业务部室。

车站值班员接到区间发生故障的警报后,应立即通知有关列车停车或限速,并报告列

车调度员。必要时,工务部门的工长或车间主任随乘第一趟列车去故障现场,以便迅速组织和指挥抢修工作。工长或车间主任根据故障判断影响行车的程度,确定运行办法,并报告车站值班员或列车调度员。在工长或车间主任到达故障地点之前,列车运行办法由现场工务人员确定。

故障、自然灾害处置后,由现场负责人确定放行列车条件。

(2)接到列车调度员(车站值班员)设备故障、自然灾害通知时

铁路局集团公司工务调度接到设备故障、自然灾害通知时,应及时通知相关领导及设备管理单位;设备管理单位接铁路局集团公司或车站值班员设备故障、自然灾害通知时,应立即通知有关车间(班组),并向单位相关领导汇报。

车间(班组)按通知的故障、自然灾害类别或领导要求,携带机具和材料赶赴现场,同时设置驻站防护、办理相关手续。

作业负责人确认设备故障或自然灾害后,立即向车站值班员(列车调度员)报告故障或自然灾害主要情况及影响范围、处置方案、行车限制条件。

需临时封锁要点时,由设备管理单位向铁路局集团公司主管业务部室提出申请,主管业务部室审查,经分管运输副总经理(总调度长)批准后,由调度所安排。

危及行车安全需立即抢修时,设备管理单位按规定采取措施,在"行车设备检查登记簿"内登记,经调度所值班主任批准,发布调度命令进行抢修,设备管理单位同时通知配合单位和铁路局集团公司主管业务部室。应立即通知有关车间(班组),并向单位相关领导汇报。

故障或自然灾害处置后,由现场作业负责人确定放行列车条件。

因为事故、故障或自然灾害是突发现象,应急处置原则是在保证安全的前提下,尽快抢通线路,所以不受负责人级别、天窗计划等条件约束,但应设置防护,保证作业人员的人身安全。

2. 特殊故障处理

(1)胀轨跑道的防治和处理[114]

①当线路出现连续碎弯并有胀轨迹象时,必须加强巡查或派专人监视,观测轨温和线路方向的变化。若碎弯继续扩大,应采取限速或封锁措施,进行紧急处理。线路稳定后,恢复正常行车。

②作业中如出现轨向、高低不良,起道、拨道省力,枕端道砟离缝等胀轨迹象时,必须停止作业,并及时采取防胀措施。

无论作业中或作业后,发现线路轨向不良,用 10 m 弦测量两股钢轨的轨向偏差,当平均值达到 10 mm 时,必须设置移动减速信号,并采取夯拍道床、填满枕盒道砟和堆高砟肩等措施,来不及设置移动减速信号的,现场防护员应显示黄色信号旗(灯),指示列车限速运行,并及时报告车站值班员限速地点和限速值,并安排人员在车站登记;当两股钢轨的轨向偏差平均值达到 12 mm,必须立即设置停车信号防护,及时通知车站,并采取钢轨降温、切割等紧急措施,消除故障后放行列车。

③发现胀轨跑道时必须立即拦停列车,尽快采取措施,恢复线路,首列放行列车速度不超过 15 km/h,并派专人看守、整修线路,逐步提高行车速度,如图 2-70 所示。

图 2-70　线路发生胀轨跑道

胀轨阶段轨道弯曲变形的矢度在 12 mm 以内，已具有危及行车安全的危险，因此，对轨道矢度要实行监控，做好以下工作：

a. 高温季节无缝线路出现局部的碎弯尚无大碍，而连续出现的碎弯极易诱发列车蛇行运动与连续的水平共振，引起破坏性的后果。因此，要对局部的碎弯加强巡检，若碎弯继续扩大，则应慢行或封锁。

b. 当发现线路方向不良，用 10 m 弦测量两股钢轨的方向偏差，如图 2-71 所示。其平均矢度达 10 mm 时，单股钢轨的方向偏差可能更大，继续扩大已趋危险，在此情况下应设慢行信号；当平均矢度达到 12 mm 时，已是发生跑道的预兆，放行列车会危急行车安全，此时必须立即设置停车信号防护。

图 2-71　弦绳测量钢轨矢度

c. 发生胀轨跑道后，在条件允许时可采取浇水、液态二氧化碳降低钢轨温度的方法；但实际应用过程中采取“普通线路应拆开钢轨接头，无缝线路采取切轨”的方法处理更快捷有效。发生胀轨后钢轨内部温度应力很大，使用轮盘锯切断钢轨时容易卡锯片，为尽快抢修开通线路,必要时现场可采用气割处理无缝线路胀轨跑道。

(2)线路钢轨(焊缝)折断时,应按本章第三节第一项序号1(7)的规定设置停车信号防护,断轨处理后的放行列车条件[115]:

①紧急处理——当钢轨断缝不大于50 mm时,应立即进行紧急处理。在断缝处上好夹板或臌包夹板,用急救器固定,如图2-72所示。在断缝前后各50 m拧紧扣件,并派人看守,放行列车速度不超过15 km/h。如断缝小于30 mm时,放行列车速度不超过25 km/h。有条件时应在原位焊复,否则应在轨端钻孔,上好夹板或臌包夹板,拧紧接头螺栓,然后可适当提高行车速度。

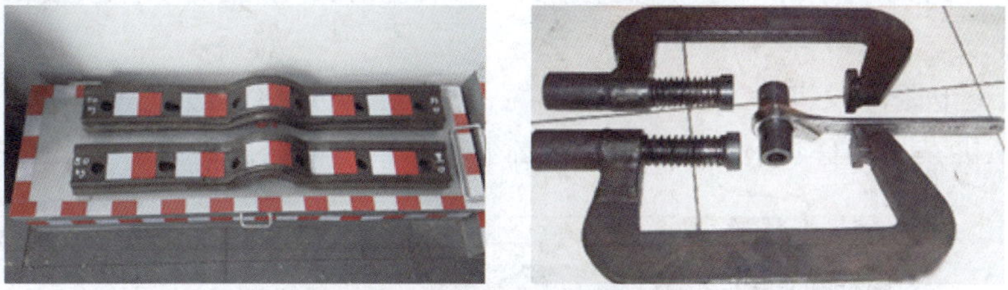

图2-72　臌包夹板、急救器

混凝土枕、弹性扣件地段,断轨后轨距不会有较大的变化,断口处不会出现较大的左右错牙,从现场实际情况来看,可适当提高放行速度。因此紧急处理时,当钢轨断缝不大于50 mm时,放行列车速度不超过15 km/h,断缝小于30 mm时,放行列车速度不超过25 km/h。木枕地段由于结构强度较低,在钢轨断缝大于30 mm且小于等于50 mm时,放行列车速度不超过5 km/h。

②临时处理——钢轨折损严重或断缝大于50 mm,以及紧急处理后,不能立即焊接修复时,应封锁线路,切除伤损部分,两锯口间插入长度不短于6 m的同型钢轨,轨端钻孔,上接头夹板,用10.9级螺栓拧紧。在短轨前后各50 m范围内,拧紧扣件后,按正常速度放行列车,但不得大于160 km/h。发生断轨后,在条件允许的情况下可直接进行临时处理。钢轨折损严重如图2-73所示。

图2-73　钢轨折损严重

临时处理或紧急处理时,应先在断缝两侧轨头非工作边做出标记,标记间距离约为8 m,并准确丈量两标记间的距离和轨头非工作边一侧的断缝值,做好记录。

③永久处理——对紧急处理或临时处理的处所，应及时插入短轨进行焊复，恢复无缝线路轨道结构。

在线路上焊接时轨温不应低于 0 ℃。放行列车时，焊缝温度应低于 300 ℃[116]。

(3)胶接绝缘接头发生拉开离缝时的处理[117]

胶接绝缘接头发生拉开离缝时，应立即拧紧胶接绝缘接头两端各 50 m 范围内线路扣件，并应尽快修复。胶接绝缘失效时，应立即更换或采用现场胶接绝缘接头技术处理。暂时不能进行永久处理的，可将失效部分拆除，更换为普通绝缘材料或插入等长绝缘接头钢轨或胶接绝缘钢轨，用夹板联结进行临时处理，并尽快用较长的胶接绝缘钢轨进行永久处理。进行永久处理时，应严格掌握轨温、胶接绝缘钢轨的长度和预留焊缝，使修复后无缝线路锁定轨温不变。

(4)在轨道电路区段进行天窗点外作业时，应严格执行下列规定[118]

①养路工机具、轨道检查仪、道尺等，均必须有与轨道电路的绝缘装置，如图 2-74 所示。

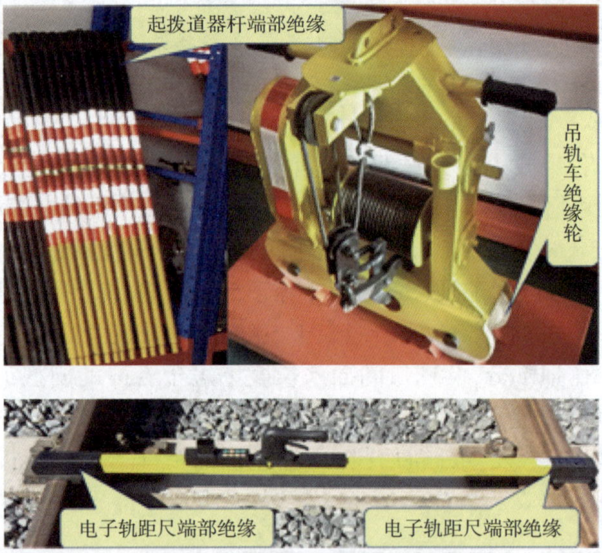

图 2-74　工机量具绝缘装置

②取放工具、抬运金属料具时，不得搭接两股钢轨、绝缘接头、引入线或轨距杆，如图 2-75 所示。

图 2-75　绝缘接头及引入线

二、高速铁路应急处置与特殊线路故障的预防和处理

发生钢轨折断、道岔故障、检查车(轨道检查车、综合检测列车)检测出现Ⅳ级偏差等故障或自然灾害时,按国铁集团高速铁路突发事件应急预案规定的程序办理[119]。

1. 应急处置与特殊线路故障处理的防护相关要求

(1)进入路基防护栅栏、桥面和隧道内检查、作业、设备故障及自然灾害应急处置,应设驻调度所(驻站)联络员,在现场设现场防护员。驻调度所(驻站)联络员负责按规定办理登、销记手续,使用通信设备向作业负责人传达调度命令。驻调度所(驻站)联络员应熟悉业务并掌握作业情况。驻调度所(驻站)联络员和现场防护员不得临时变更[120]。

(2)遇有暴风雨雪天气或地震,设备管理单位应加强对重点地段和设备的检查。在天窗时间外,检查人员不得进入路肩、桥面、隧道范围内。必要时,如仅需在路肩、桥梁作业通道且不侵入铁路建筑限界检查,本线列车限速 160 km/h 及以下;如需进入铁路建筑限界内检查,本线封锁、邻线列车限速 160 km/h 及以下。设备管理单位应在“行车设备检查登记簿”内登记,提出本线及邻线行车限制条件,在得到列车调度员(车站值班员)给点签认后方准检查。发现影响行车安全时,必须及时通知列车调度员限速运行或封锁线路[121]。

(3)当设备发生故障,需在双线区间的一线上道检查、处理设备故障时,本线应封锁、邻线列车限速 160 km/h 及以下。设备管理单位应在“行车设备检查登记簿”内登记,提出本线封锁、邻线列车限速 160 km/h 及以下的申请,在得到列车调度员(车站值班员)给点签认后方准上道作业,本线、邻线可不设置防护信号。抢修作业时,邻线列车接近前,防护人员通知现场作业负责人停止作业。作业机具、材料等不得侵限且严禁摆放在两线间。作业后应严格进行质量回检确认。检查发现影响行车安全时,必须立即通知列车调度员(车站值班员)限速运行或封锁线路,并按规定程序登记[122]。

(4)故障处理后需要现场看守时,设备管理单位应在“行车设备检查登记簿”内登记,提出本线及邻线行车限制条件。如需在路肩、桥梁作业通道、隧道救援通道看守检查时,应设现场防护员,本线列车限速 160 km/h 及以下,看守检查人员可在本线一侧路肩、桥梁作业通道、隧道救援通道检查,且不得侵入铁路建筑限界。如需上道检查或作业时应办理本线封锁、邻线列车限速 160 km/h 及以下手续[122]。

(5)工务设备发生故障时,设备管理单位应根据实际情况确定行车条件,并尽快组织制定处理方案,按规定程序审批后实施,对行车安全和秩序有较大影响时,铁路局集团公司应及时向国铁集团主管部门报告[123]。

(6)高速铁路处理设备故障需临时开行路用列车、轨道车时,由设备管理单位提出申请,调度所值班主任(值班副主任)准许,列车调度员发布调度命令。进入封锁区间的路用列车司机应熟悉线路和施工条件,否则应安排带道司机带道[124,125]。

2. 特殊故障处理

(1)胀轨跑道的防治和处理[126]。

①当线路连续出现碎弯并有胀轨迹象时,应限制列车运行速度或封锁线路,并尽快组织处理。

②作业中如出现轨向、高低不良时，必须停止作业，并及时采取防胀措施。

③发现胀轨跑道时应立即封锁线路进行处理。

④无缝线路发生胀轨跑道时，应对胀轨跑道情况按规定内容做好记录。

(2)钢轨重伤处理[127]。

探伤检查发现钢轨重伤时，应及时切除重伤部分，实施焊复。探伤检查发现焊缝重伤时，应及时组织加固处理或实施焊复。

(3)钢轨折断处理[128]。

发现钢轨折断时应立即封锁线路，并根据现场情况采取紧急处理、临时处理或永久处理。

①紧急处理

当断缝不大于 30 mm 时，可在断缝处上夹板或臌包夹板，用急救器加固，拧紧断缝前后各 50 m 范围内的扣件，并派专人看守，按不超过 45 km/h 速度放行列车，且邻线限速不超过 160 km/h。

②临时处理

当钢轨折损严重、断缝超过 30 mm 或紧急处理后不能及时焊复时，应切除伤损部分，在两锯口间插入长度不短于 6 m 的同型钢轨，轨端钻孔，安装接头夹板，用 10.9 级螺栓拧紧，拧紧短轨前后各 50 m 范围内的扣件，按不超过 160 km/h 速度放行列车。

③永久处理

对紧急处理或临时处理的处所，宜于当日天窗内或在轨温适宜时临时要点进行焊复。

(4)道岔内钢轨折断处理[129]。

发现道岔尖轨、基本轨、可动心轨、翼轨折断时应立即封锁线路，进行处理。

①紧急处理

a. 断缝位于尖轨与基本轨、可动心轨与翼轨密贴段范围以外，且能加固时，处理办法和放行列车条件同钢轨折断处理。

b. 断缝位于尖轨与基本轨、可动心轨与翼轨密贴段范围以外不能加固或断缝位于尖轨与基本轨、可动心轨与翼轨密贴段范围内，且直股或曲股之一可单独放行列车时，根据现场实际情况，确定道岔开向，工务紧固，电务部门确认道岔尖轨及心轨密贴状态，道岔应现场加锁或控制台单锁，视道岔型号和状态确定放行列车速度，但最高不得超过 60 km/h，并派人看守，邻线限速不超过 160 km/h；直股和曲股均不能放行列车时，应进行永久处理。

②永久处理

更换尖轨、基本轨或辙叉并焊接，焊接作业要求同钢轨折断永久处理。

(5)道岔内钢轨重伤比照道岔内钢轨折断进行处理。道岔的辙叉、尖轨及钢轨伤损更换后不能焊接时，应临时处理并限速(速度不超过 160 km/h)，并尽快恢复原结构[130]。

(6)胶接绝缘接头拉开时，应立即复紧两端各 50 m 线路的扣件，限速不超过 160 km/h，并及时进行永久处理。发现绝缘失效时，应及时进行临时处理并在温度适宜时进行永久处理[131]。

(7)道岔发生故障时，工务、电务部门应联合对道岔故障进行检查，根据道岔故障检查情况，分别采取相应处理措施[132]。

(8)检测车检查发现Ⅳ级偏差处所,或Ⅲ级偏差且车辆动力学指标超限处所,应根据偏差超限值立即采取限速或封锁措施,处理程序及办法按国铁集团高速铁路突发事件应急预案规定的程序办理[133]。

(9)发现无砟轨道上拱或下沉,路基沉降、边坡溜坍、崩塌落石,桥涵沉降、墩台倾斜、车船撞击,隧道衬砌混凝土出现开裂有脱落危险、隧道掉块或其他病害危及行车安全时,应立即封锁线路,经检查、整修后视情况开通线路,必要时派人看守[134]。

(10)在路基冻胀发生、回落期以及冬季气温发生明显变化时应加强线路动、静态检测,采取以动态检测为主,动、静态检测相结合方式,及时掌握冻害变化。因路基冻胀或回落引起轨道几何尺寸变化时,根据检查情况采取限速或封锁线路措施,整修线路,逐级提速[135]。

三、需临时封锁要点的施工办理流程

对突发性设备故障和灾害的紧急抢修及设备状态超过临时补修标准和重伤设备处理等需临时封锁要点的施工,按下列程序办理[29]:

(1)需临时封锁要点时,由设备管理单位向铁路局集团公司主管工务部室提出申请,主管业务部室审查,经分管运输副总经理(总调度长)批准后,由调度所安排。

(2)危及行车安全需立即抢修时,设备管理单位按规定采取措施,在"行车设备检查登记簿"内登记,普速铁路经调度所值班主任批准,高速铁路经调度所值班主任(高铁值班副主任)批准,发布调度命令进行抢修,设备管理单位同时通知配合单位和铁路局集团公司主管业务部室。应立即通知有关车间(班组),并向单位相关领导汇报应通过车站值班员立即向列车调度员请求,由列车调度员发布命令封锁区间或限速运行。

典型案例2-1

擅自改变施工方法侵限造成列车撞钢管

1. 概　　况

K9050次列车运行至某上行线K1958+688时,发现前方线路上有一管状物斜插在两线间,立即使用紧急制动,11时59分列车在制动过程中将管状物撞断落到下行线上。11时59分,17005次列车通过下行线Ⅰ道时,司机发现前方线路上有异物,立即使用紧急制动,列车于12时00分31秒停于K1959+144处,停车过程中撞上该异物。后经确认,管状物为深圳某土木工程有限公司在某线K1958+620处下行线左侧路基下方进行棚管顶进施工时,顶进的棚管发生偏斜从两线间窜出侵入上行线,窜出的钢管被K9050次列车撞断后落到下行线上,又被下行通过的17005次列车撞上,构成铁路交通一般C类事故。

2. 原因分析

(1)某土木工程有限公司没有按照设计要求的纵挑横抬梁法编制施工方案施工,擅自改用管棚注浆超前支护后暗挖隧道的施工方法,也未按自己编制的施工工艺流程组织施工,管棚施工过程中没有使用套管,而是直接钻孔压进棚管,钻杆取出后砾石塌落堵孔,棚管在顶进过程中改变方向,穿出线路基床侵限,被通过列车撞上,是造成事故的直接原因。

(2)监理人员现场监控不到位,9月3日至9月9日施工期间,监理人员只是9月8日上午到过施工现场。9月8日,监理人员检查施工现场时,发现施工单位违规施工,未采取果断措施予以制止,导致施工单位继续作业,是造成事故的重要原因。

(3)某工务段对施工单位提前进场施工未及时发现,导致施工现场缺乏设备管理单位的安全监控,也是造成事故又一重要原因。

典型案例2-2

单轨小车侵限刮碰货物列车事故

1. 概　　况

某年1月12日10时37分,某机务段DF$_{8B}$4539号机车在某线牵引45313次货物列车行至29号桥K858+099处,列车碰上侵限的单轨小车,造成停车。45313次列车于10时57分开车,耽误本次列车20 min,构成铁路交通一般C类事故。

2. 原因分析

(1)某桥隧车间某工区7名作业人员在某线29号特大桥上进行整治桥梁护轨作业,现场防护员对讲机故障,作业人员安全防护制度不落实,未严格执行若联系中断,现场防护员应立即通知作业负责人停止作业,必要时将线路恢复到准许放行列车状态的规定,是造成本起事故的主要原因。

(2)45313次列车接近时,作业人员仓促下道,料具遗落在线路上侵限,导致45313次货物列车撞上装有桥梁护轨胶垫的编织袋并碰上侵限的单轨小车,是造成事故的直接原因。

(3)现场作业控制,作业标准化及有关的规章制度不落实,是造成事故的重要原因。

(4)对通信设备的日常维护和检测不到位,未能确保通信设备正常使用,是造成事故的又一重要原因。

典型案例2-3

施工结束漏撤移动停车信号牌被列车刮碰

1. 概　　况

某年12月5日13时19分,某铁路局集团公司某线10164次货运列车运行到某车站K1323+222处,因机车撞上工务施工后未辙除的移动停车信号牌停车。检查机车无破损,13时48分开车,耽误本次列车29 min,构成铁路交通一般C类事故。

2. 原因分析

(1)现场防护员未撤除移动停车信号牌,导致10164次机车撞上移动信号牌停车,是事故发生直接原因。

(2)施工管理不到位,安全措施不落实,岗位职责不履行,现场作业失控,是事故发生主要原因。

典型案例2-4

高温作业造成胀轨险情

1. 概　　况

某年6月26日13时20分,中铁某城际项目经理部作业负责人王某带领3个作业组,在某线上行K56+440~+480处进行整正胶垫维修作业,由于每个作业组连续松开曲线上股5~6个竖螺栓,当时气温较高,造成轨距向曲线上股扩大6 mm。现场作业负责人用对讲机与驻站联络员联系,在设备维修登记簿上登记,请求封锁1 h,并组织人员对钢轨进行浇水降温,降温后进行线路改道处理,并进行弹条扣件复拧作业,于14时45分线路恢复。由于中铁某城际项目经理部作业前未通知某工务段,某工务段现场无检查监控人员。

2. 原因分析

(1)设备管理单位未能加强对外单位施工的监督监控及主动联系,不能够掌握外单位日常施工作业项目和作业地点,是造成事故的主要原因。

(2)未对外单位施工的进行监督管理,对于开通后需两家共同检查确认线路,工务段未派安全检查员进行监控,是造成事故的重要原因。

(3)日常添乘干部、车间干部、工区工长和巡检人员,未能及时发现外单位在既有线或保护区内擅自施工,是造起事故的又一重要原因。

典型案例2-5

钢轨焊接伤损造成断轨事故

1. 概　　况

某年12月16日9时20分,某工务段某车间手工检查人员作业中发现管内某下行线K269+255处11号钢轨的右股气压焊焊缝拉开28 mm。立即通知车间及驻站联络员请求封锁区间线路,车站值班员接到通知后,向行车调度员请求封锁调度命令,于9时25分封锁区间。工务段迅速组织抢修,使用夹板进行加固紧急处理后,于9时39分开通线路,并限速25 km/h放行列车。

2. 原因分析

(1)钢轨焊接进行推凸作业时伤及母材,造成轨底疲劳裂纹。从钢轨断面分析,断面轨底边缘厚度只有8 mm;距外侧轨底边缘27 mm处,有35 mm×10 mm由下向上的扇形黑核。

(2)母材在焊接时已经被破坏,强度降低。

(3)由于列车碾轧产生疲劳型裂纹，是导致断轨的直接原因。

(4)焊缝探伤检查时，检查人员不执行操作标准，没有发现存在的裂纹。10月28日，探伤工进行焊缝探伤时，由于没有执行轨底探伤的相关规定，因此裂纹伤未能及时发现构成漏探，为钢轨折断埋下了隐患，是造成钢轨折断主要原因。

(5)扣件扣压力不足，气温突降，增加了钢轨内部的拉应力。经现场勘查，断轨前后无缝线路弹条扣件中部离缝 2~3 mm 的较多，竖螺栓扭矩严重不足，加之当日最低气温达 -26 ℃，导致钢轨内部的拉应力加大，是造成钢轨折断重要原因。

典型案例2-6

超范围作业连电造成列车停车事故

1. 概　　况

某年1月18日某工务段天窗修超范围维修作业，在作业过程中起拨道器将轨道电路封连，2时01分48秒某高速场103-107DG红光带，2时02分51秒恢复，某次旅客列车2时03分停于站内，2时13分开车，造成本列晚点，并导致后续三列客车晚点，构成一般C24类事故。

2. 原因分析

(1)作业人员在作业过程中，对轨道绝缘区段认识不清，对于绝缘接头附近导曲上股与直股钢轨距离较近，金属器件搭接容易连电的隐患，没有引起足够重视，导致107号道岔连电后同时影响103-107DG轨道电路红光带，是造成事故的直接原因。

(2)盲目抢活，某站下行K399+615 Ⅱ级病害位于103号道岔导曲股，因考虑到该组道岔从18日之后连续3天都没有维修天窗(101号、103号、105号、107号、109号、111号道岔为某站高速铁路与普速铁路结合部道岔，每周4次天窗)。为了能够及时处理管内仅有的一处Ⅱ级病害，车间组织工区在无天窗的情况下超范围进行维修作业，是造成事故的重要原因。

(3)存在侥幸心理，因某高速正线天窗给点后，103号道岔无列车通过，车间、工区存在侥幸心理，扩大了作业范围，没有考虑到103号、107号道岔为同一轨道区段，如果103号道岔出现故障，同样影响107号道岔，是造成事故的主要原因。

(4)车间干部、工队长对关键环节卡控不到位，对作业负责人超范围作业未制止，也未对作业人员容易连电的处所进行提醒，是造成事故的又一主要原因。

典型案例2-7

天窗外违章作业造成列车停车事故

1. 概　　况

某年，某工务段中修车间道岔队作业人员在某站内上行17号道岔进行岔后引轨改道作业，在放置小撬棍时不慎与已搭连在另一股钢轨铁垫板上的单口扳手相连，造成瞬间连电，致使上行出站信号机突变，影响出站信号突然关闭，导致33006次越过出站信号机约150 m处停车。

2. 原因分析

(1)作业中，未确认轨道电路地段结构，工具放置不当，造成连电，是造成事故直接原因。

(2)在没有天窗修计划的情况下，擅自在天窗外上道进行改道作业，是造成事故主要原因。

(3)使用的工具没有加装绝缘装置，也是造成事故的重要原因。

复习思考题

一、简答题

1. 什么是施工作业？什么是维修作业？什么是天窗？

2. 营业线施工等级分为几级？各级施工各包含哪些内容？普速铁路和高速铁路分别阐述。

3. 哪些维修项目属于Ⅰ、Ⅱ级维修项目？普速铁路和高速铁路分别阐述。

4. 天窗分为哪两类？普速铁路和高速铁路的天窗时间是如何规定的？分别阐述。

5. 列车限速 $v_{max}\leq 45$ km/h时，施工地段放行列车，线路状态应符合哪些要求？

6. 哪些作业应办理临时封锁手续，设置停车手信号防护？

7. 线路发生危及行车安全故障或自然灾害时如何进行防护？

8. 区间线路上施工设置或撤除移动停车信号防护的程序是什么？普速铁路和高速铁路分别阐述。

9. 当工务人员检查、作业中发现或接到列车调度员(车站值班员)设备故障、自然灾害通知时应分别如何处置？

10. 当线路连续出现碎弯并有胀轨迹象时，应如何处理？无论作业中或作业后，发现线路轨向不良，应采取哪些防胀措施？普速铁路和高速铁路分别阐述。

11. 发现胀轨跑道时如何处理？普速铁路和高速铁路分别阐述。

12. 发生断轨如何进行紧急处理、临时处理及永久处理？普速铁路和高速铁路分别阐述。

二、绘图题

1. 绘图说明在单线区间线路上施工，使用移动停车信号的防护办法。

2. 绘图说明双线区间在一条线路上施工时，使用移动停车信号的防护办法，普速铁路和高速铁路分别阐述。

3. 绘图说明在单线区间施工，使用移动减速信号的防护办法。

引用规章文件

[1]《普速铁路工务安全规则》(铁总运〔2014〕272 号)第二章第 2. 1. 1 条
[2]《高速铁路工务安全规则(试行)》(铁总运〔2014〕170 号)第三章第 3. 1. 1 条
[3]《普速铁路工务安全规则》(铁总运〔2014〕272 号)第二章第 2. 1. 2 条
[4]《国铁集团铁路营业线施工管理办法》(铁调〔2021〕160 号)第二章第八条
[5]《高速铁路工务安全规则(试行)》(铁总运〔2014〕170 号)第三章第 3. 1. 2 条
[6]《普速铁路工务安全规则》(铁总运〔2014〕272 号)第二章第 2. 1. 3 条
[7]《高速铁路工务安全规则(试行)》(铁总运〔2014〕170 号)第三章第 3. 1. 4 条
[8]《国铁集团铁路营业线施工管理办法》(铁调〔2021〕160 号)第四章第十七条
[9]《普速铁路工务安全规则》(铁总运〔2014〕272 号)第二章第 2. 1. 4 条
[10]《国铁集团铁路营业线施工管理办法》(铁调〔2021〕160 号)第二章第九条
[11]《国铁集团铁路营业线施工管理办法》(铁调〔2021〕160 号)第十二章第七十七条
[12]《国铁集团铁路营业线施工管理办法》(铁调〔2021〕160 号)附件 4 第一项
[13]《高速铁路工务安全规则(试行)》(铁总运〔2014〕170 号)第三章第 3. 1. 3 条
[14]《国铁集团铁路营业线施工管理办法》(铁调〔2021〕160 号)附件 3 序号一
[15]《普速铁路工务安全规则》(铁总运〔2014〕272 号)第二章第 2. 1. 5 条
[16]《国铁集团铁路营业线施工管理办法》(铁调〔2021〕160 号)第一章第二条
[17]《国铁集团铁路营业线施工管理办法》(铁调〔2021〕160 号)第十一章第六十六条
[18]《国铁集团铁路营业线施工管理办法》(铁调〔2021〕160 号)第十一章第六十五条
[19]《普速铁路工务安全规则》(铁总运〔2014〕272 号)第二章第 2. 1. 6 条
[20]《国铁集团铁路营业线施工管理办法》(铁调〔2021〕160 号)第三章第十条
[21]《国铁集团铁路营业线施工管理办法》(铁调〔2021〕160 号)第三章第十一条
[22]《普速铁路工务安全规则》(铁总运〔2014〕272 号)第二章第 2. 1. 7 条
[23]《普速铁路工务安全规则》(铁总运〔2014〕272 号)第二章第 2. 1. 8 条
[24]《普速铁路工务施工安全管理有关规定》(工电线路函〔2021〕53 号)第二项
[25]《普速铁路工务安全规则》(铁总运〔2014〕272 号)第二章第 2. 1. 9 条
[26]《国铁集团铁路营业线施工管理办法》(铁调〔2021〕160 号)第五章第三十三条
[27]《普速铁路工务安全规则》(铁总运〔2014〕272 号)第二章第 2. 1. 10 条
[28]《国铁集团铁路营业线施工管理办法》(铁调〔2021〕160 号)第七章第四十四条
[29]《国铁集团铁路营业线施工管理办法》(铁调〔2021〕160 号)第九章第五十九条
[30]《国铁集团铁路营业线施工管理办法》(铁调〔2021〕160 号)第七章第四十五条
[31]《普速铁路工务安全规则》(铁总运〔2014〕272 号)第二章第 2. 1. 11 条
[32]《普速铁路工务安全规则》(铁总运〔2014〕272 号)第二章第 2. 1. 12 条
[33]《普速铁路工务安全规则》(铁总运〔2014〕272 号)第二章第 2. 1. 13 条

［34］《国铁集团铁路营业线施工管理办法》（铁调〔2021〕160号）第五章第三十条
［35］《国铁集团铁路营业线施工管理办法》（铁调〔2021〕160号）第五章第三十一条
［36］《普速铁路工务安全规则》（铁总运〔2014〕272号）第二章第2.1.14条
［37］《普速铁路工务安全规则》（铁总运〔2014〕272号）第二章第2.1.15条
［38］《普速铁路工务安全规则》（铁总运〔2014〕272号）第二章第2.1.16条
［39］《高速铁路工务安全规则（试行）》（铁总运〔2014〕170号）第二章第2.0.2条
［40］《高速铁路工务安全规则（试行）》（铁总运〔2014〕170号）第二章第2.0.3条
［41］《高速铁路工务安全规则（试行）》（铁总运〔2014〕170号）第二章第2.0.7条
［42］《高速铁路工务安全规则（试行）》（铁总运〔2014〕170号）第三章第3.2.2条
［43］《高速铁路工务安全规则（试行）》（铁总运〔2014〕170号）第三章第3.2.3条
［44］《高速铁路工务安全规则（试行）》（铁总运〔2014〕170号）第三章第3.2.6条
［45］《高速铁路工务安全规则（试行）》（铁总运〔2014〕170号）第三章第3.2.4条
［46］《高速铁路工务安全规则（试行）》（铁总运〔2014〕170号）第三章第3.2.5条
［47］《高速铁路工务安全规则（试行）》（铁总运〔2014〕170号）第三章第3.2.7条
［48］《高速铁路工务安全规则（试行）》（铁总运〔2014〕170号）第三章第3.2.8条
［49］《普速铁路工务安全规则》（铁总运〔2014〕272号）第二章第2.1.18条
［50］《普速铁路线路修理规则》（铁总工电〔2019〕34号）第六章第6.2.1条
［51］《普速铁路线路修理规则》（铁总工电〔2019〕34号）第六章第6.2.2条
［52］《普速铁路线路修理规则》（铁总工电〔2019〕34号）第六章第6.2.3条
［53］《普速铁路工务安全规则》（铁总运〔2014〕272号）第二章第2.1.19条
［54］《普速铁路工务安全规则》（铁总运〔2014〕272号）第二章第2.1.20条
［55］《普速铁路工务安全规则》（铁总运〔2014〕272号）第二章第2.1.22条
［56］《普速铁路工务安全规则》（铁总运〔2014〕272号）第二章第2.1.21条
［57］《普速铁路工务安全规则》（铁总运〔2014〕272号）第二章第2.1.23条
［58］《普速铁路工务安全规则》（铁总运〔2014〕272号）第二章第2.1.17条
［59］《国铁集团铁路营业线施工管理办法》（铁调〔2021〕160号）附件10
［60］《高速铁路工务安全规则（试行）》（铁总运〔2014〕170号）第三章第3.3.1条
［61］《高速铁路工务安全规则（试行）》（铁总运〔2014〕170号）第三章第3.3.2条
［62］《高速铁路工务安全规则（试行）》（铁总运〔2014〕170号）第三章第3.3.3条
［63］《高速铁路工务安全规则（试行）》（铁总运〔2014〕170号）第三章第3.3.4条
［64］《国铁集团铁路营业线施工管理办法》（铁调〔2021〕160号）附件9
［65］《铁路技术管理规程（普速铁路部分）》（铁总科技〔2014〕172号、〔2017〕221号）第十五章第408条
［66］《铁路技术管理规程（普速铁路部分）》（铁总科技〔2014〕172号、〔2017〕221号）第十五章第409条
［67］《铁路技术管理规程（普速铁路部分）》（铁总科技〔2014〕172号、〔2017〕221号）第十五章第410条

[68]《铁路技术管理规程(高速铁路部分)》(铁总科技〔2014〕172号、〔2017〕221号)第二十一章第460条
[69]《铁路技术管理规程(高速铁路部分)》(铁总科技〔2014〕172号、〔2017〕221号)第二十一章第461条
[70]《铁路技术管理规程(高速铁路部分)》(铁总科技〔2014〕172号、〔2017〕221号)第二十一章第462条
[71]《铁路技术管理规程(普速铁路部分)》(铁总科技〔2014〕172号、〔2017〕221号)第十七章第436条
[72]《铁路技术管理规程(高速铁路部分)》(铁总科技〔2014〕172号、〔2017〕221号)第二十三章第479条
[73]《普速铁路工务安全规则》(铁总运〔2014〕272号)第二章第2.2.8条
[74]《铁路技术管理规程(普速铁路部分)》(铁总科技〔2014〕172号、〔2017〕221号)第十七章第440条
[75]《铁路技术管理规程(高速铁路部分)》(铁总科技〔2014〕172号、〔2017〕221号)第二十三章第482条
[76]《铁路技术管理规程(普速铁路部分)》(铁总科技〔2014〕172号、〔2017〕221号)第十六章第422条
[77]《铁路技术管理规程(普速铁路部分)》(铁总科技〔2014〕172号、〔2017〕221号)第十六章第423条
[78]《铁路技术管理规程(普速铁路部分)》(铁总科技〔2014〕172号、〔2017〕221号)第十八章第454条
[79]《铁路技术管理规程(高速铁路部分)》(铁总科技〔2014〕172号、〔2017〕221号)第二十四章第491条
[80]《普速铁路工务安全规则》(铁总运〔2014〕272号)第二章第2.2.17条
[81]《高速铁路工务安全规则(试行)》(铁总运〔2014〕170号)第三章第3.4.11条
[82]《普速铁路工务安全规则》(铁总运〔2014〕272号)第二章第2.2.1条
[83]《普速铁路工务安全规则》(铁总运〔2014〕272号)第二章第2.2.2条
[84]《普速铁路工务安全规则》(铁总运〔2014〕272号)第二章第2.2.3条
[85]《普速铁路工务安全规则》(铁总运〔2014〕272号)第二章第2.2.4条
[86]《普速铁路工务安全规则》(铁总运〔2014〕272号)第二章第2.2.5条
[87]《普速铁路工务安全规则》(铁总运〔2014〕272号)第二章第2.2.14条
[88]《普速铁路工务安全规则》(铁总运〔2014〕272号)第二章第2.2.15条
[89]《普速铁路工务安全规则》(铁总运〔2014〕272号)第二章第2.2.12条
[90]《铁路技术管理规程(高速铁路部分)》(铁总科技〔2014〕172号、〔2017〕221号)第十六章第328条
[91]《高速铁路工务安全规则(试行)》(铁总运〔2014〕170号)第三章第3.4.1条
[92]《高速铁路工务安全规则(试行)》(铁总运〔2014〕170号)第三章第3.4.3条

[93]《高速铁路工务安全规则(试行)》(铁总运〔2014〕170 号)第三章第 3. 4. 2 条
[94]《高速铁路工务安全规则(试行)》(铁总运〔2014〕170 号)第三章第 3. 4. 4 条
[95]《高速铁路工务安全规则(试行)》(铁总运〔2014〕170 号)第三章第 3. 4. 7 条
[96]《高速铁路工务安全规则(试行)》(铁总运〔2014〕170 号)第三章第 3. 4. 9 条
[97]《高速铁路工务安全规则(试行)》(铁总运〔2014〕170 号)第三章第 3. 4. 8 条
[98]《高速铁路工务安全规则(试行)》(铁总运〔2014〕170 号)第三章第 3. 4. 10 条
[99]《铁路技术管理规程(普速铁路部分)》(铁总科技〔2014〕172 号、〔2017〕221 号)第十四章第 392 条
[100]《铁路技术管理规程(高速铁路部分)》(铁总科技〔2014〕172 号、〔2017〕221 号)第十六章第 329 条
[101]《普速铁路工务安全规则》(铁总运〔2014〕272 号)第二章第 2. 2. 6 条
[102]《铁路技术管理规程(普速铁路部分)》(铁总科技〔2014〕172 号、〔2017〕221 号)第十四章第 393 条
[103]《普速铁路工务安全规则》(铁总运〔2014〕272 号)第二章第 2. 2. 7 条
[104]《铁路技术管理规程(普速铁路部分)》(铁总科技〔2014〕172 号、〔2017〕221 号)第十四章第 394 条
[105]《铁路技术管理规程(普速铁路部分)》(铁总科技〔2014〕172 号、〔2017〕221 号)第十四章第 395 条
[106]《铁路技术管理规程(普速铁路部分)》(铁总科技〔2014〕172 号、〔2017〕221 号)第十四章第 396 条
[107]《普速铁路工务安全规则》(铁总运〔2014〕272 号)第二章第 2. 2. 9 条
[108]《普速铁路工务安全规则》(铁总运〔2014〕272 号)第二章第 2. 2. 10 条
[109]《高速铁路工务安全规则(试行)》(铁总运〔2014〕170 号)第三章第 3. 4. 6 条
[110]《铁路技术管理规程(普速铁路部分)》(铁总科技〔2014〕172 号、〔2017〕221 号)第十四章第 397 条
[111]《普速铁路工务安全规则》(铁总运〔2014〕272 号)第二章第 2. 2. 11 条
[112]《高速铁路工务安全规则(试行)》(铁总运〔2014〕170 号)第三章第 3. 4. 5 条
[113]《普速铁路工务安全规则》(铁总运〔2014〕272 号)第二章第 2. 3. 1 条
[114]《普速铁路工务安全规则》(铁总运〔2014〕272 号)第二章第 2. 3. 2 条
[115]《普速铁路工务安全规则》(铁总运〔2014〕272 号)第二章第 2. 3. 3 条
[116]《普速铁路线路修理规则》(铁总工电〔2019〕34 号)第四章第 4. 4. 3 条
[117]《普速铁路工务安全规则》(铁总运〔2014〕272 号)第二章第 2. 3. 4 条
[118]《普速铁路工务安全规则》(铁总运〔2014〕272 号)第二章第 2. 3. 22 条
[119]《高速铁路工务安全规则(试行)》(铁总运〔2014〕170 号)第三章第 3. 6. 1 条
[120]《高速铁路工务安全规则(试行)》(铁总运〔2014〕170 号)第二章第 2. 0. 5 条
[121]《高速铁路工务安全规则(试行)》(铁总运〔2014〕170 号)第二章第 2. 0. 14 条
[122]《高速铁路工务安全规则(试行)》(铁总运〔2014〕170 号)第二章第 2. 0. 15 条

[123]《高速铁路工务安全规则(试行)》(铁总运〔2014〕170号)第二章第2.0.12条
[124]《高速铁路工务安全规则(试行)》(铁总运〔2014〕170号)第二章第2.0.16条
[125]《高速铁路工务安全规则(试行)》(铁总运〔2014〕170号)第二章第2.0.17条
[126]《高速铁路工务安全规则(试行)》(铁总运〔2014〕170号)第三章第3.6.2条
[127]《高速铁路工务安全规则(试行)》(铁总运〔2014〕170号)第三章第3.6.3条
[128]《高速铁路工务安全规则(试行)》(铁总运〔2014〕170号)第三章第3.6.4条
[129]《高速铁路工务安全规则(试行)》(铁总运〔2014〕170号)第三章第3.6.5条
[130]《高速铁路工务安全规则(试行)》(铁总运〔2014〕170号)第三章第3.6.6条
[131]《高速铁路工务安全规则(试行)》(铁总运〔2014〕170号)第三章第3.6.7条
[132]《高速铁路工务安全规则(试行)》(铁总运〔2014〕170号)第三章第3.6.8条
[133]《高速铁路工务安全规则(试行)》(铁总运〔2014〕170号)第三章第3.6.9条
[134]《高速铁路工务安全规则(试行)》(铁总运〔2014〕170号)第三章第3.6.10条
[135]《高速铁路工务安全规则(试行)》(铁总运〔2014〕170号)第三章第3.6.11条

第三章

人身及工务设备安全

学习任务

工务作业人员的人身安全必须得以切实保障,这是我们一切工作的前提和基础。在进行线路、桥隧、路基、搬运、装卸等作业以及使用机具时,一定要严格按照各项安全要求进行,防止人身伤亡事故的发生。

本章主要介绍涉及人身安全的安全技术培训,特种作业,接触有毒、易燃、易爆品,恶劣天气等基本安全要求,下道避车、步行上下工的安全要求,线路、桥隧、路基、爆破作业的安全要求,搬运与装卸作业的安全要求,工务设备安全、机具使用要求与注意事项等。

通过学习,重点掌握人身安全相关要求、搬运与装卸作业安全要求、工务设备安全及机具使用要求。

第一节 人身安全的基本要求

一、普速铁路对人身安全的基本要求

1. 安全技术培训要求

各单位应经常对从业人员进行人身安全教育,组织学习安全规章及有关操作技术。从业人员在任职、提职、改职前,必须经过段或段以上单位进行安全技术教育培训,考试合格后,持铁路岗位培训合格证书上岗。防护员(驻站联络员、现场防护员、远端防护员)必须由经培训考试合格的人员担任并持铁路岗位培训合格证书上岗[1,2]。

国铁集团《铁路岗位培训电子证书管理办法》(铁劳卫〔2019〕47 号)规定,自 2020 年 7 月 1 日起,全面使用铁路岗位培训电子证书,纸质《铁路岗位培训合格证书》收回集中保管[3]。纸质及电子证书如图 3-1 所示。

2. 从事特种作业要求[4]

从事轨道车驾驶、工务机械车驾驶和操作、钢轨探伤、钢轨焊(熔)接工作及特种设备操作人员,必须经过专业培训、考试或鉴定合格,取得铁路岗位培训合格证书及相应资格,方

图 3-1 纸质和电子版普速铁路岗位培训证书

可上岗。持有国家铁路局颁发的理论考试合格证明的轨道车、工务机械车驾驶证申请人，在司机指导下方能驾驶相应申请考试机型，进行实际操作训练。

3. 接触有毒、易燃、易爆品要求[5,6]

作业人员接触职业病危害因素的，应按照国家规定开展职业病防治工作。进行接触粉尘、有毒物品、易燃、易爆物品的作业，使用电器、机械以及高空作业等，必须按规定采取相关措施和使用劳动保护用品，保证劳动者健康。

易燃、易爆及有毒物品必须有专人保管，储藏时应与建筑物、烟火及水源隔离；搬运装卸及使用时，应严格按规定程序操作，慎防起火、爆炸和中毒。

4. 遇恶劣天气要求[7]

野外作业遇雷雨时，作业人员应放下手中的金属器具，迅速到安全处所躲避，严禁在大树下、电杆旁和涵洞内躲避。酷暑、严寒季节，应采取措施，防止中暑、溺水、冻伤和煤气中毒；影响瞭望的大雾天气应减少上道作业，必须上道的要制定卡控措施并加强盯控，确保人身安全；大风天气应减少高空作业，严防高空坠落。

二、高速铁路对人身安全基本要求

1. 安全技术培训要求[8]

各单位应经常对从业人员进行人身安全教育，组织学习安全规章及有关操作技术。从业人员在任职、提职、改职前，必须按照相应岗位的《高速铁路岗位培训规范》和《铁路劳动安全培训规范》组织培训。防护员（驻站联络员、现场防护员）必须由经培训考试合格的人员担任并持铁路岗位培训合格证书上岗。

国铁集团《铁路岗位培训电子证书管理办法》（铁劳卫〔2019〕47 号）规定，自 2020 年 7 月 1 日起，全面使用铁路岗位培训电子证书，纸质《高速铁路岗位培训合格证书（CRH）》收回集中保管[3]。纸质及电子证书如图 3-2 所示。

2. 从事特种作业要求[9]

从事轨道车驾驶、大型养路机械驾驶及操作、钢轨探伤、钢轨焊（熔）接工作和特种设备操作人员，必须经过专业培训、考试合格，取得相应资格，持证上岗。

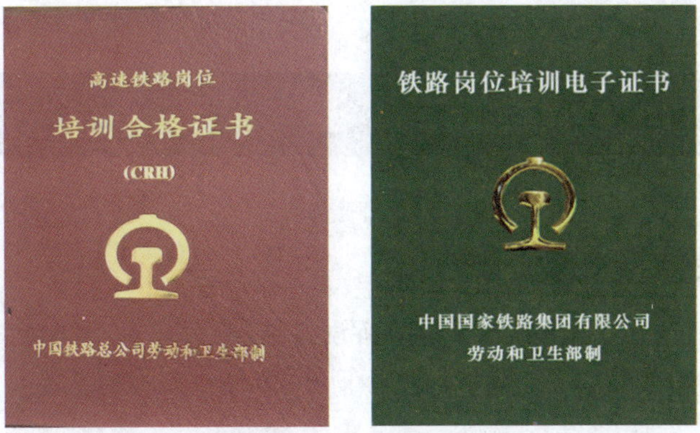

图 3-2　纸质和电子版高速铁路岗位培训证书

3. 接触有毒、易燃、易爆品要求[10,11]

进行接触粉尘及有毒、易燃、易爆物品作业，高处作业，以及使用电器、机械作业等必须按规定使用劳动保护用品，易燃、易爆物品如图 3-3 所示。

图 3-3　易燃、易爆物品

有毒、易燃、易爆物品，必须有专人保管，储藏时应与建筑物、烟火及水源隔离；搬运装卸及使用时，应按规定程序操作，防止起火、爆炸和中毒。

4. 遇恶劣天气要求[12]

野外作业遇雷雨时，作业人员应放下手中的金属器具，迅速到安全处所躲避，严禁在大树下（图 3-4）、电杆旁和涵洞内躲避。酷暑、严寒季节，应采取切实措施，防止中暑、溺水、冻伤和煤气中毒；大风天气应减少高空作业，严防高空坠落。

图 3-4　严禁在大树下避雨

第二节　避　　车

一、普速铁路避车要求

线路作业和巡检人员，必须熟悉管内线桥设备情况、列车运行速度、密度和各种信号显示方法，作业和巡检时注意瞭望，及时下道避车[13]，如图 3-5 所示。

图 3-5　下道避车

1. 作业人员下道避车时应遵守的要求[14]

(1)距钢轨头部外侧距离不小于 2 m，设有避车台(洞)的桥梁(隧道)应进入避车台(洞)避车，如图 3-6 所示。

图 3-6　避车洞、台

(2)本线来车按下列距离下道完毕：

①v_{max}≤60 km/h 时，不小于 500 m；

②60 km/h<v_{max}≤120 km/h 时，不小于 800 m；

③120 km/h<v_{max}≤160 km/h 时，不小于 1400 m；

④160 km/h<v_{max}<200 km/h 时，不小于 2 000 m。

(3)邻线(线间距小于 6.5 m)来车下道规定:

①本线不封锁时:

a. 邻线速度 v_{max}≤60 km/h 时,本线可不下道;

b. 60 km/h<邻线 v_{max}≤120 km/h 时,来车可不下道,但本线必须停止作业;

c. 邻线 v_{max}>120 km/h 时,下道距离不小于 1 400 m;

d. 瞭望条件不良,邻线来车时本线必须下道。

②本线封锁时:

a. 邻线 v_{max}≤120 km/h 时,本线可不下道;

b. 120 km/h<邻线 v_{max}≤160 km/h 时,本线可不下道,但本线必须停止作业;

c. 邻线 v_{max}>160 km/h 时,本线必须下道,距离不小于 2 000 m。

列车运行速度与工务作业人员人身安全密切相关,是制定下道避车措施的重要依据。客货共线的线路,客车与货车、客车与客车之间速度差异大,列车行车速度不宜掌握。具体执行中宜就高不就低。纵向下道避车安全距离,在线路允许速度 v>120 km/h 的线路,货车行车速度按 v≤120 km/h 掌握,客车行车速度按最高运行速度掌握。

实践证明,人们从发现列车开来到人开始动作一般需要 5~10 s,停止手中工作并收拾工具材料一般为 15~20 s,从线路下到路肩为 10~15 s(桥隧作业所需时间略长于线路作业)。即对于列车行车速度 120 km/h,按制动距离下道,时间仅有 30 s 左右。由于不同速度的列车制动距离不同,要求至少要在一个制动距离外,人员、材料、机具要下道完毕,因此,应提前 3~5 min 下道。

自 20 世纪末开始,铁路运营单位和科研部门对线路上作业人员的人身安全做出了积极探索研究。国外有的国家规定桥上危险范围(与线路中心之间的距离):v≤120 km/h 时为 2.3 m,120 km/h<v≤160 km/h 时为 2.5 m,160 km/h<v≤200 km/h 时为 3.0 m。根据我国铁路实际情况(既有线列车运行速度不超过 160 km/h),参考国外经验,对横向下道避车安全距离,统一规定为距钢轨头部外侧距离不小于 2 m,即距线路中心不小于 2.75 m,也有利于管理和现场作业人员执行。对桥上、隧道等因限界限制,不能满足避车要求的地点或路段,要制定保证避车安全的措施,有条件的要逐步改造,使之达到要求。避车时,任何情况下作业机具、材料不得侵入建筑限界。

(4)在站内其他线路作业,躲避本线列车时,下道距离不少于 500 m,与本线相邻的正线来车时,按普速铁路避车要求中第 1 条第(1)、(3)项办理,与本线相邻的其他站线来车时可不下道,但必须停止作业。列车进路不明时必须下道避车。

(5)速度小于 120 km/h 区段,瞭望条件大于 2 000 m 以上时,钢轨探伤仪、轨道检查仪作业,邻线来车可不下道。

(6)人员下道避车的同时,必须将作业机具、材料移出线路,并放置、堆码牢固,不得侵入建筑限界,如图 3-7 所示;两线间距离小于 6.5 m 不得停留人员和放置机具、材料。人员下道避车时应面向列车认真瞭望,防止列车上的抛落、坠落物或绳索伤人。

2. 普速和高速铁路并行段要求[15]

(1)普速铁路和高速铁路并行地段,普速铁路作业、进出防护栅栏门必须严格执行高速铁路登销记制度。

图 3-7　作业工机具整齐摆放

(2)普速铁路和高速铁路并行,但未设物理隔离且天窗不同步地段,所有作业必须纳入天窗。普速铁路本线与相邻高速铁路线间距不足 6.5 m 地段,普速铁路作业而相邻高速铁路行车时,相邻高速铁路列车须限速 160 km/h 及以下,相邻高速铁路来车,本线可不下道。作业和避车严禁侵入高速铁路建筑限界。如作业需侵入高速铁路建筑限界,相邻高速铁路也必须同时封锁。

(3)普速铁路与高速铁路垂直天窗相同时段,在设好防护、确认高速铁路无路用列车通过时,可以跨越高速铁路进出,但要制定相应的安全措施。

3. 普速铁路走行、绕行等相关安全要求

(1)步行上下工时,区间应在路肩或路旁集中走行;在双线区间,应面迎列车方向走行;通过桥梁、道口或横越线路时,应"手比、眼看、口呼",做到"一停、二看、三通过",严禁来车时抢越,安全警示牌如图 3-8 所示。必须走道心时,应设置专人防护。进路信号辨认不清时,应及时下道避车[16]。

图 3-8　安全警示牌

(2)严禁作业人员跳车、钻车、扒车和由车底下、车钩上传递工具材料。休息时不准坐在钢轨、轨枕头及道床边坡上。绕行停留车辆时其距离应不少于5 m,并注意车辆动态和邻线上开来的列车[17]。

(3)遇有降雾、暴风雨(雪)、扬沙等恶劣天气影响瞭望时,应停止线上作业和上道检查。必须作业时,应采取特殊安全措施,保证来车之前按规定的距离及时下道。线路 $v_{max}>$ 120 km/h 的区段,巡道、巡守人员应在路肩上行走,并注意察看线路状态[18,19]。

(4)在线间距不足6.5 m地段(两线间已有站台、栅栏等设施的除外)一线施工邻线行车时,邻线限速在执行《铁路技术管理规程(普速铁路部分)》规定基础上并作以下规定[20]:

①限速范围。施工作业(大机线岔打磨、铣磨,开行路用列车运送人员、装卸机具路料,使用检查检测车进行动态检测以及人员不上道的施工除外)。

②限速标准。限速标准为60~100 km/h,瞭望困难地段可按45 km/h。铁路局集团公司应逐条线路、逐个区间(区段)调查写实,根据天窗时间,结合昼夜通视条件、平纵断面情况、司机瞭望视距、分相位置等因素,逐段确定邻线限速值并公布。邻线限速长度不应小于实际作业范围。

③限速措施。施工邻线限速应纳入施工计划,按运行揭示调度命令流程管理,发布运行揭示调度命令。临时封锁要点的施工需要邻线限速时,设备管理单位须在"行车设备检查登记簿"内登记邻线限速的起止里程及限速值,调度所下达邻线临时限速调度命令。

更换道岔、道岔清筛等人员集中的作业应根据作业风险、作业面条件等因素设置软硬隔离,大型养路机械移动作业(钢轨、道岔打磨及钢轨铣磨除外)时应设置移动的软隔离对大型养路机械前后的集中作业人员进行防护。软硬隔离标准由铁路局集团公司规定[21]。

二、高速铁路避车要求

作业人员应熟悉管内的线桥设备情况和各种信号显示方法,并注意瞭望和其他警示信号,来车时及时下道避车[22]。

1. 作业人员下道避车时应遵守的规定

(1)正线作业人员避车应遵守的规定[23]

①距钢轨头部外侧不小于2 m。

②本线来车避车:

a. 不得在两线间避车。

b. 垂直天窗邻线开行路用列车或V形天窗,应在本线一侧的路肩、桥梁作业通道、隧道救援通道避车。

c. 垂直天窗邻线不开行路用列车,可在本线一侧的路肩、桥梁作业通道、隧道救援通道或邻线避车。

d. 下道距离不小于800 m。

③本线封锁,邻线(线间距小于6.5 m)来车时本线可不下道。

(2)站内其他线路作业人员避车应遵守的规定[24]

①距钢轨头部外侧不小于2 m。

②在站内其他线路检查或作业，躲避本线列车时，下道距离不少于 500 m。

③与本线相邻的正线来车时，检查或作业人员下道避车距离不小于 800 m；与本线相邻的其他站线来车时可不下道，但必须停止作业。列车进路不明时必须下道避车。

(3)人员下道避车的同时，必须将作业机具、材料移出线路，放置、堆码牢固，不得侵入建筑限界。两线间不得放置机具、材料。人员下道避车时应面向列车认真瞭望，防止列车上的抛落、坠落物伤人[25,26]。

2. 走行路线、绕行等相关安全要求[27,28]

上道前和跨越线路时应严格遵守"一停、二看、三通过"和"手比、眼看、口呼"的规定，严禁抢越，如图 3-9 所示。严禁作业人员跳车、钻车、扒车，和由车底下、车钩上传递工具材料。休息时严禁坐在钢轨、轨枕头及道床边坡上。绕行停留车辆时其距离应不少于 5 m，并注意车辆动态和邻线上开来的列车。

图 3-9 上道前安全操作

3. 线间距不足 6.5 m 地段施工维修邻线来车时的安全要求[29]

在线间距不足 6.5 m 地段施工维修而邻线行车时，邻线列车应限速 160 km/h 及以下，并按规定设置防护。施工单位在提报施工计划时，应提出邻线限速的条件。邻线来车时，现场防护员应及时通知作业人员，机具、物料或人员不得在两线间放置或停留，并应与列车保持安全距离，物料应堆码放置牢固。

第三节 线桥作业

一、线路作业安全要求

1. 普速铁路线路作业安全要求

(1)作业前，机具使用人员应对机具进行检查，机具状态不良或安全附件失效的机具严禁上线使用[30]。

(2)线路作业必须在符合规定的作业负责人领导下进行。作业负责人应根据人员、作业项目、天气等情况,具体布置安全事项。作业地段不宜过长,并不得指派人员到防护区段以外的线路上作业[31]。

(3)在线路上进行下列作业时的要求[32]

①天窗点外严禁使用齿条式起道机,齿条式起道机如图 3-10 所示。

图 3-10 齿条式起道机

②多人在一起作业时应统一指挥,相互间应保持一定的安全距离,防止工具碰撞伤人。

③分组人工捣固时,前后距离应不小于 3 根轨枕,作业人员前脚不得伸出轨枕边缘。多组捣固机械同时捣固时,前后距离应不小于 3 m,走行应保持同步,如图 3-11 所示。

图 3-11 多组人工、机械同时捣固

④翻动钢轨作业必须使用翻轨器,严禁使用撬棍翻动钢轨。使用撬棍拨道时,撬棍应插牢,听从指挥,统一行动,严禁骑压或肩扛撬棍拨道。

⑤改道打道钉时严禁锤击钢轨,不准用捣镐打道钉。分组打道钉时,前后距离应不小于 6 根木枕。在无人行道的桥面上作业时,起钢轨外口道钉,应站在道心内侧并使用专用起钉器或弯头撬棍等特制工具,弯头撬棍如图 3-12 所示。

图 3-12 弯头撬棍

2. 高速铁路线路作业安全要求

(1)作业前,作业负责人和机具使用人员应对机具进行检查,机具状态不良或安全附件失效的机具严禁上道使用[33]。

(2)作业必须在符合规定的作业负责人领导下进行。作业负责人应根据人员、作业项目、天气等情况,具体布置安全事项。不得指派人员到防护区段以外的线路上作业[34]。

(3)在线路上进行下列作业时的要求[35]:

①多人同时在一起作业时应统一指挥,相互间应保持一定的安全距离,防止工具碰撞伤人。

②多组捣固机械同时捣固时(小型液压捣固机),前后距离应不少于 3 m,走行应保持同步。

二、桥隧、路基作业安全要求

1. 普速铁路和高速铁路对桥隧、路基作业的共性要求

(1)高处及陡坡上作业安全要求[36,37]

在地面 2 m 以上的高处及陡坡上作业,如图 3-13 所示,必须戴好安全帽、系好安全带或安全绳,不准穿带钉或易溜滑的鞋。安全带、安全绳应符合现行国家标准。安全带、安全绳每次使用前,使用人必须详细检查。设备管理单位每半年对安全带、安全绳做一次检测,其方法为:

图 3-13　高处作业

①静荷载试验:用静荷载 3 000 N 的力拉 5 min 不断;

②冲击试验:固定安全带(绳)一端,用 800 N 重物由 3 m 高处自由坠落悬空而不断。

(2)脚手架搭设安全要求[38,39]

使用脚手架必须满足安全要求。脚手架搭设应配合工程进度,不宜搭设过高。应有专人负责搭拆脚手架安全和日常检查整修工作。搭拆脚手架时,脚手架下不准人员停留或通过。靠近架空电线搭拆脚手架时,应严格按照供电部门的规定留出安全距离(一般动力线 2 m 以上,照明线 1 m 以上);作业中应时刻注意,防止碰触架空电线。脚手架应搭设牢固,脚手板外伸悬臂,应有专人负责,经常检查整修,不得浮起活动。

脚手架搭设完毕,必须经施工负责人全面检查验收后方能使用。

(3)脚手架尺寸要求[39,40]

脚手架的荷载每平方米不得超过 2 700 N,脚手杆间距不应大于 1.5 m(经检算许可者除外)。

制作脚手架的材料必须坚韧耐用，尺寸符合下列规定：

①立杆有效部分小头直径：木杆不得小于 70 mm，竹杆不得小于 80 mm。

②横杆有效部分小头直径：木杆不得小于 80 mm，主要横杆不得小于 90 mm。

③脚手板厚度不得小于 50 mm，两端必须固定在横杆上；斜铺脚手架铺设坡度不得陡于 1∶3，并钉防滑木条。脚手板接头应设在撑杆上，不得悬空。高度在 3 m 以上的脚手架，其工作边外侧及斜道两侧应安设挡脚板和 1 m 高的防护栏杆。

④采用圆钢弯制成脚手架时，双钩式圆钢直径不得小于 22 mm，单钩式圆钢直径不得小于 25 mm，钢材不得有裂纹、锈蚀等缺陷，并应按规定检查钢钩质量。

⑤钉脚手板铁钉的长度不得小于 100 mm；拆下的护木脚手板及模型板上的铁钉，应及时拔掉或打平。

(4)喷灌作业安全要求

进行钢梁喷砂除锈、喷漆、喷铝，圬工梁灌化学浆液时应戴防护面具或口罩、护目眼镜及手套。喷砂嘴或喷射嘴不准对着人、车、船；不准带风、带砂修理喷砂设备和更换零件，如图 3-14 所示[41,42]。

图 3-14　钢梁喷涂作业

进行桥梁灌筑混凝土作业或其他起重作业时，严禁用手拨动钢丝绳或起重索[43,44]。

(5)使用移动作业架作业安全要求[45,46]

使用移动作业架时，特别是移动作业架钩挂在桥梁人行道栏杆上时，应详细检查人行道、托架 U 形螺栓和作业架，同时应对人行道主应力控制点的强度和梁体倾覆稳定性进行检算。未经检查或检算及检算结果不符合有关安全规定时，不得上架作业。人员攀登时应扶牢、踩稳。

未设置隔离设备时，严禁双层作业。

(6)临边作业安全要求[47,48]

临边作业应设置防护围栏和安全网。悬空作业应有可靠的安全防护设施。未设置隔离设施的高处作业，人员不得垂直施工。使用移动式梯子时，梯脚应坚实，梯子上端应有固定措施。

安全桩的埋深一般不小于 0.75 m，土质山坡不小于 1.0 m，必要时适当加深。安全桩距陡坡边缘不得小于 3 m。在悬岩陡壁处工作，必要时应打两个安全桩（即护桩）。每次施工前安全桩必须有专人检查，施工中应派人看守，以防安全桩松动而造成人身事故。

安全绳左右移动距离不得大于 5 m。安全带、安全绳应挂在牢固的物体上并拴绑牢固，安全桩应一桩一绳。安全绳应一绳一人，严禁在一个物体上拴挂几根安全带或安全绳，严禁一根安全带或安全绳上拴挂几个人。一绳一人如图 3-15 所示。

图 3-15　一绳一人

(7)隧道作业安全要求

在封锁时间内进行隧道作业，除按规定防护外，还应编好作业组，进出隧道由小组负责人清点人数；施工结束后，施工负责人进行全面检查，确认设备达到放行列车条件，人员、机具、材料全部撤出建筑限界，方可开通线路[49,50]。

长大隧道内作业应根据隧道长度、通风条件、内燃养路机械(含大型、小型养路机械和作业车)台数等合理确定作业时长。使用内燃养路机械作业时应采用便携式仪器对一氧化碳指标进行监测，防止中毒。

组织隧道内多项目、多台机械同时作业时，必须互相通报作业地点、作业内容。自行机械应低速运行，以免互相碰撞[51,52]，如图 3-16 所示。

图 3-16　隧道内多台机械作业

(8)开挖建筑物基坑或刷坡安全要求[53-56]

①土石方工程开挖作业前，应做好必要的地质、水文和地下设备(如电缆、管道)的调查和勘查工作。

②开挖基坑时,边坡的坡度必须按照设计要求,按放好的边坡线从上向下开挖,不得任意放陡坡度,严禁掏底挖土。

③遇有滑层、裂纹、浸水等情况,基坑壁必须用支撑木支撑或改缓边坡。

④靠近基坑上方不得堆土及放置料具等重物,挖出的土石方和施工材料堆放位置应距坑边不小于1 m,高度不超过1.5 m,且基坑周边的施工材料、土石方、设施、车辆等引起的荷载严禁超过设计要求的荷载限值。

⑤在同一坡面的垂直线上,不得上下同时开工,不得在上层挖土时下层运土。

⑥圬工凿除或人工打眼两人配合作业时,应佩戴防护眼镜,禁止面对面或戴手套打锤,掌钎时应佩戴防护手套。

⑦在隧道内处理松动衬砌、危石及翻修衬砌时,必须有预防塌落伤人的安全措施。

⑧拆除开挖坑支撑应按回填顺序自下而上逐步拆除,拆除高度视坑壁土质而定。

⑨下穿框构顶进挖土作业时,严禁超挖,工作面坡度符合规定,过车时严禁开挖,工作面下严禁站人。

(9)路堑或山体边坡刷方、清石作业安全要求[57,58]

①每天开工前应检查坡面有无裂缝及可能坍塌的迹象,危石、危土是否已清除干净。凡可以处理的应立即处理,不能处理且对施工安全有威胁时,施工人员应立即向施工负责人报告进行妥善处理。

②开挖土方应自上而下,严禁挖悬空土。

③多人同时在坡面上开挖作业时,应大致在同一高度自上而下进行,严禁上下重叠作业。开挖人相互间距不应小于2 m。

④进行撬石作业,施工人员站立点必须稳固,不准站在活动的石块上工作。多人同撬一石必须统一指挥。对于可能损坏行车设备、危及行人安全的石块应分解放下,必要时按规定进行防护或封锁施工。

⑤作业人员应戴安全帽。

⑥作业过程中,严禁在危岩边上和边坡脚下休息,严禁将工具任意抛置和放在危岩下面。

⑦在开挖过程中,如发现有瞎炮的残药、雷管,应及时报告施工负责人,并按瞎炮处理。

(10)水上及下水作业安全要求[59,60]

水上作业应有救生圈、救生衣或救生船(艇)等设备,如图3-17所示。下水作业前,应观测水深及流速,并选派会游泳的人员担当水中作业,其连续工作时间,应遵守下列规定:

图3-17　救生设备

①水温在 5~15 ℃时不得超过 30 min。

②水温在 16~25 ℃时不得超过 2 h。

冬季需在冰上作业时,作业负责人应针对江河水面宽、深程度及地理条件、作业繁简等情况,制定安全措施。

(11)桥涵大维修作业,遇下列情况不得下水作业[61,62]

①山区遇山洪暴发时。

②平原遇江河水位暴涨时。

水害抢险时,应注意工地和建筑物附近有无冲空、坍塌和其他异状,及时采取安全防护措施。钢轨悬空时,应将轨枕与钢轨联结牢固,钢轨悬空如图 3-18 所示。

图 3-18　钢轨悬空

2. 普速铁路对桥隧作业安全要求[41]

在无人行道桥上拧动护木螺栓及勾螺栓时不得向桥外方向用力。桥面及人行道上,不准有露尖的铁钉。

3. 高速铁路对桥隧作业安全要求[63]

使用升降车(平台)作业,每组作业人员不得少于四人。升降车(平台)应状态良好并按规定检定。在升降车(平台)上作业应符合升降车(平台)技术要求和高处作业有关规定。

三、普速铁路爆破作业安全要求

1. 进行爆破打眼作业应遵守的安全要求[64]

(1)打眼开始前,应将边坡上的松动土石清除干净,检查铁楔、锤把是否松动,打眼机各部件是否齐全完好。

(2)人工打眼时,举锤人立足处必须稳固,并站在掌钎人的侧面,严禁打对面锤。

(3)严禁在残眼上打孔。

(4)打眼机应垫稳,防止发生滚动。

(5)使用机械钻眼的工人,必须熟悉凿岩机的性能,并于开工前对主要部件进行检查。作业中严禁用手和身体支撑凿岩机的转动部分。

2. 进行爆破装药作业应遵守的安全要求[65]

(1)每炮使用的引线长度,应保证点完引线后人员能撤至安全地点,且不得短于 1.2 m,

引线的燃烧速度应分批分卷进行试验。引线与雷管的联结，应在指定地点进行；联结时必须使用雷管钳，严禁使用其他无保安设备的钳子，并绝对严禁用牙咬。

(2)雷管必须经检查试爆，合格后方可投入使用，电雷管还必须经过专用爆破仪表逐个进行电阻检查。已生铜锈、变形、破损或加强帽歪斜的雷管严禁使用。

(3)起爆药包应在装药时临时制作，制作时不得将雷管直接插入起爆药包内，而应先用直径与雷管相同的木条或竹管在药包一端插一个深度为雷管长度1.5倍的小孔，然后放入已接好引线的雷管，并将孔口封好。

(4)药量必须经过计算，一般小炮只准采用松动药包，不得采用抛掷药包。采用裸体药包(即裸炮或扒炮)必须经施工负责人许可，不得任意施放。

(5)装药工作必须由作业负责人指定的爆破员执行。装炮区内，严禁吸烟点火；非装炮人员，在装炮前，一律撤离装炮地点。装炮完毕必须检查并记录装炮个数、地点，以便起爆后核对盲炮，并进行处理。

(6)不得使用金属器皿装药，装药包时应用木棍轻轻送入，不得冲击。

(7)严禁由一人同时搬运炸药和雷管，电雷管不得与带电物品(如干电池、手机等)一起携带运送，搬炸药与拿雷管人同路行走时，两人之间的距离不得小于50 m。爆破材料运抵工地后，应存放于指定地点的专用设备中。放炮后的剩余材料应及时交库或公安部门保管，严禁随地存放或带入宿舍。

3. 进行爆破起爆作业应遵守的安全要求[66]

(1)起爆作业应在作业负责人的监督和统一指挥下进行，起爆应由具有爆破经验的人员担负。

(2)起爆前，警戒区四周必须设置警戒人员，警戒区内的人畜应一律撤离，作业工具应妥善安置。

(3)警戒人员应按规定手持红旗和喊话筒(口笛)，以便显示标志传达信号。

(4)警戒范围，一般小炮应距放炮地点200 m以外，用药量较多的爆破及特殊爆破，警戒距离应经过计算决定。

(5)点炮人员应预先选好安全躲炮地点，点炮依次进行。每人每次点炮超过5炮时，可用信号雷管控制点炮时间，当点炮人听到信号雷管爆炸后，应立即停止点炮，进入安全区，并将点炮情况详细向作业负责人汇报。信号雷管的引线长度不得超过该次被点引线中最短引线长度的1/3。

(6)听炮人数应为3人，分别在3个不同地方记录已响炮数，互相核对，经3人核对如无盲炮，从最后一响起5 min后方可进行爆破检查。若听炮数字与点炮数字不符，应等15 min后，方准进入爆破区检查。

(7)用电雷管起爆时，炮响后应立即取下爆破机手柄，然后拆除电线，待烟尘消散后即可进入爆破区检查，爆破机的手柄应始终由爆破组长一人携带、使用、保管。

(8)在近处有闪电、雷声或雨云弥漫，有突然发生雷电可能的时候，不准使用电雷管起爆。爆破作业场地的杂散电流值大于30 mA时，严禁采用普通电雷管起爆。电气化区段严禁使用电雷管起爆。有瓦斯地区不准使用普通雷管起爆。

(9)爆破线路应与带电的其他线路分开，并不准交叉拉设。

(10)在线路附近爆破,有可能影响通信、电力线路等铁路设备时,应取得相关设备管理单位的配合,采取保护措施。

4. 进行盲炮处理应遵守的安全要求[67]

(1)处理盲炮时应遵循上述起爆作业的有关规定。

(2)盲炮应由原装药人当时处理,如遇特殊情况不能当时处理的,经作业负责人准许后,可在下次放炮或休息时处理。盲炮地点应有明显标志,其四周5 m以内,严禁人员通行。

(3)处理盲炮时应设置警戒区,处理方法视具体情况决定,一般采用下列几种方法:

①引线或电线重新接通,再行起爆。

②距盲炮0.6 m(普通浅眼爆破可不小于0.3 m)打一平行炮眼进行诱爆,但需注意岩层节理情况,在打眼地点不得有引至盲炮的裂纹。

③如系黑色火药,可用水灌入炮眼,使炸药失效,然后用木挖耳将其徐徐掏出,妥善销毁。

④残眼残药应按盲炮处理。

5. 爆破器材的安全要求[68]

爆破器材必须经过检验合格,严禁使用过期的爆破器材。爆破器材的检验、运输、使用、保管与销毁必须遵照国家爆破安全规程的规定。

6. 爆炸材料保管的安全要求[69]

爆炸材料应保管在专用的库房内,设专人看守,并做好防火、防盗、防潮、防震和防雷电工作。炸药、雷管应分库存放,建立严格的出入库制度。

7. 爆炸材料的运输安全要求[70]

爆炸材料的运输,必须有熟悉爆炸性能的专人押送,装卸时应轻拿轻放,不准投掷、拖拉和滚动,堆放应平稳,炸药和雷管不准同时搬运。搬运人员严禁带火柴、打火机等引火物品。搬运场地严禁吸烟。严禁雷管放在衣袋里,电雷管不得与带电物品一起携带运送。

8. 特殊爆破作业安全规定

控制爆破、静态爆破等特殊爆破作业应遵守相关安全规定[71]。

第四节　搬运与装卸作业

一、普速铁路和高速铁路的共性要求

(1)搬运及装卸重物时,应尽量使用机械作业,如图3-19所示;人力操作时,应统一指挥,动作一致;夜间应有充足的照明。用滑行钢轨装卸钢梁及其他重型机械设备时,滑行钢轨应支撑牢固,坡度适当,滑行前方严禁站人,后方应有保险缆绳[72,73]。

(2)装卸长钢轨,钢丝绳与挂钩、固定器等应联结牢固,人员不得站在移动前方和钢丝绳附近。长轨车运行中,人员必须离开轨端3 m以外,并严禁在长轨上走动;卸轨时,撬棍不得插入长轨移动方向的横梁后面,前一根长轨通过本车后方能拨动后一根就位,严禁在悬

图 3-19　机械吊运轨件

空的长轨下作业；长轨尾端落下时，长轨车尾端周围 5 m 范围内不得有作业人员，防止落下时摆动伤人[74,75]，撬棍卸钢轨如图 3-20 所示。

(3)运料列车开车前，作业负责人应确认有关人员已上车坐稳方可开车；列车未停稳前，卸车人员不得打开车门及做其他影响安全的准备工作，开车门前，车上人员应离开车门，车下人员不得站在车门下面[76,77]。

(4)换装或搬运钢轨、混凝土枕、辙叉等笨重轨料，应有专人指挥，尽量在平整的地面行走；必须在坑洼不平或在线路上行走时，应注意踏稳踩牢[78,79]，如图 3-21 所示。

图 3-20　撬棍卸钢轨

图 3-21　抬运轨枕

(5)整组道岔在线上做铺设前的纵、横向移动时，应合理布置移动轮和滑行轨道，应由作业负责人统一指挥，平稳移动。轨枕间及移动前方不得站人[80,81]。

二、普速铁路安全要求

(1)轨道平车的随乘人员应坐稳扶牢，不准坐在堆放较高的物体上和车体连接处，车未停稳，人员不能上下车。装载路料、机具的轨道平车不准搭乘人员，确因工作需要乘坐人员时，必须安装围栏及扶手。单轨小车严禁搭乘人员[82]。

(2)搬运、装卸有毒、有害物品时，必须按规定穿戴防护用品[83]。

三、高速铁路安全要求

(1)路用列车装卸路料时,装卸车负责人应指挥列车停于指定地点。装卸作业完毕后,负责人应负责检查装载、堆码状态,确认限界,清好道沿,关好车门,清理道沿如图3-22所示。在区间装卸时,装卸车负责人确认具备开车条件后通知司机开车[84]。

图3-22 清理道沿

(2)轨道平车和单轨小车严禁搭乘人员[85]。

第五节 工务设备及机具使用安全

一、工务设备安全

1. 普速铁路工务设备安全的要求

(1)任何单位或个人不得擅自动用工务设备(钢轨及配件、轨枕、道床、路基、桥梁、隧道、涵渠、防护设施、各种标志等),如有特殊需要动用工务设备时,必须征得工务设备管理部门的同意,在钢轨上加装设备时,宜采用无损联结方式,并有工务人员现场监督[86]。

(2)需要截断钢轨和钻螺栓孔时,应全断面垂直锯断钢轨,用钢轨钻孔机钻孔,倒棱器倒棱[87],如图3-23所示。

图3-23 钢轨锯轨、钻孔、倒棱作业

处理线路故障,只有在特殊困难条件下(如无缝线路胀轨跑道、钢轨折断)可个别采用乙炔切割或烧孔,如图 3-24 所示。采用乙炔切割或烧孔的钢轨,必须在 24 h 内更换。在更换前应派人昼夜监视,限速不超过 45 km/h[87]。

图 3-24　乙炔切割钢轨

(3)常备钢轨、轨枕及零散路料应集中存放在工区或站内易于装运的指定地点,如图 3-25 所示。在不具备运送和装卸条件的地段,常备钢轨可分散存放在铁路沿线的钢轨架上。非常备钢轨、轨枕及零散路料应在大维修结束时及时回收,不得长时间在线路上存放,尤其不得在正线两线间或正线与到发线间存放(待使用钢轨、轨枕除外),未及时回收的要堆码整齐,必要时派人看守[88]。

图 3-25　轨料集中存放

(4)严禁在影响路基稳定的范围内挖沟、引水、耕种、取土和开采砂石。在路基范围内埋设电缆时,必须遵守相关规定,并保证路基及其排水、防护和加固设备的稳固和完好状态[89]。

(5)设置或者拓宽铁路道口、人行过道,申请单位应向有管辖权的铁路局集团公司书面提出，经铁路局集团公司复函同意并签订协议后方可设置。严禁任何单位或个人擅自在铁路线上铺设道口或人行过道[90]。

(6)机车、车辆应在规定等级的线路上按规定速度行驶。运输超限、超重货物必须经工务设备管理部门核实，对线桥薄弱处所采取加固措施后，按允许条件运行[91]。

(7)铁路电气化工程利用无缝线路轨道为支点进行接触网电杆整正时，如图3-26所示，必须遵守如下规定[92]：

图3-26　利用轨道为支点进行接触网电杆整正

①整正接触网杆的作业时间，应避开高温季节，直线地段应不超过实际锁定轨温(由工务设备管理部门提供)10 ℃，曲线地段上股应不超过实际锁定轨温5 ℃，同一曲线不得同时有两处施工作业。

②作业时的防护和行车安全由施工单位负责。作业结束后，经工务段检查，确认线路无横向和纵向位移，道床恢复原状，并经夯实后，由工务设备管理部门接管并负责行车安全。

③工务设备管理单位应指派员工监督施工单位作业，提供施工地段无缝线路有关情况，检查线路状态，发现施工不符合有关规定或出现异常情况时，有权制止施工单位作业。

(8)钢桁梁上部检查作业车、吊篮等附属设施，必须安全可靠，运行中应有可靠的制动设施，承载能力应满足设计要求，并经常保持状态良好。当设施不使用时，应停靠牢固，有可靠的固定装置，并确保固定装置的技术状态和强度满足当地最大风荷载要求，梁端应设有可靠的拦挡设施。在电气化区段，钢桁梁上部检查作业车应安装可靠的防电设施[93]。

2. 高速铁路对工务设备安全的要求

(1)未经设备管理部门同意，任何单位和个人不得擅自动用工务设备(轨道、路基、桥梁、隧道、涵渠、防护设施、排水系统、支挡结构、精测网控制点及各种标志等)，如有特殊需动用时，必须征得工务设备管理部门同意，并应有工务人员现场监督[94]。

(2)严禁在钢轨(道岔轨件)的任何部位擅自钻孔，严禁在钢轨(道岔轨件)的任何部位刻痕、焊接附件，严禁锤击轨底。其他专业需在钢轨上钻孔或加装设备时，必须经铁路局集团公司工务部门同意，在钢轨上加装设备时，宜采用无损联结方式，并在工务部门配合下施工或委托工务部门施工。钢轨钻孔位置应在螺栓孔中心线上，且必须倒棱。两螺栓孔净距不得小于大孔径的两倍[95]。

（3）严禁在影响路基稳定的范围内挖沟、引水、耕种、取土、堆载和开采砂石。在路基范围内埋设铁路光电缆时，必须保持路基的稳定、坚固和排水设施的正常使用[96]。

（4）钢桁梁上部检查作业车、吊篮等附属设施，必须安全可靠，运行中应有可靠的制动设施，承载能力应满足设计要求，并经常保持状态良好。当设施不使用时，应停靠牢固，有可靠的固定装置，并确保固定装置的技术状态和强度满足当地最大风力的抗风荷载要求，梁端应设有可靠的拦挡设施。钢桁梁上部检查作业车应安装防电设施[97]。

二、机具使用安全

1. 普速铁路和高速铁路对机具使用的共性要求

（1）机具使用前应确认油、水、电、连接件是否符合使用要求，防护装置是否齐全可靠，显示仪表是否正常，整机是否符合现行的安全使用办法。使用中发现故障需紧急处理时，应先停机、切断电路、风路、动力油路等，撤离线路建筑限界以外进行处理，在未确认故障已得到处理的情况下，不得继续使用。机具应由专业组或专业人员负责使用、检修、保养、登记工作日志[98,99]。

（2）皮带轮、皮带、链轮、链条、齿轮、砂轮、砂轮切割片和风扇等露出机体的传动和转动部件，应有符合设计图纸规定的防护设施。转动部件应标有旋转方向指示标志，只允许一个方向旋转的设备，应设置有反转自锁装置[100,101]，如图 3-27 所示。

图 3-27　锯轨机旋转方向标志

（3）锯轨机、打磨机、电焊机等机具操作人员应按规定穿戴劳动保护用品，机具应按规定安装漏电保护装置[102,103]。

（4）用锯轨机切割钢轨时，其他人员应远离锯轨机两侧和前方，防止锯片碎裂伤人，如图 3-28 所示；钢轨打磨时，其他人员应远离打磨前方；钢轨焊接时，应严格按操作规程操作，防止烫伤[104,105]。

图 3-28 锯轨机锯轨

(5)使用氧乙炔设备时,操作人员必须按规定穿戴劳动保护用品,其他人员应远离喷嘴前方,防止烧伤,如图 3-29 所示。乙炔瓶不得倾倒、靠近热源和电器设备。乙炔瓶与明火的距离不得小于 10 m,与氧气瓶间的距离不得小于 5 m[106,107]。

图 3-29 乙炔切割钢轨

(6)多台机械配合作业时,应明确作业负责人与安全负责人之间,机械与机械之间的联系方式,并由作业负责人负责现场指挥。除突发情况外,任何一台机械的起动或停机,都应提前通知作业负责人和安全负责人,并及时通知相关机械的操作人员[108,109]。

(7)空气压缩机必须设置有安全阀、气压表、压力调节器、动力离合器和动力机械上的各种仪表,在阀、表齐全、工作可靠的情况下,方可起动使用[110,111]。

(8)压力容器必须按国家规定进行检验,未经检验或检验不合格的严禁使用。压力容器操作人员必须具有授权单位颁发的有效操作证。压力容器上应安装压力表和安全阀,并按规定进行压力试验,未经试验或超过试验期的容器不得使用。安全阀保证该设备压力容器的安全系数应符合设计规范。压力容器应放置在通风阴凉处，在规定的距离范围内不准进行金属切削、焊接及其他加热的工作[112,113]。

(9)风动工具应有保安套(环)，保证工具头连接牢固。试风或放出残余冷风时，工具头必须向下；过冲或打击栓销时，两侧应联系好，防止冲头伤人[114,115]。

2. 普速铁路对机具使用的要求

(1)焊补钢轨、辙叉时，电焊机应采取接地措施，防止人员触电灼伤。

(2)在无人行道栏杆的桥梁上操纵动力机械时，应设置有安全栅栏[116]。

典型案例3-1

防护员失职失责作业人员被撞身亡

1. 概　　况

某桥工段某线路车间正线工区班长刘某红，带领民工5人、职工3人在104号道岔进行晃车病害整治作业，10时37分，下行K157次通过后，刘某红上道检查线路，10时38分，刘某红被K226次客车撞上死亡。

2. 原因分析

(1)驻站联络员擅自离岗，在无法确认上行线是否来车的情况下，盲目回答上行线没有列车，是造成此起事故的主要原因。

(2)现场防护员未按照规定站在瞭望条件良好的地点进行防护，未能及时发现列车开来并通报作业人员下道避车，是造成此起事故的直接原因。

(3)远端防护员在发现列车时未及时与现场防护员进行联系，尤其在听到驻站联络员与现场防护员联控错误信息的情况下，未及时更正错误，防护体系完全失效，最终导致伤亡事故的发生，是造成此起事故的又一直接原因。

典型案例3-2

天窗外违章上道作业人员被撞身亡

1. 概　　况

某年8月22日7时33分，某工务段某保养班7人在某线K912+880处进行撤板捣固作业，本线下行货物列车驶进，作业人员没有及时发现，4名来不及下道职工被通过的货物列车撞上，造成3名职工当场死亡，1名职工重伤，构成人身伤亡较大事故。

2. 原因分析

(1)现场未设置防护就上道作业。现场防护员闫某未与作业人员同行，单独行走，在作业人员上道作业时还未到达作业现场，失去了现场防护员的作用。

(2)现场负责人严重违章指挥作业。现场负责人周某和于某违章指挥,在现场防护员未到达现场的情况下,也未与驻站联络员联系就盲目组织人员违章上道。

(3)作业组织混乱,防护员职责不清。驻站联络员郑某对当日作业计划不清楚,只知道站内有一处作业,不清楚站外区间的作业内容。

(4)邻线列车通过时,不按规定停止作业下道避车。事故发生时,上行线 11102 次列车通过,但是现场作业人员没有按规定停止作业,下道避车。邻线通过的列车严重干扰了现场作业人员的视听,造成所有作业人员均没有发现本线有列车接近而造成事故。

(5)作业人员不清楚天窗时间。事故调查发现,8 月 21 日 16 时,某干线车间主任吴某通知副主任李某明天早晨下行有天窗,李某通知周某明早有天窗,作业人员 5 时 30 分从车间出发。事故调查发现,车间副主任、班组负责人、现场作业人员均不清楚天窗起止时间。

(6)天窗内不作业,天窗外干活。按照调度命令,该处天窗维修作业的时间为 6 时 32 分至 7 时 22 分。事故发生前,天降小雨,7 时 10 分周某才和作业人员相继从工区出发,赶往作业现场时,天窗时间已经结束。开始作业时,区间已经开通。

(7)未按规定设置防护标志。作业地点位于曲线上,瞭望条件不良,作业中在没有现场防护员的情况下,也未增设中间防护员,下行本线来车方向也未安设作业标,造成安全防护完全丧失。

(8)班前预想流于形式。作业前,周某未按规定组织召开班前会,只是个别简单分派任务,造成作业人员不清楚天窗起止时间,不清楚具体作业地点,不清楚作业人员分工,也是造成驻站联络员不清楚区间有人作业的主要原因。更未对曲线上的作业提出针对性的安全防护措施,造成班前点名会完全流于形式。

(9)驻站联络员盲目销记。驻站联络员未执行先确认、再销记的防护制度,而是先销记、后通知现场,程序错误。

典型案例3-3

下道未检查确认列车刮碰道尺

1. 概　　况

某年 1 月 12 日 7 时 10 分,某车间工队班长带领 7 人,在某线上行 K1147+100～K1146+000(站内)线路找细作业,10 时 50 分在旅客客车 4624 次通过后,班长上线检查线路,划撬后将道尺放在线路左侧砟肩上,返回作业地点检查作业,道尺被 11008 次机车通过时刮上。

2. 原因分析

(1)现场作业人员安全意识差,在线路检查作业中将道尺随意放置,是造成此起事故的直接原因。

(2)未执行“下道避车的同时,必须将作业机具、材料移出线路”的安全规定,是造成此起事故的重要原因。

(3)现场作业负责人和现场防护员未检查确认作业场所是否有工量具及材料等,是造成此事故的又一重要原因。

典型案例3-4

非标机具无法下道造成列车刮碰机具

1. 概　　况

某年11月29日09时30分,某工务段某线路车间副主任王某带4名职工在某下行线K125+800处,使用改锚钻进行立螺栓改锚作业。某次旅客列车接近现场前,防护员从对讲机中听到某次旅客列车司机与某站联控,立即通知现场下道,改锚钻操纵手王某立即撤改锚钻,但因改锚钻卡阻拔不出来,防护员拦车不及,09时44分,某次旅客列车刮碰改锚钻螺杆。

2. 原因分析

(1)在天窗外违章使用非标机具,是造成此起事故的主要原因。

(2)作业未按规定设置驻站联络员,是造成此起事故的重要原因。

(3)现场防护员防护失职,现场发生意外未立即采取拦停列车措施,而是等作业人员处理,是造成此起事故的直接原因。

典型案例3-5

机具随意摆放下道不清点造成列车刮碰机具

1. 概　　况

某年1月26日22时47分,某桥工段某车间线路工区,在某下行线K1369+000~K1370+000天窗作业结束后,起道机遗留在某下行线K1369+916处道床边坡上(两线间,上下行高差约0.4 m),起道机在列车运行振动作用下,滑落侵入上行线限界,被Z386次(某机务段HXD3D0106,编组18辆,总重1 064 t,计长43.2)列车撞上,机后第一位车辆(YW25T684707)运行方向右侧逆变器箱底角刮碰液压起道机,构成铁路交通一般C13类事故。

2. 原因分析

(1)作业机具清点、撤除基本制度不落实,下道后未清点工具、材料,导致作业工机具遗落两线间,是造成此起事故的主要原因。

(2)未安排专人负责使用起道机,作业负责人兼执机人,是造成此起事故的重要原因。

(3)作业现场管理失控,作业安全预想不到位,分工不明确,尤其是未针对夜间天窗作业特点,采取有效的安全措施。

复习思考题

1. 各单位对从业人员进行哪些方面的培训？普速铁路和高速铁路分别阐述。

2. 野外作业遇雷雨及严寒、酷暑季节应如何保证人身安全？

3. 步行上下班时，应遵守哪些安全要求？

4. 作业人员下道避车距离钢轨头部外侧距离执行哪些规定？普速铁路和高速铁路分别阐述。

5. 作业人员本线来车下道距离执行哪些规定？

6. 作业人员邻线(线间距小于6.5 m)来车下道执行哪些规定？

7. 普速铁路和高速铁路并行地段作业执行哪些安全要求？

8. 作业人员传递工具材料、绕行停留车辆有哪些注意事项？

9. 线路上多人一起作业应注意哪些事项？普速铁路和高速铁路分别阐述。

10. 在无人行道的桥上作业有哪些要求？

11. 截断钢轨和钻螺栓孔时，有哪些要求？

12. 铁路电气化工程利用无缝线路轨道为支点进行接触网电杆整正时，必须遵守哪些规定？

13. 用锯轨机切割钢轨时，钢轨打磨、焊补、焊接时有哪些安全要求？

14. 使用氧乙炔设备时，有哪些安全要求？

15. 处理线路故障，特殊条件下用乙炔切割钢轨或烧孔后，对该类钢轨及放行列车速度有何要求？

引用规章文件

[1]《普速铁路工务安全规则》(铁总运〔2014〕272号)第三章第3.1.1条
[2]《普速铁路工务安全规则》(铁总运〔2014〕272号)第三章第3.1.2条
[3]《铁路岗位培训电子证书管理办法》(铁劳卫〔2019〕47号)
[4]《普速铁路工务安全规则》(铁总运〔2014〕272号)第三章第3.1.3条
[5]《普速铁路工务安全规则》(铁总运〔2014〕272号)第三章第3.1.4条
[6]《普速铁路工务安全规则》(铁总运〔2014〕272号)第三章第3.1.5条
[7]《普速铁路工务安全规则》(铁总运〔2014〕272号)第三章第3.1.6条
[8]《高速铁路工务安全规则(试行)》(铁总运〔2014〕170号)第五章第5.1.1条
[9]《高速铁路工务安全规则(试行)》(铁总运〔2014〕170号)第五章第5.1.2条
[10]《高速铁路工务安全规则(试行)》(铁总运〔2014〕170号)第五章第5.1.3条
[11]《高速铁路工务安全规则(试行)》(铁总运〔2014〕170号)第五章第5.1.4条

[12]《高速铁路工务安全规则(试行)》(铁总运〔2014〕170 号)第五章第 5.1.5 条
[13]《普速铁路工务安全规则》(铁总运〔2014〕272 号)第三章第 3.2.1 条
[14]《普速铁路工务安全规则》(铁总运〔2014〕272 号)第三章第 3.2.3 条
[15]《普速铁路工务安全规则》(铁总运〔2014〕272 号)第三章第 3.2.4 条
[16]《普速铁路工务安全规则》(铁总运〔2014〕272 号)第三章第 3.2.2 条
[17]《普速铁路工务安全规则》(铁总运〔2014〕272 号)第三章第 3.2.5 条
[18]《普速铁路工务安全规则》(铁总运〔2014〕272 号)第三章第 3.2.6 条
[19]《普速铁路工务安全规则》(铁总运〔2014〕272 号)第三章第 3.2.7 条
[20]《国铁集团铁路营业线施工管理办法》(铁调〔2021〕160 号)第三章第十五条
[21]《国铁集团铁路营业线施工管理办法》(铁调〔2021〕160 号)第十八章第一百二十二条
[22]《高速铁路工务安全规则(试行)》(铁总运〔2014〕170 号)第五章第 5.2.1 条
[23]《高速铁路工务安全规则(试行)》(铁总运〔2014〕170 号)第五章第 5.2.2 条
[24]《高速铁路工务安全规则(试行)》(铁总运〔2014〕170 号)第五章第 5.2.3 条
[25]《高速铁路工务安全规则(试行)》(铁总运〔2014〕170 号)第五章第 5.2.4 条
[26]《高速铁路工务安全规则(试行)》(铁总运〔2014〕170 号)第五章第 5.2.5 条
[27]《高速铁路工务安全规则(试行)》(铁总运〔2014〕170 号)第二章第 2.0.6 条
[28]《高速铁路工务安全规则(试行)》(铁总运〔2014〕170 号)第五章第 5.2.6 条
[29]《高速铁路工务安全规则(试行)》(铁总运〔2014〕170 号)第二章第 2.0.4 条
[30]《普速铁路工务安全规则》(铁总运〔2014〕272 号)第三章第 3.3.1 条
[31]《普速铁路工务安全规则》(铁总运〔2014〕272 号)第三章第 3.3.2 条
[32]《普速铁路工务安全规则》(铁总运〔2014〕272 号)第三章第 3.3.3 条
[33]《高速铁路工务安全规则(试行)》(铁总运〔2014〕170 号)第五章第 5.3.1 条
[34]《高速铁路工务安全规则(试行)》(铁总运〔2014〕170 号)第五章第 5.3.2 条
[35]《高速铁路工务安全规则(试行)》(铁总运〔2014〕170 号)第五章第 5.3.3 条
[36]《普速铁路工务安全规则》(铁总运〔2014〕272 号)第三章第 3.3.4 条
[37]《高速铁路工务安全规则(试行)》(铁总运〔2014〕170 号)第五章第 5.4.1 条
[38]《普速铁路工务安全规则》(铁总运〔2014〕272 号)第三章第 3.3.6 条
[39]《高速铁路工务安全规则(试行)》(铁总运〔2014〕170 号)第五章第 5.4.3 条
[40]《普速铁路工务安全规则》(铁总运〔2014〕272 号)第三章第 3.3.7 条
[41]《普速铁路工务安全规则》(铁总运〔2014〕272 号)第三章第 3.3.8 条
[42]《高速铁路工务安全规则(试行)》(铁总运〔2014〕170 号)第五章第 5.4.4 条
[43]《普速铁路工务安全规则》(铁总运〔2014〕272 号)第三章第 3.3.11 条
[44]《高速铁路工务安全规则(试行)》(铁总运〔2014〕170 号)第五章第 5.4.10 条
[45]《普速铁路工务安全规则》(铁总运〔2014〕272 号)第三章第 3.3.9 条
[46]《高速铁路工务安全规则(试行)》(铁总运〔2014〕170 号)第五章第 5.4.6 条
[47]《普速铁路工务安全规则》(铁总运〔2014〕272 号)第三章第 3.3.5 条

[48]《高速铁路工务安全规则(试行)》(铁总运〔2014〕170 号)第五章第 5.4.2 条
[49]《普速铁路工务安全规则》(铁总运〔2014〕272 号)第三章第 3.3.10 条
[50]《高速铁路工务安全规则(试行)》(铁总运〔2014〕170 号)第五章第 5.4.8 条
[51]《普速铁路工务安全规则》(铁总运〔2014〕272 号)第三章第 3.3.12 条
[52]《高速铁路工务安全规则(试行)》(铁总运〔2014〕170 号)第五章第 5.4.9 条
[53]《普速铁路工务安全规则》(铁总运〔2014〕272 号)第三章第 3.3.13 条
[54]《普速铁路工务安全规则》(铁总运〔2014〕272 号)第三章第 3.3.14 条
[55]《高速铁路工务安全规则(试行)》(铁总运〔2014〕170 号)第五章第 5.4.11 条
[56]《高速铁路工务安全规则(试行)》(铁总运〔2014〕170 号)第五章第 5.4.12 条
[57]《普速铁路工务安全规则》(铁总运〔2014〕272 号)第三章第 3.3.15 条
[58]《高速铁路工务安全规则(试行)》(铁总运〔2014〕170 号)第五章第 5.4.13 条
[59]《普速铁路工务安全规则》(铁总运〔2014〕272 号)第三章第 3.3.16 条
[60]《高速铁路工务安全规则(试行)》(铁总运〔2014〕170 号)第五章第 5.4.14 条
[61]《普速铁路工务安全规则》(铁总运〔2014〕272 号)第三章第 3.3.17 条
[62]《高速铁路工务安全规则(试行)》(铁总运〔2014〕170 号)第五章第 5.4.15 条
[63]《高速铁路工务安全规则(试行)》(铁总运〔2014〕170 号)第五章第 5.4.5 条
[64]《普速铁路工务安全规则》(铁总运〔2014〕272 号)第三章第 3.3.25 条
[65]《普速铁路工务安全规则》(铁总运〔2014〕272 号)第三章第 3.3.26 条
[66]《普速铁路工务安全规则》(铁总运〔2014〕272 号)第三章第 3.3.27 条
[67]《普速铁路工务安全规则》(铁总运〔2014〕272 号)第三章第 3.3.28 条
[68]《普速铁路工务安全规则》(铁总运〔2014〕272 号)第三章第 3.3.29 条
[69]《普速铁路工务安全规则》(铁总运〔2014〕272 号)第三章第 3.3.30 条
[70]《普速铁路工务安全规则》(铁总运〔2014〕272 号)第三章第 3.3.31 条
[71]《普速铁路工务安全规则》(铁总运〔2014〕272 号)第三章第 3.3.32 条
[72]《普速铁路工务安全规则》(铁总运〔2014〕272 号)第三章第 3.4.1 条
[73]《高速铁路工务安全规则(试行)》(铁总运〔2014〕170 号)第五章第 5.5.2 条
[74]《普速铁路工务安全规则》(铁总运〔2014〕272 号)第三章第 3.4.2 条
[75]《高速铁路工务安全规则(试行)》(铁总运〔2014〕170 号)第五章第 5.5.3 条
[76]《普速铁路工务安全规则》(铁总运〔2014〕272 号)第三章第 3.4.3 条
[77]《高速铁路工务安全规则(试行)》(铁总运〔2014〕170 号)第五章第 5.5.4 条
[78]《普速铁路工务安全规则》(铁总运〔2014〕272 号)第三章第 3.4.6 条
[79]《高速铁路工务安全规则(试行)》(铁总运〔2014〕170 号)第五章第 5.5.6 条
[80]《普速铁路工务安全规则》(铁总运〔2014〕272 号)第三章第 3.4.7 条
[81]《高速铁路工务安全规则(试行)》(铁总运〔2014〕170 号)第五章第 5.5.7 条
[82]《普速铁路工务安全规则》(铁总运〔2014〕272 号)第三章第 3.4.4 条
[83]《普速铁路工务安全规则》(铁总运〔2014〕272 号)第三章第 3.4.5 条
[84]《高速铁路工务安全规则(试行)》(铁总运〔2014〕170 号)第五章第 5.5.1 条

[85]《高速铁路工务安全规则(试行)》(铁总运〔2014〕170 号)第五章第 5. 5. 5 条
[86]《普速铁路工务安全规则》(铁总运〔2014〕272 号)第四章第 4. 0. 1 条
[87]《普速铁路工务安全规则》(铁总运〔2014〕272 号)第四章第 4. 0. 5 条
[88]《普速铁路工务安全规则》(铁总运〔2014〕272 号)第四章第 4. 0. 7 条
[89]《普速铁路工务安全规则》(铁总运〔2014〕272 号)第四章第 4. 0. 2 条
[90]《普速铁路工务安全规则》(铁总运〔2014〕272 号)第四章第 4. 0. 3 条
[91]《普速铁路工务安全规则》(铁总运〔2014〕272 号)第四章第 4. 0. 4 条
[92]《普速铁路工务安全规则》(铁总运〔2014〕272 号)第四章第 4. 0. 6 条
[93]《普速铁路工务安全规则》(铁总运〔2014〕272 号)第四章第 4. 0. 8 条
[94]《高速铁路工务安全规则(试行)》(铁总运〔2014〕170 号)第六章第 6. 0. 1 条
[95]《高速铁路工务安全规则(试行)》(铁总运〔2014〕170 号)第六章第 6. 0. 3 条
[96]《高速铁路工务安全规则(试行)》(铁总运〔2014〕170 号)第六章第 6. 0. 2 条
[97]《高速铁路工务安全规则(试行)》(铁总运〔2014〕170 号)第六章第 6. 0. 4 条
[98]《普速铁路工务安全规则》(铁总运〔2014〕272 号)第三章第 3. 5. 1 条
[99]《高速铁路工务安全规则(试行)》(铁总运〔2014〕170 号)第五章第 5. 6. 1 条
[100]《普速铁路工务安全规则》(铁总运〔2014〕272 号)第三章第 3. 5. 2 条
[101]《高速铁路工务安全规则(试行)》(铁总运〔2014〕170 号)第五章第 5. 6. 2 条
[102]《普速铁路工务安全规则》(铁总运〔2014〕272 号)第三章第 3. 5. 3 条
[103]《高速铁路工务安全规则(试行)》(铁总运〔2014〕170 号)第五章第 5. 6. 3 条
[104]《普速铁路工务安全规则》(铁总运〔2014〕272 号)第三章第 3. 5. 4 条
[105]《高速铁路工务安全规则(试行)》(铁总运〔2014〕170 号)第五章第 5. 6. 4 条
[106]《普速铁路工务安全规则》(铁总运〔2014〕272 号)第三章第 3. 5. 5 条
[107]《高速铁路工务安全规则(试行)》(铁总运〔2014〕170 号)第五章第 5. 6. 5 条
[108]《普速铁路工务安全规则》(铁总运〔2014〕272 号)第三章第 3. 5. 6 条
[109]《高速铁路工务安全规则(试行)》(铁总运〔2014〕170 号)第五章第 5. 6. 6 条
[110]《普速铁路工务安全规则》(铁总运〔2014〕272 号)第三章第 3. 5. 8 条
[111]《高速铁路工务安全规则(试行)》(铁总运〔2014〕170 号)第五章第 5. 6. 7 条
[112]《普速铁路工务安全规则》(铁总运〔2014〕272 号)第三章第 3. 5. 9 条
[113]《高速铁路工务安全规则(试行)》(铁总运〔2014〕170 号)第五章第 5. 6. 8 条
[114]《普速铁路工务安全规则》(铁总运〔2014〕272 号)第三章第 3. 5. 10 条
[115]《高速铁路工务安全规则(试行)》(铁总运〔2014〕170 号)第五章第 5. 6. 9 条
[116]《普速铁路工务安全规则》(铁总运〔2014〕272 号)第三章第 3. 5. 7 条

第四章

电气化铁路作业安全

学习任务

随着铁路现代化的发展，电气化铁路已经在全国范围内得到了大面积的应用，它不仅在技术经济方面占有相当的优势，而且节能、环保，且大幅度提高运输能力。在电气化铁路线桥设备维修作业中，涉及高压带电设备、与机车车辆密切相关的电力设备，所以，对工务维修作业安全提出了很多特殊要求。这些都是工务作业人员必须掌握的。

本章主要介绍电气化铁路线路起道、拨道、捣固、改道、更换钢轨等维修作业要求，电气化铁路道岔区段绝缘设置相关要求，电气化铁路作业人身安全措施及注意事项等；简要叙述了电气化铁路受电弓、接触网、牵引供电系统相关知识以及工务和供电结合部相关知识。

通过学习，重点掌握电气化铁路线路维修作业要求、电气化铁路道岔区段绝缘设置相关要求、电气化铁路人身安全措施及注意事项。

第一节　电气化铁路知识

电气化铁路是运用电力作为牵引动力的铁路。电力牵引是用固定电源的电能，通过电力机车上牵引电动机的旋转和齿轮传动，驱使列车在轨道上前进。电气化铁路具有列车牵引质量大、速度快，节能环保、降低能耗、节约运输成本，改善劳动条件、不污染环境等特点，是现代铁路的发展方向。

电气化铁路上有电力机车使用的电力线塔杆、高压输电线、接触网和受电弓等设备，如图 4-1 所示。

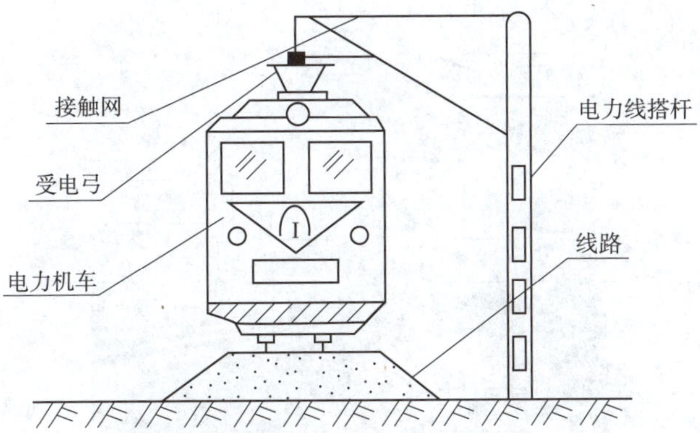

图 4-1　电气化铁路

一、受 电 弓

受电弓是电力牵引机车从接触网取得电能的电气设备，安装在机车或动车车顶上，以标准规定的接触压力紧贴接触网线摩擦滑行，将电能引入机车。受电弓可分单臂弓和双臂弓两种，均由滑板、上框架、下臂杆（双臂弓用下框架）、底架、升弓弹簧、传动气缸、支持绝缘子等部件组成，如图 4-2 所示。由于双臂弓维护成本较高以及容易在故障时拉断接触网而逐渐被淘汰，近年来我国多采用单臂弓。

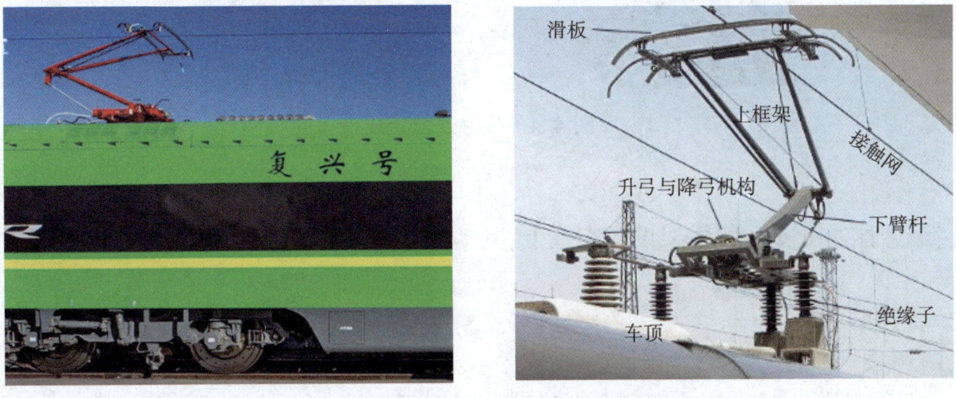

图 4-2　单臂受电弓及其组成

二、接 触 网

接触网是在电气化铁路中，沿钢轨上空"之"字形架设的，供受电弓取流的高压输电线。接触网是铁路电气化工程的主构架，是沿铁路线上空架设的向电力机车供电的特殊形式的输电线路。其由接触悬挂、支持装置、定位装置、支柱与基础等组成，如图 4-3 所示。

1. 接触悬挂

（1）组成

接触悬挂由接触线、吊弦、承力索以及联结零件和绝缘子等组成，如图 4-4 所示。

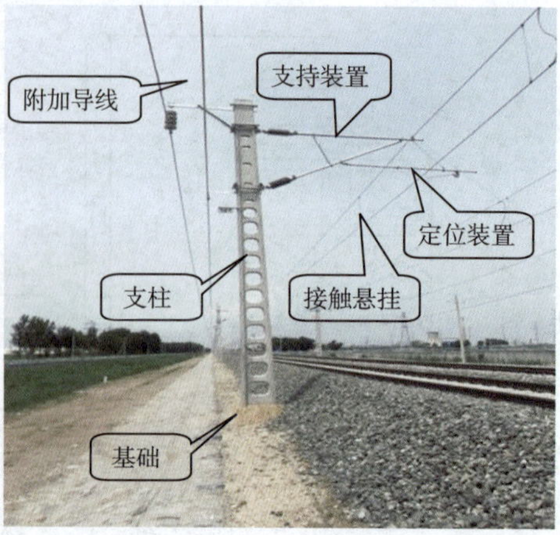

图 4-3　接触网组成

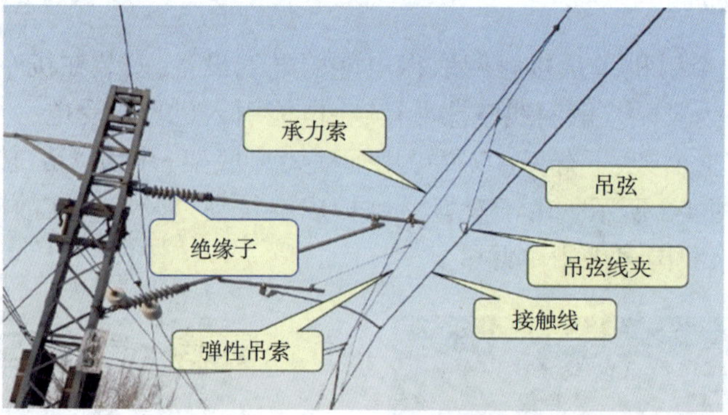

图 4-4　接触悬挂组成

(2)作用

接触悬挂通过支持装置架设在支柱上,其功用是将从牵引变电所获得的电能输送给电力机车。

2. 支持装置

(1)组成

根据接触网所在区间、站场和大型建筑物而有所不同。支持装置包括腕臂、水平拉杆、悬式绝缘子串、棒式绝缘子及其他建筑物的特殊支持设备。提速后的支持装置包括棒式绝缘子、平腕臂、斜腕臂等构成,如图 4-5 所示。

(2)作用

支持装置用以支持接触悬挂,并将其负荷传给支柱或其他建筑物。

3. 定位装置

(1)组成

定位装置包括定位管和定位器、定位线夹及其联结零件,如图 4-6 所示。

(2)作用

定位装置是固定接触线的位置,使接触线在受电弓滑板运行轨迹范围内,保证接触线

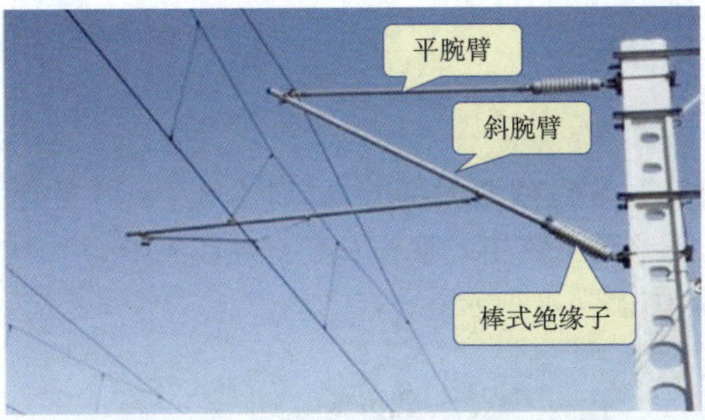

图 4-5 支持装置组成

图 4-6 定位装置组成

与受电弓不脱离,并将接触线的水平负荷传给支柱。

4. 支柱与基础

(1)组成

我国接触网支柱采用预应力钢筋混凝土支柱和钢支柱,如图 4-7 所示。基础是对钢支柱而言的,即钢支柱固定在下面的钢筋混凝土制成的基础上,由基础承受支柱传给的全部负荷,并保证支柱的稳定性。预应力钢筋混凝土支柱与基础制成一个整体,下端直接埋入地下。

图 4-7 支柱

(2)作用

支柱与基础用以承受接触悬挂、支持和定位装置的全部负荷,并将接触悬挂固定在规定的位置和高度上。

三、牵引供电

1. 供电系统

电气化铁路供电系统通常包括两大部分，即对沿线、牵引变电所输送电力的外部供电系统；以及从牵引变电所经降压、变相或换流（转换为直流电）后，向电力机车、动车组供电的变、直流牵引供电系统，如图 4-8 所示。

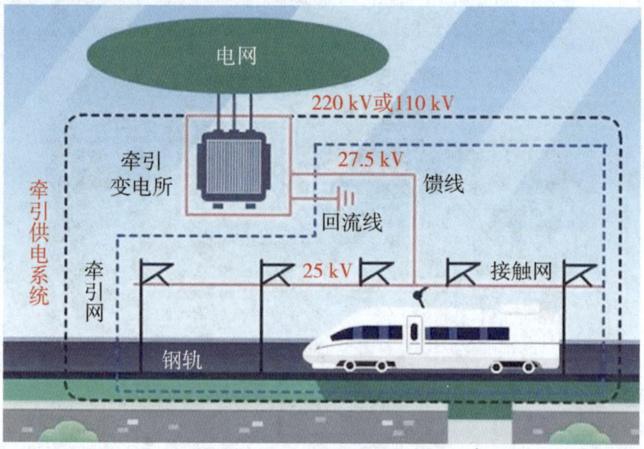

图 4-8　牵引供电系统

2. 供电电压[1,2]

接触网标称电压值为 25 kV，最高工作电压为 27. 5 kV，短时（5 min）最高工作电压为 29 kV，最低工作电压为 19 kV。

四、工务和供电结合部产生的影响

接触网所有几何参数均是以线路中心线和钢轨平面所组成的直角坐标系为参照的，因此线路发生变化直接或间接影响供电设备，从而影响行车安全。

（1）线路平面的变化会影响接触网的张力、跨距、拉出值、线岔和锚段关节布置及弓网的振动。

（2）线路纵断面的变化影响导高、坡度、坡度变化率、吊弦长度、分相的位置及引起受电弓冲击接触网。

（3）路基、桥梁、隧道影响接触网支柱及其基础类型，路基、桥梁、隧道的沉降将影响弓网受力状态。

以上几点的线路纵横向的不平顺会引起弓网振动，尤其在列车高速运行下，轨道的不平顺都会造成列车的振动，这种振动的振级与列车速度成正比。振动同样将使弓网动态接触压力与静态接触压力产生较大的偏差，造成动态接触压力上下波动，弓网离线，加剧受电弓滑板和接触线网的磨耗。严重时会加大轨道与机车车辆的相互作用力，引起轨道结构加剧变化，对机车车辆也产生较大的破坏。因此要保持轨道结构的高平顺性、高稳定性、高安全性。

第二节　电气化铁路线路维修作业安全要求

电气化铁路线路因有接触网和轨道电路等设备，养路工具、机具设备，如道尺、撬棍、拨道器、捣固机、扒砟机、轻型轨道车的车轴等必须绝缘，进行线路养护维修作业时，各工种必须明确分工、密切配合，以保证行车和施工的安全。工务部门的作业人员，不但要熟悉本职业务，还必须了解供电设备、信号设备及其电气性能。线路工区应经常与供电、信号工区保持联系。掌握各电气集中车站的轨道电路的分布和变动情况，凡进行影响轨道绝缘和供电设备的任何工作，必须事先与信号、供电工区联系配合施工。

一、起道作业的安全要求

电气化铁路上，为了保证电力机车受电弓不脱开或撞击接触网导线，要求铁路线路水平和前后高低经常保持良好状态，而电力机车因冲击力大，线路又容易发生小坑，因此，线路工区必须经常注意做好起道找小坑等工作。

1. 接触网导线高度

(1)接触网导线距轨面必须保持一定的距离。

(2)接触线高度要求：

接触线距钢轨顶面的高度不超过 6 500 mm。在区间和中间站，不小于 5 700 mm(旧线改造不小于 5 330 mm)；在编组站、区段站和个别较大的中间站站场，不小于 6 200 mm；站场和区间宜取一致；双层集装箱运输的线路，不小于 6 330 mm[3]。

因接触网导线距轨面高度的限制，所以起道高度，特别是曲线调整超高或单股起道时起道的高度，必须限制在一定的范围内。电力机车受电弓与接触点的移动距离 d 为线路外轨起道高度 h 的 3~4 倍，如图 4-9 所示。

$$d=\frac{(5\,300\sim6\,500)h}{1\,500}=(3.6\sim4.3)h$$

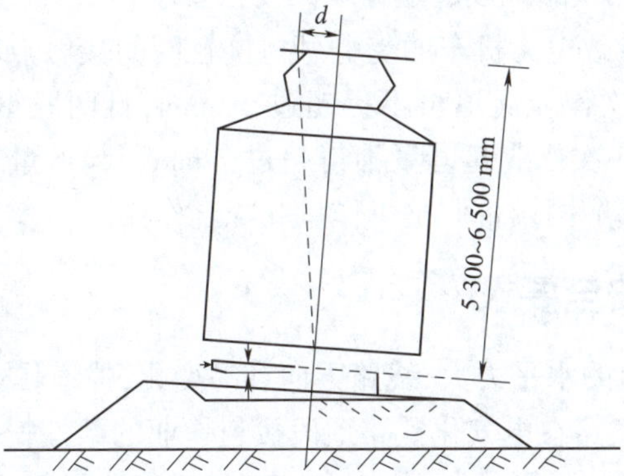

图 4-9　受电弓与接触点的移动距离

2. 普速铁路和高速铁路在电气化铁路地段起道作业共性安全要求

起道作业时，隧道、下承式桁架桥和拱桥、斜拉桥不得超过建筑限界尺寸线[4,5]。根据这项规定，铁路局集团公司在电气化区段行车办法中，一般要求由供电和工务部门会同在隧道边墙或接触网杆塔内缘，画一红色横线（限界尺寸线），如图 4-10 所示。此红线位置为轨面设计标高加 30 mm 的起道预留量，横线上面标明轨面至接触网的规定高度 H，横线下面标明隧道边墙或杆塔内缘至线路中心的距离 C_x，如图 4-11 所示。线路维修起道时，轨面高度不得超过此红色横线。如线路维修工作需要超出上述标准时，须先通知接触网工区，必要时双方配合施工。如因起道、大修或接触网杆塔下沉，双方应共同测定重做标记。在正常情况下，应按《铁路技术管理规程》的规定，供电段段长会同工务段段长对接触网设备限界每年进行一次检查。

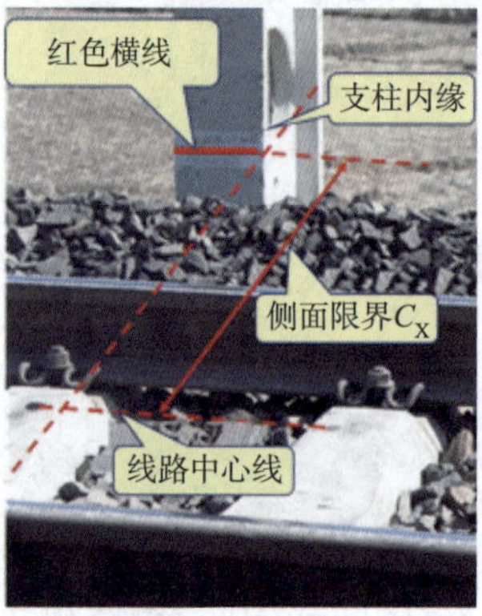

图 4-10　红色横线

图 4-11　标注距离

3. 普速铁路在电气化铁路地段起道作业的安全要求[4]

为防止由于起道而导致电力机车的受电弓与接触网的接触点落在其工作面宽度以外，两股钢轨同时起道时，一次作业起道量不得超过 30 mm，且两股钢轨起道量相差不得超过 11 mm；调整曲线超高时，单股起道量不得超过 11 mm。起道量超出上述规定时，应事先通知供电部门调查确认接触网设备调整工作量并配合作业。

4. 高速铁路在电气化铁路地段起道作业的安全要求[5]

为防止由于起道而导致电力机车的受电弓与接触网的接触点落在其工作面宽度以外，两股钢轨同时起道时，一次作业起道量不得超过 30 mm，且两股钢轨起道量相差不得超过 7 mm；一股钢轨起道时，一次作业起道量不得超过 7 mm。起道量超出上述规定时，应事先通知供电部门调查确认接触网设备调整工作量并配合作业。

二、拨道作业的安全要求

电力机车作用于钢轨的水平力大，线路方向容易变化，拨道作业如图 4-12 所示。

1. 普速铁路和高速铁路在电气化铁路地段拨道作业的共性安全要求

电气化铁路对拨道量的限制是在不侵入建筑（包括接触网杆塔）限界的条件下，线路中心位移一次不得超过 30 mm，一侧拨道量年度累计不得大 120 mm，并不得侵入建筑限界。

图 4-12　拨道作业

拨道量超出上述规定时，应事先通知供电部门调查确认，满足调整要求后配合作业[4,5]。超过此标准时，须先通知接触网工区，必要时协同施工。这是因为要保证电力机车受电弓与接触网导线的正常相互作用，也就是要保证线路中线与接触网导线的垂直投影相吻合，若超过规定限度，电力机车就有脱弓危险。若拨道量超出上述规定时，必须先通知接触网工区予以配合。

在车站内拨道时，严禁损坏扼流变压器箱和轨道变压器的引接线，信号机、电动转辙器等不能侵入规定的限界尺寸，必要时应与电务工区配合施工。

2. 普速铁路在电气化铁路桥梁地段对拨道作业的安全要求[4]

在桥梁上一侧拨道量年累计不得大于 60 mm，且应满足线路中心与桥梁中心的偏差，钢梁不大于 50 mm，圬工梁不大于 70 mm。线路允许速度 120 km/h$<v_{max}\leqslant$200 km/h 时，钢梁、圬工梁不得大于 50 mm。

3. 高速铁路在电气化铁路桥梁地段对拨道作业的安全要求[5]

在桥梁上一侧拨道量年累计不得大于 60 mm，且应满足线路中心与桥梁中心的偏差不得大于 50 mm。

三、捣固作业的安全要求

电气化铁路线路上，绝缘接头是薄弱部位，应加强捣固，如图 4-13 所示。捣固和扒道砟时，不要损坏通过轨道电流的接续线，车站股道间的跳线在枕木的侧面，捣固时尤其应注意，不能损坏。钢轨底部与道床之间应保持 20～30 mm 的间隙，以防漏电。道床保持清洁，没有泥土、杂草和矿渣等易导电的材料，并保持排水良好。

图 4-13　绝缘接头

四、改道作业的安全要求

电力机车作用于钢轨的水平力大,轨距容易产生变化,为消除轨距及轨距变化率超限,必须做好改道作业。在进行改道作业的过程中,除按单项作业标准作业外,还应注意:

(1)撬棍加装绝缘胶套管,如图 4-14 所示。防止改道时撬棍搭在钢轨上造成短路,影响信号正常使用。

图 4-14　撬棍加装绝缘胶套管

(2)安装绝缘轨距杆时,应检查其绝缘性能是否符合要求。在轨距杆多的地方,轨距杆和道砟之间应保持 30 mm 间隙,或将轨距杆的绝缘部件下面的道砟掏空,以防雨水存留,浸泡绝缘件。枕木盒内装有跨轨的信号导线时,不得再安装轨距杆或防爬器,跨轨导线如图 4-15 所示。

图 4-15　跨轨导线

(3)使用中间绝缘的轨距杆，中间绝缘部分不要拆卸，螺栓如有松动或缺少，应及时配合信号工区补齐和拧紧。安装此类轨距杆时，应平装，使螺帽一面向上，以减少渗水。使用两头绝缘的轨距杆，两头内外卡口铁必须扣紧轨底，螺栓无松动，防止绝缘套管串动，绝缘垫圈每侧应不少于 2 个。

五、更换钢轨、道岔、夹板的安全要求

1. 普速铁路和高速铁路在电气化铁路地段更换钢轨共性要求

(1)在自动闭塞的电气化区段上更换钢轨时[6,7]

①在同一地点同时更换两股钢轨时，无论该地段接触网是否停电，换轨前必须在被换钢轨两端的左右轨节间横向各设一条截面不小于 70 mm^2 的铜导线，在被换一股钢轨两端轨节间纵向安装一条截面不小于 70 mm^2 的铜导线。安设铜导线前要对钢轨相应部位进行除锈，导线两端用夹子牢固夹持在相邻的轨底上，如图 4-16 所示。作业完毕后方准拆除接地线和导线。

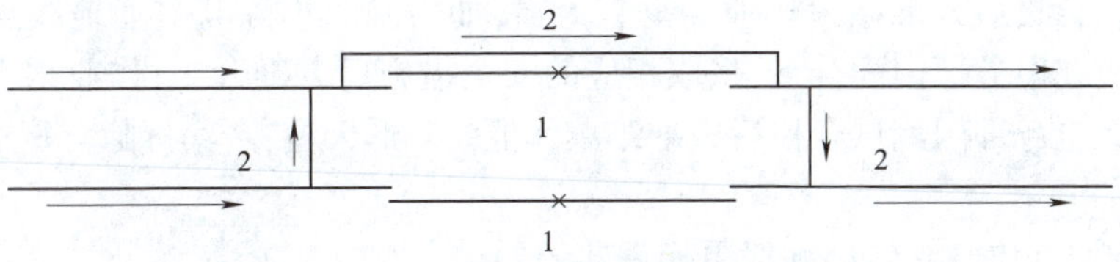

图 4-16 更换两根钢轨时防护导线连接

1—被更换钢轨；2—铜导线

②更换一股钢轨时，换轨前应在被换钢轨两端的左右轨节间横向各设一条截面不小于 70 mm^2 的铜导线。安设铜导线前要对钢轨相应部位进行除锈，导线两端用夹子牢固夹持在相邻的轨底上，如图 4-17 所示。

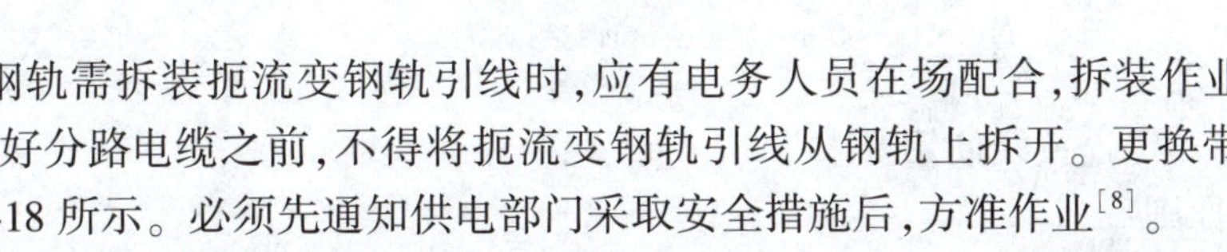

图 4-17 更换单根钢轨时防护导线连接

1—被更换钢轨；2—铜导线

③更换钢轨需拆装扼流变钢轨引线时，应有电务人员在场配合，拆装作业由电务人员完成；未设置好分路电缆之前，不得将扼流变钢轨引线从钢轨上拆开。更换带有吸上线的钢轨，如图 4-18 所示。必须先通知供电部门采取安全措施后，方准作业[8]。

④在站内更换钢轨或夹板时，其钢轨导线的连接方法，必须考虑轨道电路和车站作业的要求。

⑤整组更换道岔作业按本条第①款规定办理。施工单位还必须提前通知供电、电务等设备管理单位进行配合；更换完毕必须经供电、电务人员检查符合要求后，方准撤除临时安全设施[9]。

图 4-18　扼流变压器中点连接板与吸上线连接

(2)线路作业必须保持电气化及信号装置的接地线及轨端连接线正常连接,如需临时拆除接触网塔杆接地线与贯通地线时,作业单位应在供电和电务部门配合下,采取相应的安全措施后方准开工;作业完毕后应及时恢复与接触网塔杆接地线、贯通地线可靠连接,经供电、电务测试合格后方准结束作业。垂直天窗,如需临时拆除与贯通地线连接的接地线时,作业单位应在电务部门配合下,采取相应的安全措施后方准开工;作业结束后应及时恢复接地线,并经电务部门测试合格后方准结束作业。V 形天窗,严禁拆除与贯通地线连接的各种接地线[10,11]。

2. 普速铁路在电气化铁路地段更换钢轨的要求[12]

在非自动闭塞的电气化区段上更换钢轨时,应遵守下列规定:

(1)严禁在同一地点将两股钢轨同时拆下。

(2)换轨前应在被换钢轨两端轨节间纵向安设一条截面不小于 70 mm^2 的铜导线。安设铜导线前要对钢轨相应部位进行除锈,导线两端牢固夹持在相邻的轨底上,如图 4-19 所示。该连接线在换轨作业完毕后方可拆除。

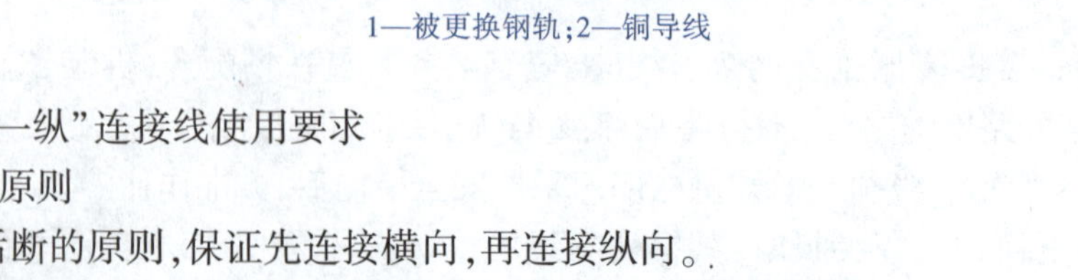

图 4-19　单根更换钢轨时防护导线连接

1—被更换钢轨;2—铜导线

3. "两横一纵"连接线使用要求

(1)使用原则

①先连后断的原则,保证先连接横向,再连接纵向。

②保证流经扼流变两牵引线圈的电流平衡,保证牵引回流畅通。

③作业完毕,先断纵线,后断横线。

(2)安全措施

为规范电气化铁路换轨作业连接线的使用,采取安全措施如下:

①准备工作

a. 使用前要认真检查连接线状态，截面不小于 70 mm^2，外观检查不得出现断股、散股和绝缘胶皮损坏，电务人员使用万用表检查不得出现断路，发现不符合要求的立即停用或报废，检查连接线状态如图 4-20 所示。

图 4-20　检查连接线状态

b. 准备安设连接线位置钢轨轨底进行除锈作业，除锈长度应保证 50～100 mm，除锈后钢轨出现金属光泽，如图 4-21 所示。

c. 按规定设连接线，导线两端用夹具牢固夹持在相邻的轨底上，如图 4-22 所示。

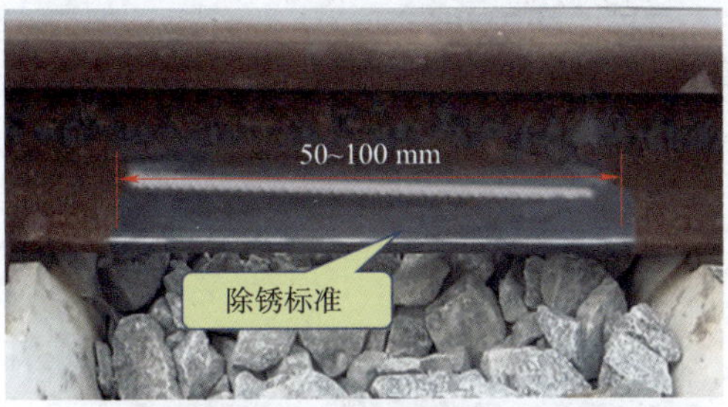

图 4-21　除锈标准

图 4-22　夹紧夹具

d. 施工命令下达后，在换轨作业开始前，工电双方应共同逐条测试连接线的工作情况，确保满足使用要求后方可开始作业，如图 4-23 所示。

图 4-23　工电共同检查

②作业中

换轨作业中要检查连接线连接情况，防止施工碰撞脱落或断线，发现异常立即处理。

③作业结束

换轨作业完毕，方准拆除连接线。

(3)注意事项

①为保证连接线接触良好，连接轨底前要先除锈再紧密接到轨底上，并用扳手紧固，连接线要在设备更换完毕确认牵引电流畅通后方可拆除。

②在作业时必须使用绝缘板，戴绝缘手套，穿绝缘鞋。

③换轨大修时，一般换轨的长度在 1~2 km，甚至更长，不便采用纵向连接电线，而钢轨断面较大，导电性能较好，故可使用钢轨来替代纵向导线。

第三节　电气化铁路道岔区段绝缘设置要求

一、道岔维修安全注意事项

(1)尖轨连接杆(拉杆)、通长垫板和轨距杆都必须绝缘，检查支距用的支距尺也应绝缘。尖轨前装有托架角钢的枕木盒内不要安装轨距杆，在导曲线上的附加绝缘节后面，直股与曲股的钢轨不能互相连通，必须用绝缘的轨距杆，以免造成轨道电流短路，如图 4-24 所示。

(2)道岔上所有的连接线和跳线，在维修道岔时都不要损坏和碰断。如果折断，尤其是并联道岔轨道电路的道岔连接线(跳线)折断，就不能可靠地检查侧线是否被列车占用，如图 4-25 所示。

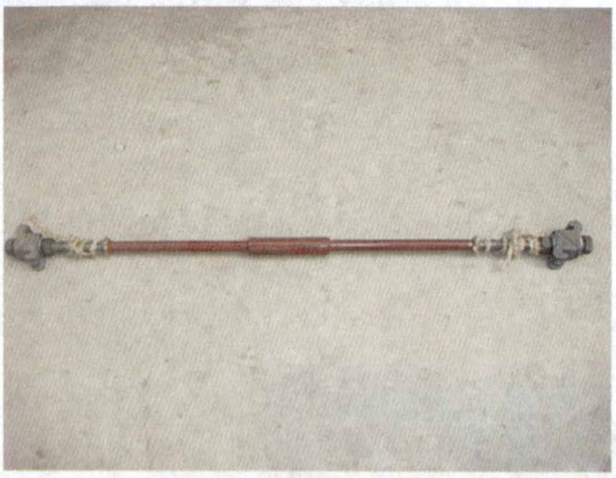

图 4-24　绝缘轨距杆

图 4-25　道岔连接线

(3)在道岔区段轨道电路上不能行驶金属轮的单轨小车，因为车轮压在道岔绝缘上面时，车轮的踏面要传电。同样，使用起道机也不要把起道机底座放在该绝缘接头的底下。否则，就可能和绝缘破损失效一样，破坏轨道电路的工作。

(4)为了使道岔绝缘节良好，要防止道岔钢轨爬行。为了保证转辙器正常工作，应防止基本轨横向移动。为了保证尖轨与基本轨密贴，应对尖轨、基本轨肥边及时打磨，整修好尖轨侧弯等。

(5)更换辙叉时,要设临时连接线,如图4-26所示。

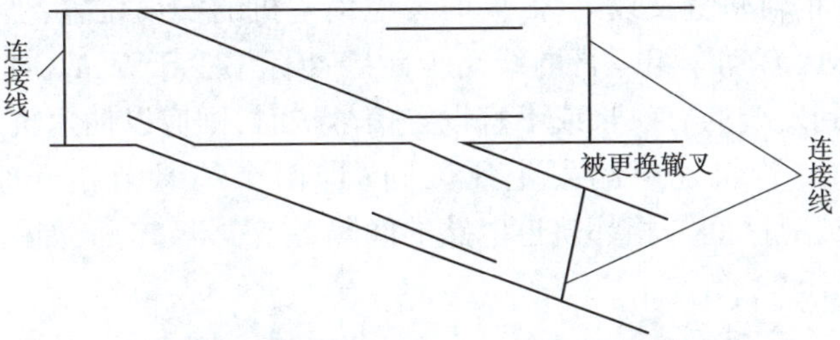

图4-26 更换道岔辙叉导线连接方法

影响信号的其他道岔维修工作,如更换基本轨、尖轨和连接杆等,需同电务工区配合作业。

二、成组更换道岔作业注意事项

电气集中的车站上,将不符合规章规定的小号码道岔更换为大号码道岔时,需增长道岔的长度,信号机和接触网的设备也要相应地移动,较非电气集中的车站要增加很多工作量。在更换道岔以前,要配合接触网、信号工区详细调查,并事先做好准备工作,例如定出接触网塔架和信号机移动后的位置,打好基础。如混凝土基础需要现场灌筑时,要保证养生时间,还要延长信号机电缆,以避免因准备不好而延误施工。成组铺设道岔时应注意:

(1)钢轨绝缘位置原则上应设在出站信号机同一坐标处,如图4-27所示。

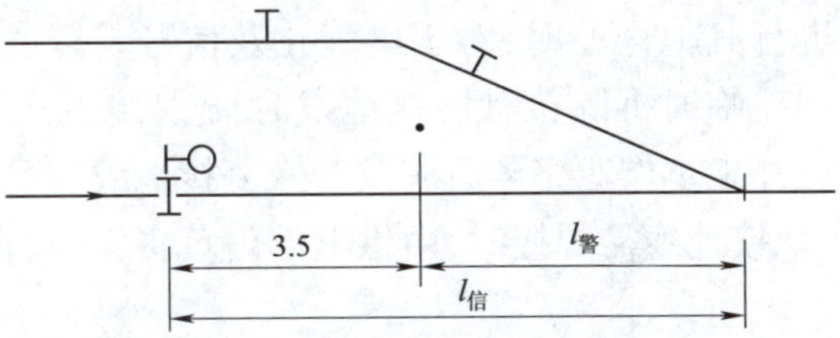

图4-27 钢轨绝缘位置设置(单位:m)

如信号机位置与现场轨缝位置不一致,为了避免串轨、换轨或锯断钢轨,允许信号机位于钢轨绝缘前方(按发车方向)不大于1 m处,或后方适当距离L处。设于警冲标内方的钢轨绝缘,距警冲标不得少于3.5 m,有动车组运行的线路上距警冲标不少于5 m,以保证机车车轮停在该钢轨绝缘内方时,车钩不致越过警冲标,如图4-28所示。

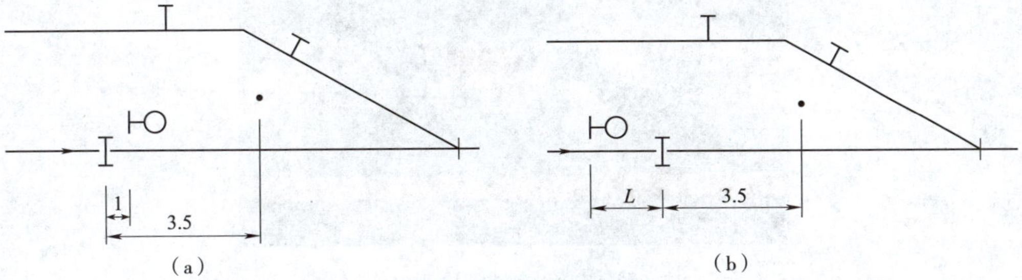

图4-28 钢轨绝缘位置设置(单位:m)

在确定出站信号机、钢轨绝缘及警冲标的位置时，首先应考虑在不影响到发线有效长的情况下，按现有的钢轨轨缝安设绝缘，同时考虑信号机的安设位置，然后再将警冲标移至距钢轨绝缘 3.5 m 处，有动车组运行的线路上距警冲标不少于 5 m。如按现有的钢轨轨缝安设绝缘不能保证到发线的有效长或不宜设置信号机时，则应以插短轨的办法安装绝缘。

(2)铺设道岔时，若轨道电路发生死区间(即两个绝缘节错开时)，其长度不得超 2.5 m，两相邻死区或死区间与相邻轨道电路的间隔各不少于 20 m，如图 4-29 所示。

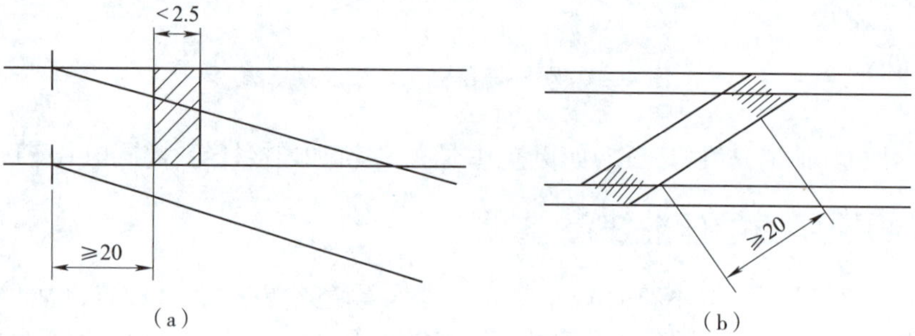

图 4-29　轨道电路死区间(单位:m)

(3)站内正线、站线衔接时，接触网导线也在这些地方相交，因此当岔心位置移动时，用接触网检测仪检测接触网架空定点的位置，如图 4-30 所示。根据检测结果进行相应的移动，一般规定：它在线路上的投影位置在岔心后两股钢轨内侧相距 630~730 mm 处。当抽换轨枕、找小坑、改轨距或进行其他作业时，对于电气化及信号装置的接地线及轨端连接线，必须保持其正常连接。如需临时拆除接触网接地线时，施工单位与供电部门密切配合，采取相应的安全措施后方准开工。作业完毕后应及时恢复接地线，紧固螺栓并经供电部门检查合格，方可结束施工。如接地线需焊接时，由供电部门负责完成，但作业时禁止在钢轨上焊接。

图 4-30　接触网检测仪

第四节　电气化铁路作业人身安全要求

一、工务作业安全措施

(1)在电气化区段拆换钢轨或夹板时,要按有关规定首先连接好横向及纵向连接线,保持钢轨间电气回路的畅通,联结要紧固,导电要良好,确保在任何情况下都不出现危险电压。

(2)在通往牵引变电所的铁路专用线上换钢轨时,在设置可靠的分路连接线前,不得将回流线从钢轨上拆开,拆装回流线由牵引变电所的工作人员进行。

(3)在工务施工中,要防止撞坏和禁止拆开接地线。因施工需要拆开接地线时,要按规定的导线截面接好临时接地线,此项工作要由接触网工或经过专门训练的工务人员进行。

(4)在电气化区段,通过和使用的各种机具(铺碴机、铺轨机、铺路机、架桥机及吊车等)设备,不得超过机车车辆限界,所有工作人员(包括所持工具)与接触网带电部分必须保持 2 m 以上的距离[13]。

(5)在进行隧道内的检查、补漏、衬砌修补、油刷标志、除冰使用高梯搭设脚手架及隧道口的粉刷装饰、端墙检修等作业,与接触网带电部分不足 2 m 距离时,必须在接触网停电后进行,如图 4-31 所示。

图 4-31　隧道内检查维修

(6)在接触网带电情况下,使用轨道拖车装卸钢轨时,所有工具(如撬棍等)不准超过头顶。使用电力机车边走边卸时,不得将电力机车置于所卸车辆的后部。

(7)电气化区段开山放炮、清除线路两侧危石危树作业时,要与供电段商定,采取有效防护措施[14]。

(8)在带电的接触网下进行装卸作业时,不准在敞车、平车、罐车等车辆上进行装卸作业,不准用竹竿等非高压绝缘物测量货物和装卸高度。在接触网不停电的情况下,平车装运钢轨、片石,站在车上作业时使用的撬棍不得长于 0.8 m;敞车装运石碴、沙土等散堆货物时,作业人员要站在车下通过侧门进行作业。在平车、敞车上作业,要根据现场具体情况,适当加装安全防护网,作业人员站在安全防护网下进行卸车作业。

二、在电气化铁路上作业的注意事项

1. 普速铁路和高速铁路在电气化铁路地段作业共性注意事项

(1)在电气化区段通过或使用各种车辆、机具设备不得超过机车车辆限界。除牵引供电专业人员按规定作业外，任何人员及所携带的物件、作业工器具等须与牵引供电设备高压带电部分保持2 m以上的距离，与回流线、架空地线、保护线保持1 m以上距离，距离不足时，牵引供电设备须停电[13,15-17]。

在电气化区段作业时，长轨列车必须安装屏蔽装置，轨道吊必须安装限位装置[13,17]。

(2)在距离接触网带电部分2~4 m的建筑物上作业时，接触网可不停电，但应加强监护，确保人员、机具、材料等与接触网带电部分的距离不小于2 m。必须由接触网工或经专门训练的人员现场监护[18,19]。

(3)发现牵引供电设备断线及其部件损坏，或发现牵引供电设备上挂有线头、绳索、塑料布或脱落搭接等异物，如图4-32所示，均不得与之接触，应立即通知附近车站，在牵引供电设备检修人员到达并采取措施以前，任何人员均应距已断线索或异物处所10 m以外[20,21]。

(4)在接触网支柱及接触网带电部分5 m范围以内的金属结构均必须接地，在与接触网相连的支柱及金属结构上，若未装设接地线或接地线已损坏时，严禁人员与之接触[22,23]。

(5)使用发电机、空压机、搅拌机等机电设备时，应有良好的接地装置。在可能带电部位，应有“禁止攀登”“高压危险”的明显标志和防护措施，如图4-33所示。各种机械与车辆不准用水冲洗；施工用的水管不准跨越接触网，不准用射水方式进行圬工养生[24,25]。

图4-32 接触网挂异物

图4-33 明显标志

(6)任何作业均不得影响供电设备的支柱、拉线及基础等设施的稳定[26,27]。

(7)在电气化区段清除危石危树，进行爆破作业时，应有供电部门人员配合；有碍接触网及行车、人身安全时，应先停电后作业[14,28]。

2. 普速铁路在电气化铁路地段作业注意事项

(1)大型养路及施工机械作业，如施工机械不超出机车车辆上部限界，且作业人员及所持机具与接触网带电部分保持2 m以上距离时，接触网可不停电。不符合上述条件时，应按照规定办理停电手续并做好安全防护措施后，方可作业[29]。

(2)作业范围与牵引供电设备高压带电部分须保持2 m以上的距离，与回流线、架空地线、保护线保持 1 m 以上距离，距离不足时，牵引供电设备须停电。必须按规定办理接触网停电申请手续，得到许可施工命令，具备施工条件，并有接触网工区派人安设临时接地线后方能施工[30]。

3. 高速铁路在电气化铁路地段作业注意事项

(1)线路大修及技术改造，需起道、拨道或整组更换道岔时，作业单位应先通知供电、电务等设备管理单位，设备管理单位根据起道或拨道工作量，调查确认是否存在需要设备调整或改造，超出规定时派人到场配合和监护，并确认相关设备符合技术要求[31]。

(2)高压水清洗钢梁，使用限界架检查限界，以及在距接触网带电部分不足 2 m 或距回流线、架空地线、保护线不足 1 m 进行作业时必须停电，按规定办理接触网停电申请手续，得到许可停电施工命令，并由供电部门采取停电防护措施后方准施工[32]。

(3)严禁向接触网抛掷物品[33]。

典型案例4-1

清筛车司机违章作业造成触电身亡

1. 概　　况

某工务机械段清筛三队的施工机械列车在某线施工作业后，停留在某站 7 道休整。13 时 45 分机组人员在对设备进行保洁过程中，负责保洁 10 号清筛机司机室的作业人员，盲目登上前后两个司机室间的污土传送带(长 6.5 m，高 4.7 m)，侵入 27.5 kV 接触网限界，被电击伤害，送医院抢救无效，3 日后死亡，构成作业人员死亡铁路交通一般 B 类事故。

2. 原因分析

(1)作业人员安全意识淡薄，自我保护意识差，在接触网未停电的情况下，违章盲目登上污土传送带进行作业，侵入接触网限界，严重违反有关规定，对这起事故负主要责任，是造成事故的直接原因。

(2)工务机械车间对现场作业安全失管失查。车间主要领导检查不到位，劳动安全管理无序，对清筛机污土传送带无遮拦防护装置，对作业人员可以随意攀登的事故隐患不管不问，是造成事故的重要原因。

(3)工务机械段清筛三队工队负责人人身安全意识不强，安全责任落实不到位，在电气化区段作业，没有落实班前预想和安全提示，检查不到位，为事故的发生埋下隐患。

典型案例4-2

接触网工违章作业造成触电身亡

1. 概　　况

某年 8 月 23 日下午，某供电车间接触网工区，按局电调 859 号停电作业命令，在某线上行供电20~18号支柱更换导线作业。作业接近尾声时,作业领导人通知接地线人员拆除接地线。当时在18号支柱上作业的接触网工黄某从支柱上下来时,跟班作业的车间安全员发现支柱上还有一自制铁丝环没有取下,就让黄某把它取下,黄某又重返支柱上。当黄某取铁丝环时,因接地线已拆除,黄某被感应电电击而死亡。

2. 原因分析

(1)作业领导人违反接触网作业安全规程,在没有确认现场作业全部结束,作业人员、机具、材料撤至安全地点的情况下,盲目拆除接地线,是造成事故的主要原因。

(2)黄某本人没有按分工要求完成应有的工作内容,就下支柱。后又重上支柱,在取遗忘在支柱上的铁丝环时也未确认地线是否拆除,是造成事故的直接原因。

(3)监护人员未起到监护作用,是造成事故的重要原因。

(4)车间跟班作业人员违章指挥,是造成事故的又一重要原因。

复习思考题

1. 电气化区段线路起道、拨道有哪些规定?普速铁路和高速铁路分别阐述。
2. 电气化区段拆换钢轨或夹板时注意什么?
3. 电气化区段桥梁上拨道作业有哪些注意事项?普速铁路和高速铁路分别阐述。
4. 非自动闭塞电气化区段更换钢轨遵守哪些规定?
5. 自动闭塞电气化区段更换钢轨遵守哪些规定?普速铁路和高速铁路分别阐述。
6. 在接触网带电情况下,使用轨道拖车装卸钢轨时,有哪些注意事项?
7. 使用电力机车边走边卸时,有哪些注意事项?
8. 在施工中使用发电机、空压机、搅拌机等机电设备时,有哪些要求?
9. 发现接触网断线及其部件损坏或在其上挂有线头、绳索等物时,应该如何处理?
10. 在电气化区段,除专业人员按规定作业外,所有作业人员和所携带的工具、材料与牵引供电设备的带电部分需保持多少米以上距离?

引用规章文件

[1]《铁路技术管理规程(高速铁路部分)》(铁总科技〔2014〕172号、〔2017〕221号)第七章第177条

[2]《铁路技术管理规程(普速铁路部分)》(铁总科技〔2014〕172号、〔2017〕221号)第七章第197条

[3]《铁路技术管理规程(普速铁路部分)》(铁总科技〔2014〕172号、〔2017〕221号)第七章第202条

[4]《普速铁路工务安全规则》(铁总运〔2014〕272 号)第二章第 2. 3. 5 条
[5]《高速铁路工务安全规则(试行)》(铁总运〔2014〕170 号)第三章第 3. 5. 1 条
[6]《普速铁路工务安全规则》(铁总运〔2014〕272 号)第二章第 2. 3. 7 条
[7]《高速铁路工务安全规则(试行)》(铁总运〔2-014〕170 号)第三章第 3. 5. 2 条
[8]《普速铁路工务安全规则》(铁总运〔2014〕272 号)第二章第 2. 3. 8 条
[9]《高速铁路工务安全规则(试行)》(铁总运〔2014〕170 号)第三章第 3. 5. 3 条
[10]《普速铁路工务安全规则》(铁总运〔2014〕272 号)第二章第 2. 3. 9 条
[11]《高速铁路工务安全规则(试行)》(铁总运〔2014〕170 号)第三章第 3. 5. 4 条
[12]《普速铁路工务安全规则》(铁总运〔2014〕272 号)第二章第 2. 3. 6 条
[13]《普速铁路工务安全规则》(铁总运〔2014〕272 号)第三章第 3. 3. 18 条
[14]《普速铁路工务安全规则》(铁总运〔2014〕272 号)第二章第 2. 3. 10 条
[15]《铁路技术管理规程(高速铁路部分)》(铁总科技〔2014〕172 号、〔2017〕221 号)第七章第 185 条
[16]《铁路技术管理规程(普速铁路部分)》(铁总科技〔2014〕172 号、〔2017〕221 号)第七章第 205 条
[17]《高速铁路工务安全规则(试行)》(铁总运〔2014〕170 号)第五章第 5. 1. 6 条
[18]《普速铁路工务安全规则》(铁总运〔2014〕272 号)第三章第 3. 3. 20 条
[19]《高速铁路工务安全规则(试行)》(铁总运〔2014〕170 号)第五章第 5. 1. 8 条
[20]《普速铁路工务安全规则》(铁总运〔2014〕272 号)第三章第 3. 3. 21 条
[21]《高速铁路工务安全规则(试行)》(铁总运〔2014〕170 号)第五章第 5. 1. 9 条
[22]《普速铁路工务安全规则》(铁总运〔2014〕272 号)第三章第 3. 3. 22 条
[23]《高速铁路工务安全规则(试行)》(铁总运〔2014〕170 号)第五章第 5. 1. 10 条
[24]《普速铁路工务安全规则》(铁总运〔2014〕272 号)第三章第 3. 3. 23 条
[25]《高速铁路工务安全规则(试行)》(铁总运〔2014〕170 号)第五章第 5. 1. 11 条
[26]《普速铁路工务安全规则》(铁总运〔2014〕272 号)第三章第 3. 3. 24 条
[27]《高速铁路工务安全规则(试行)》(铁总运〔2014〕170 号)第三章第 3. 5. 6 条
[28]《高速铁路工务安全规则(试行)》(铁总运〔2014〕170 号)第五章第 5. 1. 13 条
[29]《普速铁路工务安全规则》(铁总运〔2014〕272 号)第二章第 2. 3. 11 条
[30]《普速铁路工务安全规则》(铁总运〔2014〕272 号)第三章第 3. 3. 19 条
[31]《高速铁路工务安全规则(试行)》(铁总运〔2014〕170 号)第三章第 3. 5. 5 条
[32]《高速铁路工务安全规则(试行)》(铁总运〔2014〕170 号)第五章第 5. 1. 7 条
[33]《高速铁路工务安全规则(试行)》(铁总运〔2014〕170 号)第五章第 5. 1. 12 条

第五章

机械、车辆使用

学习任务

为提高工务作业效率和设备修理质量，工务部门积极推进机械化，采用大型养路机械全面调整和改善轨道空间线形线位、消除轨道结构病害、提高道床弹性等，恢复线路完好技术状态；采用小型养路机械对轨道几何尺寸不平顺及不良处所进行修整，来保证行车平稳和安全。在机械、车辆的使用中，必须严格按管理规章制度进行，切实保证人身安全和行车安全。

本章主要介绍车辆使用的基本要求，大型养路机械、小型养路机械、轨道车在运行和使用中应遵守规定和注意事项，轻型车辆及小车的使用要求、使用条件、区间防护办法等，施工列车及工程机械在运行、作业过程中应遵守的规定；简要介绍了捣固机械、稳定机械、清筛机械、焊轨车、打磨车等机械、车辆，轨道车，液压捣固机、内燃捣固镐、内燃电动螺栓扳手、内燃锯轨机、内燃钻孔机，轨道检查仪、钢轨探伤小车等。

通过学习，重点掌握车辆使用的基本要求，养路机械及轨道车在运行和使用中应遵守规定和注意事项，轻型车辆及小车的使用条件、区间防护办法等，施工列车及工程机械在运行、作业过程中应遵守的规定。

第一节　机械、车辆介绍

一、大型养路机械

新中国成立以后，我国铁路养路机械经历了一个漫长的发展过程。20 世纪 70 年代，我国小型养路机械的研制达到一定水平，针对线路各项作业的小型机械基本配套。20 世纪 80 年代，由于铁路运输的发展，小型机械在作业质量、效率、安全等方面的问题逐渐凸显出来，已不能满足维修的需要。国外发达国家养路机械的发展都经历了小、中、大的一个完整过程，到 20 世纪 80 年代基本进入了大型化的时代。我国经过几年慎重地考察和论证，最终做出了跨过中型养路机械，直接发展大型养路机械的发展方针。由此，拉开了我国铁路大型养路机械发展的序幕。大型养路机械作业项目全、标准高、作业质量均衡,从而大大提高了线路质量和轨道承载能力,使线路大修、维修质量得到了有效改善,为铁路的扩能、提速创造了良好条件。

下面简单介绍几种主要的大型养路机械。

1. 捣固机械

捣固系列机械占大型养路机械至关重要的地位,也是保有量占绝对多数的机型。捣固车用在铁路线路的新线建设、旧线大修清筛和运营线路维修作业中,对轨道进行拨道、起道抄平、道砟捣固及道床肩部道砟的夯实作业,使轨道方向、左右水平和前后高低均达到线路设计标准或线路修理规则的要求,提高道床石砟的密实度,增加轨道的稳定性,保证列车安全运行。捣固车主要有以下几种类型:

(1)按同时捣固轨枕数分为:双枕捣固车(如 DC-32 型、DCL-32 型)、三枕捣固车(如 DWL-48 型)。DWL-48 型线路捣固车如图 5-1 所示。

图 5-1 DWL-48 型线路捣固车

(2)按作业对象分为:线路捣固车(如 DC-32 型、DCL-32 型)、道岔捣固车(如 CDC-16 型)。CDC-16 型道岔捣固车如图 5-2 所示。

图 5-2 CDC-16 型道岔捣固车

(3)按作业走形方式分为：步进式捣固车（如 DC-32 型）、连续式捣固车（如 DCL-32 型）。DCL-32 型线路捣固车如图 5-3 所示。

图 5-3　DCL-32 型线路捣固车

2. 稳定机械

轨道动力稳定车通过两个激振装置，强迫轨排及道床产生横向水平振动并向道床传递垂直静压力，使道砟流动重新排列，互相填充达到密实，实现轨道在振动状态下有控制地均匀下沉而不改变线路原有的几何形状和精度，以提高作业线路的横向阻力和道床的整体稳定性，可有效降低线路维修作业后列车限速运行的限定条件。稳定机械主要类型有 WD-320 型等，如图 5-4 所示。

图 5-4　WD-320 型稳定车

3. 配砟整形机械

配砟整形车通过中犁、侧犁、翼犁等工作装置完成道床的配砟整形作业，使道床布砟均匀。道床断面按技术要求成形，清扫装置将作业时残留于轨枕和扣件上的道砟清扫并收集，再通过输送带移向道床边坡，以达到线路外观整齐美观的效果。配砟机械主要类型有 DPZ-440 单向型、SPZ-440 双向型、SPZ-200 双向型等。SPZ-200 双向型配砟整形车如图 5-5 所示。

图 5-5　SPZ-200 双向型配砟整形车

4. 清筛机械

（1）线路全断面道砟清筛机可在不拆除轨排的情况下，通过挖掘链运动将轨排下的道砟挖出，振动筛对挖出的道砟进行筛分，污土由污土输送带抛到该机前方线路的两侧或物料运输车内，清洁道砟可直接回填到道心内，也可由回填输送带回填到挖掘链后方钢轨两侧的道床内。道砟在线路的整个断面内均匀回填，可减小捣固作业线路的作业量。在翻浆冒泥路段，该机可对道床石砟进行全抛作业。线路全断面道砟清筛机械主要类型有 QS-450 型、QS-450 Ⅱ 型、QS-550 型、QS-650 型等。QS-650 型线路全断面道砟清筛机如图 5-6 所示。

图 5-6　QS-650 型线路全断面道砟清筛机

（2）道岔全断面道砟清筛机独创的双开式挖掘机构具有世界领先水平，可保证在 90 min 内完成一组 12 号单开道岔的清筛作业。无论在左开或右开道岔清筛时，本机总是在直线上行驶，从而在交叉渡线道岔上清筛时不侵入邻线限界。该机具有伸缩式底梁和挖掘链储存机构，因而在道岔清筛作时中不需拆接底梁和挖掘链，极大地缩短了辅助作业时间，减轻了劳动强度，提高了作业效率。道岔全断面道砟清筛机主要类型有 CQS-550 型等，如图 5-7 所示。

（3）道砟边坡清筛机具备高速自走行功能，可单独作业或配合大型养路机械联合作业。能整车作业走行，挖掘导槽、拢砟板的作用是在挖掘导槽入口处收集边坡的脏污道砟，隆起

图 5-7　CQS-550 型道岔全断面道砟清筛机

的道砟被高速运转的挖掘链带动，通过挖掘导槽落入混砟输送带，混砟输送带的带面窄、效率高、输送角度大。脏污道砟通过混砟输送带送入筛分装置，筛分后的清洁道砟经落砟斗分配给两侧回填输送带，回填至挖掘区域后方；污土通过污土输送带、回转污土输送带抛弃至道路两旁或连挂的物料运输车上。整机技术性能先进，结构简单，质量可靠，具有较高的性价比。道砟边坡清筛机主要类型有 BS-550 型等，如图 5-8 所示。

图 5-8　BS-550 型道砟边坡清筛机

5. 换砟车

全断面道床换砟车是线路大、中修作业的配套机械，采用大型、中型清筛机成熟技术及国内外先进元器件制造。采用电液控制，操作方便舒适，维护费用低，可靠性好。可与物料车配套作业，在不拆除轨排的条件下，将脏污道砟挖掘并通过旋转抛带以±45°的角度（线路中心线）抛弃到线路任意一侧或物料车内，完成道床的换砟作业，可适应不同线路的抛放要求。全断面道床换砟车主要类型有 QHC-450 型等，如图 5-9 所示。

6. 物料运输车

物料运输车可与现今国际国内的各种型号的清筛机（如 QS-650 型、QS-550 型、QS-450Ⅱ型、QHC-450 型、BS-550 型、CQS-550 型等）整编成一列车组，将清筛作业产生的废弃污土料在不间断清筛作业的情况下适时地运走，在提高了天窗利用率的基础上，有效地避免了将大量废弃污土抛弃在路肩地段、多线区段以及车站范围内，保护了环境，杜绝了传统清筛作业的人工二次清理，从而实质性地大大提高了清筛作业的整体作业效率。除此之外，一辆（或数辆）物料运输车还可以牵引 DWY 斗式物料运输车组跟随路基处理车或清筛机一起作业，

图 5-9　QHC-450 型全断面道床换砟车

用于装运污土或配送新料，从而大大地降低了设备配置费用。带式物料运输车主要类型有 WY-40 型、WY-100 型、WY-100Ⅲ型等。WY-100 型物料运输车如图 5-10 所示。

图 5-10　WY-100 型物料运输车

7. 道床吸污车

铁路道床吸污车是由某集团公司独立自主研发的轨道清洁列车，其关键技术拥有完全自主知识产权，主要用于清洁铁路道床，尤其是客运专线无砟轨道道床。道床吸污车可吸收正线、桥梁及隧道道床表面沉积的粉尘、泥土颗粒、砂子颗粒、微小石子及钢轨打磨铁粉等污物，防止列车高速运行时将污物卷起，损坏列车外置精密传感器，保证列车高速运行的安全性。作业线路最大超高 180 mm，作业环境条件最大海拔高度 2 000 m，能在夜间工作，能在风、沙、灰尘严重的天气条件下工作，不能在雨天或积水轨道表面作业。铁路道床吸污车研制中，突破了吹吸风量匹配、吹吸装置摆动控制、作业系统高度集成、整车结构优化等多项关键技术难题，实测结果表明，该车吸污风量仅为法国 SOCOFER 与 NEU 联合体研制所研制吸污车的三分之一，但吸污能力却达到其吸污的四倍。铁路道床吸污车主要类型有 TX-65 型等，如图 5-11 所示。

图 5-11　TX-65 型道床吸污车

8. 焊轨车

(1)移动式闪光焊轨车为现场钢轨焊接作业提供了良好的环境,减轻了现场作业的劳动强度,使现场钢轨焊接质量达到或接近厂焊钢轨的水平,能满足高速铁路、客运专线等线路无缝化的要求。该焊轨车采用 LR1200 焊机,满足线上焊、线下焊、锁定焊等几种工况;整车左右两侧设置拉轨对正系统,用于钢轨焊接时钢轨的拉伸与对位;走行系统采用液压驱动,达到最大自行速度 100 km/h;车架采用上弦梁设计,动力学性能稳定,达到最高连挂速度 120 km/h;制动系统采用单元制动器,制动可靠。移动式闪光焊轨车是无缝线路理想的焊接作业车。移动式闪光焊轨车主要类型有 YHG-1200 型等,如图 5-12 所示。

图 5-12　YHG-1200 型移动式闪光焊轨车

(2)移动式气压焊轨车装备的气压焊机为全自动数控焊轨机,具有工作边对中、保压推凸、保压正火等功能,焊接质量满足钢轨焊接要求。其主要技术水平和性能指标达到或优于国外 K922、AMS60 等闪光焊作业车的水平,尤其适合高原铁路钢轨焊接作业。该车配有焊接 50 kg/m、60 kg/m、75 kg/m 钢轨专用夹具,可根据需要更换夹具,实现不同轨型的单元焊、锁定焊、合拢锁定焊作业。该车既能进行新线、客运专线的钢轨焊接,又能在既有线的天窗内实现全天候焊接作业,是适应我国铁路建设工程实际,能够满足工地焊轨质量标准,高效、经济的成套现代焊轨装备。移动式气压焊轨车主要类型有 YHGQ-1200 型等，如图 5-13 所示。

图 5-13　YHGQ-1200 型移动式气压焊轨车

9. 打磨车

打磨车能进行各类线路、道岔的连续打磨作业。其作业精度能够满足铁路线路的技术要求，具有世界同类产品先进水平的作业效率。整车的电气、液压、气动、制动、动力传动和水系均由主控计算机进行监控，作业和运行操作在执行计算机的显示屏上进行。打磨砂轮由电机驱动，具有很好的防火和经济维修性能。为了适应城市近郊线路的作业要求，先进打磨车配有功能齐全的消防、喷洒水系统；每个打磨小车均配有一个用于收集打磨粉尘的集尘装置；整车配有线路纵平测量小车，用于作业前、后线路的纵平精度测量。随车还配有手动式线路横向轮廓测量仪。钢轨打磨一般是指消除钢轨周期性和非周期性短波不平顺而进行的作业。铁路轨道平顺性是能否实现高速行车的关键，钢轨打磨也就显得格外重要。由于钢轨的打磨具有显著的社会效益和经济效益，在新线交付验收时对轨面进行保养性打磨的，特别是高速铁路，列车高速运行对轨面不平顺特别敏感，因而在高速铁路开通前都要进行钢轨打磨。打磨车分为线路打磨车和道岔打磨车两种，线路打磨车主要类型有 GMC-48 型、GMC-96 型等。GMC-96 型线路打磨车如图 5-14 所示。道岔打磨车主要类型有 CMC-16 型等，如图 5-15 所示。

图 5-14　GMC-96 型线路打磨车

图 5-15　CMC-16 型道岔打磨车

10. 钢轨铣磨车

钢轨铣磨车采用圆周铣削技术，通过计算机系统控制，对钢轨进行仿形铣磨，一遍通过即可达到要求的作业效果，其作用是在完全清除轨面各种缺陷及病害的前提下，提高钢轨使用寿命；提高钢轨纵向平顺性和横断面轮廓质量（减少钢轨磨耗，改善轮轨接触几何状态，减少轮轨相对磨耗）；降低钢轨维修成本和再利用成本；降低运行噪声；提高路网运行安全和运营效率。钢轨铣磨车具有作业精度高、作业效果好、作业限制少、整备时间短、环境影响小、作业成本低等特点。钢轨铣磨车在铁路维护方面各有优势，具有很强的互补性。在预防性轨形修整、处理病害较轻的钢轨、线路内侧轨形修整、特殊钢轨轮廓打磨方面，钢轨打磨车有作业效率高、打磨灵活的特点；在钢轨维护性轮廓修复、处理病害较重的钢轨，铣磨车具有较高优势，作业效率也较高，同时作业过程具有环保、火花飞溅少，利于防护的优点。钢轨铣磨车主要类型有 XM-1800 型等，如图 5-16 所示。

图 5-16　XM-1800 型钢轨铣磨车

11. GCX-1000 型轨道除雪车

轨道除雪车用于清扫线路轨道表面积雪，保证铁路列车尤其是高速列车正常运行，该车关键技术拥有完全自主知识产权。作业线路最大超高 180 mm，作业环境条件最大海拔高度 2 000 m，能在夜间和寒冷天气条件下工作，积雪密度≤250 kg/m^3 时，最大除雪量可达

10 000 m^3/h，作业速度 0~55 km/h。轨道除雪车还可作为轨道牵引车用，平直线路条件下，牵引 240 t 货物时的最高自行速度可达 120 km/h。研制中，突破了复杂表面的除雪技术、应答器位置处的吹雪技术、低温冷启动关键技术，解决了提高轨道除雪车的利用效率和牵引能力问题。轨道除雪车主要类型有 GCX-1000 型等，如图 5-17 所示。

图 5-17　GCX-1000 型轨道除雪车

二、小型养路机械

1. 液压捣固机

液压捣固机利用柴油机或汽油机作动力，用双导柱框架、单缸升降方式。加大镐掌下插深度，并采用增加导柱行程限位装置等方法进行捣固作业。该机既适用于不同型号钢轨及混凝土轨枕线路大、中修清筛作业后的捣固作业；又适用于新建线路有砟轨道的捣固作业。该机性能优越、结构合理、安全可靠、作业效率高，完全满足了铁路线路道砟捣固作业的需要。按照动力类型分为柴油机、汽油机两种类型；按照使用位置分为线路和道岔两种类型，如图 5-18 所示。

（a）线路

（b）道岔

图 5-18　线路、道岔液压捣固机

2. 内燃捣固镐

内燃捣固镐是适用于铁路道床养护的一种小型养路机械，按振动方式分为冲击式和振动式，主要用于铁路道床石砟和其他颗粒状物料的捣固作业。它既没有冗长的电缆线，也没有笨重的软轴，设计新颖、结构合理、紧凑、使用方便。内燃捣固镐是一种上下道迅速、操作灵巧轻便的捣固设备，特别适合线路、道岔捣固作业，主要类型有冲击式威克镐、眼镜蛇捣固镐、ND-5 型内燃捣固镐等，如图 5-19 所示。

（a）冲击式威克镐　（b）眼镜蛇捣固镐　（c）ND-5型内燃捣固镐

图 5-19　内燃捣固镐

3. 内燃螺栓扳手

内燃螺栓扳手适用于铁路线路轨枕螺栓螺母的旋松和紧固作业。本机采用本田二冲程、四冲程汽油机，稀油润滑的齿轮减速箱，使用寿命长；汽油机直接驱动减速箱输入轴，通过减速箱减速并传递给换向机构，换向花键轴带动齿轮减速并同时传递给两套牙嵌式弹簧离合结构，经过输出花键轴将恒定扭矩传递给螺母套筒，实现扣件螺母（或螺钉）的拧紧或松开。内燃螺栓扳手主要类型有双头、单头等，如图 5-20 所示。

（a）双头螺栓扳手　（b）单头螺栓扳手

图 5-20　内燃螺栓扳手

4. 内燃锯轨机

内燃锯轨机适用于切割 43～75 kg/m 钢轨，其结构简单、重量轻、切割速度快、安全、便于移动，是铁路工务维修、线路大修、线路抢修中钢轨切割的理想工具。它适用于铁路的铺设、线路的维修、无缝线路铺设、断轨修复，特别是没有电源的地段和区间的锯轨作业，内燃锯轨机主要类型有 K1260 型、K1270 型、NQG-5 型、NQG-5Ⅱ型、NQG-6.5 型等。内燃锯轨机如图 5-21 所示。

5. 内燃钢轨钻孔机

内燃钢轨钻孔机结构紧凑、简单、轻便，适合无电源地段和区间钢轨钻孔作业，以小型

图 5-21　内燃锯轨机

汽油机为动力，经过专用减速器减速，带动钻杆旋转。夹轨装置具有自锁功能，定位准确、钻孔精度高。钻头采用空心钻头，钻孔时具有自动给水功能，是工务部门维修、抢修及大修作业必备工具。内燃钢轨钻孔机主要类型有 NZG-31 型、NZG-32 型等，内燃钻孔机如图 5-22 所示。

图 5-22　内燃钻孔机

6. 高精度打磨机

高精度打磨机用来打磨钢轨的轨头和焊缝及外形整修，包括轨角和侧面，其特点是打磨精度高，效率快，由电子控制器控制砂轮下降量，同时具备锁定装置，可以有效地防止打磨过量现象，提高了打磨效率。高精度打磨机主要类型有 NMG-4.9 等。高精度打磨机如图 5-23 所示。

三、轨 道 车

轨道车是用于铁路建设、设备修理、抢险和检查等工作的主要运输设备，经常承担路料运输、运送职工和机具及执行调车作业等任务。轨道车的型号由轨道车名称代号、结构特点代号和主要参数等三部分组成。轨道车的型号编制规定如下：

图 5-23　高精度打磨机

(1)轨道车和轨道平车名称代号用每个字的汉语拼音第一个字母大写表示。如重型轨道车用 GC 表示,起重轨道车用 QGC 表示,轨道平车用 PC 表示,起重轨道平车用 QPC 表示。

(2)轨道车结构特点代号指轨道车传动方式代号,其中,机械传动不标号,液力传动用字母 Y 表示,电传动用字母 D 表示。

(3)轨道车的主要参数是发动机的额定功率。起重轨道车的主要参数是最大起重量,轨道平车的主要参数是载重量。

(4)当轨道车的结构有重大改进时,轨道车的型号须在后面增加改进代号。改进代号按改进次数顺序依次采用罗马数字Ⅰ、Ⅱ、Ⅲ等表示。

例如,功率为 220 kW、经第二次改进的机械传动重型轨道车型号为 GC220Ⅱ;功率为 450 kW 的液力传动重型轨道车型号为 GCY-450,如图 5-24 所示。功率为 1 000 kW 的机械电传动重型轨道车型号为 GCD1000;起重量为 16 t 的起重轨道车型号为 QGC16;载重量为 30 t 的轨道平车型号为 PC30;载重量为 30 t 的收轨平车型号为 SPC30;载重量为 30 t 的起重轨道平车型号为 QPC30。

图 5-24　GCY-450 轨道车

四、小　车

小车是指轨道检查仪、钢轨探伤仪、单轨小车、吊轨小车等,如图 5-25 所示。

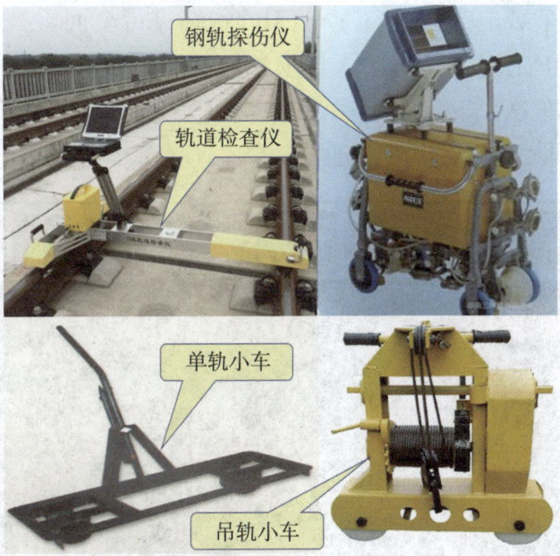

图 5-25　小车

第二节　基本要求

(1)工务轨道车、大型养路机械(以下简称工务机械车)须配备轨道车运行控制设备GYK(含 BTM、GMC)、列车无线调度通信设备(含机车综合无线通信设备 CIR、无线列调机车电台)、列车无线调度手持通信设备[含无线列调对讲设备、GSM-R 手持终端(图 5-26)]、轴温监测装置、作业视频安全监控装置等行车安全设备,并应配备起复设备、防溜器具、轴温监测装置、灭火器具等[1-3]。

图 5-26　GSM-R 手持终端

（2）每日开车前，对车载电务设备（GYK、CIR）状态进行全面检查、试验，确认状态完好，如图 5-27 所示 GYK 界面；正副驾驶共同输入各项参数并进行复核；正确选定 CIR 设备的运行线路、通信模式，注册列车车次；将 GSM-R 手持终端联系号码报告列车调度员（车站值班员）；相关人员间应相互通报联系方式并进行通话试验。GYK、CIR 状态不良时严禁上线运行。

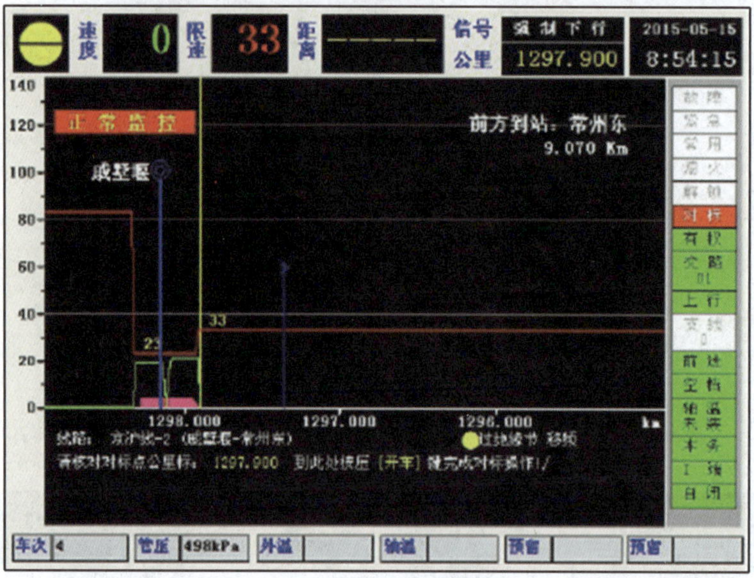

图 5-27　GYK 界面

出乘前准备工作：司机应按规定开启行车安全设备，核对 GYK 基本数据版本信息，并检查确认状态良好；正副驾驶共同输入运行揭示等各项参数并复核确认无误；按规定进行制动机性能试验，确认仪表显示正常、制动主管处于贯通状态、制动系统风压符合规定；检查确认走行传动系统、悬挂部件状态良好；检查确认车辆连挂及各作业机构复位、锁定状态符合要求；车上人员及车下周围人员安全；物料、工机具装载加固良好。动车前按规定撤除防溜、防护设施。出车前检查如图 5-28 所示。

图 5-28　出车前检查

每日收车后，应对工务机械车进行检查保养，并按相关规定转储运行数据、及时分析[4-6]。

(3)工务机械车调车、运行时，司机应严格执行“十六字令”，做到“彻底瞭望、确认信号、准确呼唤、手比眼看”，如图 5-29 所示。连挂运行时，由第一位车担当本务机；多机驱动时，应确保各机械车操纵同步；遇有降雾、暴风雨(雪)、扬沙等恶劣天气时，须开启前照灯，应降低速度运行[6-9]。

图 5-29　十六字令

工务机械车应凭调度命令进出封锁区间。调度命令下达后，司机应对其进行核对。进出封锁区间前，司机应与车站值班员(列车调度员)联系，确认行车凭证、进路无误后，并与现场作业负责人联控后方准开车[10,11]。

严禁关闭或变相关闭 GYK 运行。当 GYK 发生故障时，工务机械车司机应及时报告车站值班员(列车调度员)，在《轨道作业车工作日志》上填写记录；同时，根据实际情况掌握运行速度，在自动闭塞区间，以不超过 20 km/h 速度运行至前方站停车处理[6,12,13]。

GYK 变相关闭是指人为原因造成 GYK 不能对工务机械车实时运行控制，如：未正确设置 GYK 监控模式、未对监控装置输入限制条件、未正确输入作业公里标、关闭放风阀等。

(4)工务机械车行驶在长大下坡道时(按照《铁路技术管理规程(普速铁路部分)》第 274 条之规定“长大下坡道”是指线路坡度超过 6‰，长度为 8 km 及以上；线路坡度超过 12‰，长度为 5 km 及以上；线路坡度超过 20‰，长度为 2 km 及以上)，应适时使用制动机，防止超速及放飏，并不得关闭发动机，机械传动轨道作业车不得空挡运行。工务机械车在站内停车待避时，应采取保压制动；发动机熄火等待时，应按规定设置防溜，值乘司机不得同时离车。待避时间较短时，发动机不得熄火，采用保压制动，以便于随时启动运行。待避时间较长时，可以使发动机熄火，但应设置有效的防溜措施，包括驻车制动、放置铁鞋等，并至少要留 1 人在车上，以便与车站保持联系，随时做好运行准备[6,14-17]。

工务机械车在车站或施工车辆停留线停留时，应采取防溜措施，进行驻车制动，设置止轮器并加锁，如图 5-30 所示。夜间车组两端以双面红色信号灯光防护，并派人值守。轨道作业车停站过夜期间，原则上不得安排转线作业。发现工务机械车制动、走行及与安全有关的总成、部件有故障时,应停止运行或作业。作业负责人应及时通知列车调度员(车站值班员),并采取应急措施[18-21]。

图 5-30 设置止轮器

(5)工务机械车检修需到车顶上部检查、保养时,应将车辆调至无电区或通知供电部门停电配合。工务机械车需分解作业时,应明确分解地点、各自作业范围、连挂时间及地点,区间分解作业如图 5-31 所示。工务机械车分解、连挂地点应选择在平直线路上或坡度和曲线超高较小的地段,不得顺坡连挂,连挂作业应统一指挥[22-26]。

图 5-31 区间分解作业

第三节 养路机械及轨道车

一、大型养路机械

1. 普速铁路大型养路机械作业的安全要求

(1)大型养路机械作业前,车组负责人应掌握施工地段的线路设备状态,作业前对车组人员进行有针对性的安全教育[27],班前安全教育如图 5-32 所示。

图 5-32 班前安全教育

(2)大型养路机械编组挂运或进行施工作业时,必须指派一名负责人统一指挥,并遵守以下安全要求:

①各机械车连挂运行前,应确认其牵引辆数不应超出大型养路机械技术性能允许的能力,并尽量将功率大、轴距大或较重的机械编排在前部[28]。

②各机械车按规定排列顺序解体作业时,必须保持不小于10 m的安全间距。各工作装置放下或收起必须准确到位;清筛机、配砟车、路基处理车及物料运输车在收放工作装置时,应选择线路比较平直的地段进行,在多线地段要与防护员联系,当确认邻线无列车通过时方准收起和放下工作装置。双线区段邻线未封锁,且线间距不足4.2 m时,配砟整形车靠邻线一侧的犁板严禁作业;线间距不足4.9 m时,边坡清筛机在两线间的工作装置不得作业[28,29]。

③大型养路机械停止自轮运行无动力回送时,须编挂在列车尾部,自动制动机须状态良好,按路用车办理。对有走行分动箱的捣固车、稳定车等机械,编挂列车前需拆除传动轴。严禁大型养路机械溜放、通过驼峰和作为动力对货物列车进行调车作业[28]。

④列车运行时,押车人员一律在驾驶室内并要关好车门,身体不得探出车外。一旦发现走行系统有异常或制动缓解不良时,应立即用无线通信设备通知押车负责人,以便采取应急措施。在电气化铁路区段,押车人员不得登上车顶或在拖车装载物上站立,停车检查时应避免与接触网支柱及其附近金属结构物接触,同时注意邻线车辆[28,30]。

(3)大型养路机械在施工作业中的安全要求

①大型养路机械驶入施工封锁地段,必须严格遵守本章第五节中的第一条普速铁路施工列车运行及作业安全要求中第3项相关安全要求[31]。

②各机械车在封锁区段独自运行时,续行间隔不得小于300 m,速度不得超过40 km/h,并应做好随时停车的准备[31]。

③清筛机、物料车、路基处理车、配砟车在作业中应安排专人防护,防止工作装置刮碰接触网立柱、信号机等设施[32]。避开信号机等障碍如图5-33所示。

④捣固车捣固作业结束前,应在作业终点划上标记,并以此开始按《普速铁路线路修理规则》规定的坡度递减顺坡,达到安全放行列车的要求。一般情况下不在圆曲线上顺坡,严

图 5-33　避开信号机等障碍

禁在缓和曲线上顺坡结束作业。线路道床严重缺砟、镐头一次下插不能进入枕底面以下的板结地段应禁止使用大型养路机械进行捣固作业，道床翻浆冒泥地段不宜进行捣固作业。捣固车在圬工桥面作业时，必须事先拆除影响捣固作业的护轨，测定轨枕底下道砟厚度，如厚度不足 150 mm 时，严禁进行捣固作业[31]。拆除影响捣固作业的桥梁护轨如图 5-34 所示。

图 5-34　拆除影响捣固作业桥梁护轨

⑤在技术状态不良的桥梁上或在线路几何状态严重不良地段，不应进行动力稳定作业。桥梁上的动力稳定作业应严格控制，必须在桥梁上进行作业时，应制定安全措施，随时观测桥梁状态，遇异常时，及时停止稳定作业。桥上进行动力稳定作业，稳定装置应尽可能在桥台外或桥墩处起振、停振，应根据道床情况采用合适的参数作业[31]。

（4）大型养路机械车顶两端应安装黄色警示灯，运行和作业时应开启警示灯。在夜间施工作业时，大型养路机械及施工现场应有充足的照明[33]。

在线间距不足 6.5 m 地段进行清筛、成段更换钢轨及轨枕、成组更换道岔作业时，邻线列车应限速 160 km/h 及以下，按规定进行防护。施工单位在提报施工计划时，应提出邻线限速的条件[34]。

2. 高速铁路大型养路机械作业的安全要求

（1）大型养路机械作业前，作业负责人应掌握施工作业地段的线路设备状态，制订相应的安全措施及注意事项，对机组人员进行有针对性的安全教育[35]。

（2）大型养路机械编组挂运或作业时，应指派一名负责人统一领导，全面指挥，并遵守以下安全要求[36]：

①各机械车连挂运行前，应连接好风管，试风试闸，锁定工作装置，确认正常后方准运行，其牵引辆数不应超出大型养路机械技术性能允许的能力，并尽量将功率大、轴距大或较重的机械编排在前部。

②大型养路机械作业时，各车之间应保持 10 m 以上的安全间距，各工作装置放下或收起应准确到位，安排专人确认；打磨车宜在线路比较平直的地段进行收放工作装置，打磨车、清筛机、配砟整形车及物料运输车在收放工作装置时，在多线地段应与现场防护员联系，当确认邻线无列车通过时方准收起和放下工作装置。双线区段邻线未封锁，且线间距不足 4. 2 m 时，配砟整形车靠邻线一侧的侧犁禁止作业；线间距不足 4. 9 m 时，边坡清筛机在两线间的工作装置不得作业[29]。

（3）大型养路机械作业中的安全要求[37]

①大型养路机械多车进出封锁地段应连挂运行，并在指定地点分解和连挂。

②各机械车在封锁区段分解后，如需独自运行时，续行间隔不得小于 300 m，速度不得超过 40 km/h，各车之间应保持通信畅通，并应做好随时停车的准备。

③大型养路机械作业前应通知电务、供电、车辆等单位配合拆移相关设备，作业中应安排专人防护，防止工作装置刮碰接触网立柱、信号机等设施。

④桥上道砟厚度不足 150 mm 时，严禁捣固车捣固作业。

⑤桥梁上进行稳定作业时，稳定装置应在桥台外或桥墩处起振、停振，应根据道床情况采用合适的作业参数。桥梁状态不良时，严禁进行稳定作业。

⑥钢轨打磨列车作业停留时，应及时对钢轨打磨列车进行除渣工作，同时清理洒落在轨面和轨道上的残留物，过道岔时应确认道岔内无磨屑块掉落。道岔打磨车作业结束后，应及时清除滑床板上的残留物。打磨列车道岔打磨作业如图 5-35 所示。

图 5-35　打磨列车道岔打磨作业

⑦大型养路机械到达作业地点，在放下工作装置并开始作业前，应关闭 GYK 大机防溜

功能。作业结束收起工作装置后,应立即开启大机防溜功能。

二、小型养路机械

1. 普速铁路小型养路机械作业的安全要求

(1)凡上道使用涉及行车安全的小型养路机械,必须经过铁路产品认证。小型养路机械、机具及防护设备应专管专用,加强日常检修和定期检查,经常保持良好状态。未设置安全装置、未经产品认证和状态不良,严禁上道使用[38]。

(2)各种小型养路机械的操作人员,必须经技术业务培训并考试合格取得铁路岗位培训合格证书和按规定取得相应职业资格证后方可上岗[39]。

(3)结束作业时,下道后的小型养路机械必须放置稳固,不准侵入建筑限界,采取防溜措施,并加锁固定。下道架不得向线路方向倾斜[40]。

2. 高速铁路小型养路机械作业的安全要求

(1)凡上道使用涉及行车安全的小型养路机械,应经过铁路产品认证,并在天窗点内使用。小型养路机械、机具应专管专用,专人负责上道登记和下道清点。未设置安全装置、未经产品认证或状态不良、未贴加反光标记的,严禁上道使用[41]。工机具贴反光标识如图 5-36 所示。

图 5-36 工机具贴反光标识

(2)小型养路机械、机具作业中如发生故障,应停机下道进行检修。采用成组机械作业时,应由作业负责人统一指挥送、断电工作[42]。

三、轨 道 车

普速铁路和高速铁路对轨道车共性安全要求。

(1)运送散件物料的平车应有侧板和端板,插销、锁件应齐全有效,散件物料应放入牢固的包装箱(袋)并加固锁定[43-45],平车各部件齐全如图 5-37 所示。

(2)轨道车作业前应明确分解地点、各自作业范围、连挂时间及地点[46]。

图 5-37 平车各部件齐全

(3)轨道车运用应遵守以下安全要求[47-49]:

①电气化区段任何人员及其所携带的物体与接触网设备的带电部分必须保持 2 m 以上的距离。

②装卸钢轨、轨枕时,应避开接触网支柱、接线及线路标志、电务、供电设备等。

③电气化区段起重轨道车、起重轨道平车必须安装使用起重机构高度和水平限位装置,并保持状态完好。

④使用伸缩式随车吊装卸车,车辆需要越过接触网立柱、信号机柱等设备设施移动时,随车吊需恢复到原位。

⑤起重装卸作业应指派胜任人员担任现场指挥,指定专人负责防护。

第四节 轻型车辆及小车

轻型车辆是指由随乘人员能随时撤出线路外的轻型轨道车及其他非机动轻型车辆。小车是指轨道检查仪、钢轨探伤仪、单轨小车、吊轨小车等[50]。

一、车辆的使用要求

(1)轻型车辆仅限昼间封锁施工维修作业时使用,不按列车办理;在夜间或遇降雾、暴风雨雪时,仅限于消除线路故障或执行特殊任务时使用,但应按列车办理,此时轻型车辆必须有照明及停车信号装置。小车不按列车办理。轨道检查仪、钢轨探伤仪(双轨探伤仪除外)等能随时撤出线路的便携检查设备夜间必须在封锁线路的情况下使用,昼间可跟随列车后面推行,但在 160 km/h 及以上的线路禁止利用列车间隔使用。单轨小车、吊轨小车、双轨探伤仪、推运工机料具的小平车应在封锁线路的情况下使用。在双线地段,单轨小车应在外股钢轨上推行[50-52]。

(2)使用轻型车辆时,必须取得车站值班员对使用时间的承认,并填发轻型车辆使用书,见表 5-1;如果在区间用电话联系时,双方应分别填写。凡使用轻型车辆,必须保证在承认使用时间内将其撤出线路。使用小车时,施工负责人应了解列车运行情况,按规定设置防护,并保证能在列车到达前撤出线路[53,54]。

表 5-1　轻型车辆使用书

使用日期	车种	使用区间	上下行别	起讫时间	使用目的	负责人	承认号码	承认站车站值班员
月 日		自　　站 公里 至　　站 公里		自　时　分 至　时　分				
注意事项								

注:(1)规格为 88 mm×125 mm;
(2)一式两份,负责人及承认站车站值班员各存一份。

(3)轻型轨道车每年必须全面检修一次,按规定进行车轴探伤。经工务段验收,颁发合格证后,方可使用[55]。

(4)轻型轨道车连挂拖车不得超过 2 辆,且不得推进运行,并不得与重型轨道车连挂运行。轻型轨道车搭乘人员限乘 6 人(包括司机、助手),拖车每辆限乘 10 人,并应安装栏杆或扶手[51,56]。

(5)进出站时,轻型车辆应降低运行速度。轻型轨道车过岔速度不得超过 15 km/h,区间运行速度不得超过 45 km/h。遇降雾、暴风雨(雪)、扬沙时,轻型车辆应降低运行速度。轻型车辆在长大隧道、桥梁及线路平、纵断面复杂区间的使用办法,由铁路局集团公司规定。轻型车辆及小车应放置在固定的安全地点并加锁,如图 5-38 所示。使用前应进行检查,确认状态良好时方可使用[51,57]。

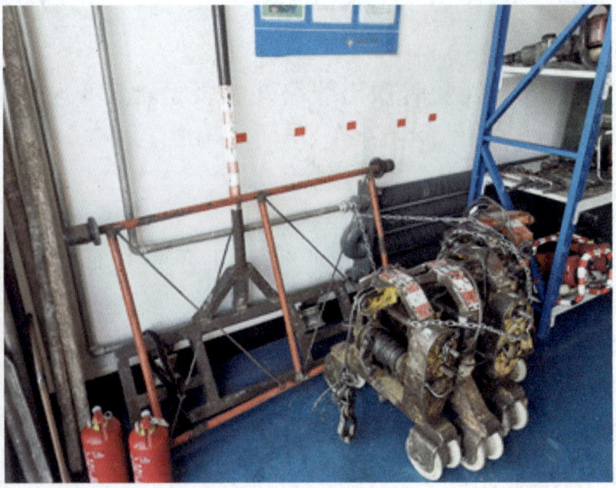

图 5-38　小车加锁

二、使用轻型车辆时应具备的条件[58,59]

(1)有使用单位指定的负责人和防护人员。

(2)有足够的人员,能随时将轻型车辆撤出线路以外。

(3)备有列车无线调度电话等通信设备及防护信号、列车运行时刻表、钟表。

(4)轻型车辆应有制动装置(其他非机动轻型车辆根据需要安装),并持有年检合格证。牵引拖车时,连挂处应使用自锁插销,拖车必须有专人负责制动。

(5)在有轨道电路的线路或道岔上运行时,应设置绝缘车轴或绝缘垫。

三、区间使用轻型车辆的防护办法[60,61]

利用列车间隔在区间使用轻型车辆及小车时,应在车站登记,并设置驻站联络员,按下列规定防护:

(1)轻型车辆运行中,须显示停车手信号,并注意瞭望。

(2)在线路上人力推行小车时,应派防护人员在小车前后方向,按线路最大速度等级的列车紧急制动距离位置显示停车手信号,随车移动,如瞭望条件不良,应增设中间防护人员。

(3)在双线地段遇有邻线来车时,应暂时收回停车手信号,待列车过后再行显示。

(4)轻型车辆遇特殊情况不能在承认的时间内撤出线路,或小车不能立即撤出线路时,在车辆或小车前后方向按线路最大速度等级规定的列车紧急制动距离位置以停车手信号防护,自动闭塞区段还应使用短路铜线短路轨道电路。在设置防护的同时,应立即使用列车无线调度通信设备报告车站值班员或通知列车司机紧急停车。

(5)小车跟随列车后面推行时,应与列车尾部保持大于 500 m 的距离。

在车站内除到发线外站线使用装载较重的单轨小车及人力推运的轻型车辆时,采用停车手信号随车移动进行防护。

第五节　施工列车及工程机械

一、普速铁路施工列车运行及作业的安全要求

1. 长轨列车运行的安全要求[62]

(1)长轨列车固定编组,运行按专列办理,如有附挂车辆应挂在尾部。长轨列车不得溜放和通过驼峰线。

(2)重车情况下,在经过 300~500 m 半径曲线时,限速 45 km/h,在经过 300 m 以下半径曲线或侧向通过 9 号及以下道岔时,限速 25 km/h。如在连续同向曲线间运行,应注意内外侧钢轨是否前后串动,视情况适当降速。在不危及本列安全的情况下,禁止使用紧急制动,一旦使用紧急制动,应在前方车站停车,随车人员要对长轨列车状态和长轨装载状态进

行全面检查确认。

长轨列车收轨速度不宜超过 5 km/h,卸轨速度不超过 15 km/h。

(3)长轨装车时,轨端应平齐,伸出承轨横梁 0.5~1.0 m(山区铁路 2.0~2.5 m),短轨不得装在外侧。长轨未加固、锁定,不得开车。长轨运输如图 5-39 所示。

图 5-39　长轨运输

2. 龙门架车及轨排车运行的安全要求[63]

(1)龙门架车及轨排车,运行应按超限货物运输的有关规定办理,区间运行速度由铁路局集团公司视线路条件决定,通过半径 300 m 以下的曲线及全穿式或半穿式桥梁或隧道,均应限速 25 km/h。轨排运输车如图 5-40 所示。

图 5-40　轨排运输车

(2)运用前,应调查运行区段内的建筑限界,并采取安全措施。双线地段施工,邻线来车应及时放下工作台踏板,并暂时停止工作。

(3)龙门架车不能进入站台高度大于 0.3 m 的股道。

(4)木枕轨排应捆绑牢固,以防运行中滑动。

(5)轨排车运行时,必须指派对安全行车和故障处理有经验的人员押运。

(6)押运员应备有压机、撬棍、铁线、手搬葫芦等工具。

(7)运行前应由施工队长或施工负责人、工长、对轨排锁闭捆绑情况进行全面检查合格后,方可通知开车。

(8)押运员应携带无线通信设备。运行时,押运员应加强瞭望,发现危及安全的问题,应立即通知司机停车处理;车站停车时,同时检查两侧轨排装载情况,发现问题及时处理。

3. 施工列车进入区间封锁施工地段的安全要求[64]

(1)施工列车进入封锁区间的行车凭证为调度命令(包括列车车次、停车地点、到达车站的时刻,需限速运行时在命令中一并注明),施工列车在封锁区间内作业,不得超过调度命令准许的时间。

(2)施工列车进入施工地段时,应在现场防护员显示的停车手信号前停车,根据施工负责人的要求按照调车办法进入指定地点。

(3)施工列车在封锁区间内停车,装卸作业完毕后,装卸负责人应认真检查装卸货物的装载、堆码状态,确认线路状态良好,卸下的材料及机具等设备堆码稳固无侵入建筑限界,车门已关好,列车无异状,方可通知司机开车。

(4)向施工封锁区间开行施工列车,一般每端只准许进入一列,如遇特殊情况需超过时,应按所在铁路局集团公司规定的运行办法执行。

(5)在封锁区间内对分解后停放车辆的每一工作地点,必须按规定设置停车信号,无动力车列必须设置防溜设施。防溜铁鞋、枕木如图5-41所示。

(a)防溜铁鞋　　(b)防溜枕木

图5-41　防溜铁鞋、枕木

(6)自动闭塞区段,施工封锁前通过施工地点的最后一趟列车前进方向为不大于6‰的上坡道时,施工负责人可向列车调度员申请安排施工路用列车跟踪该次列车进入区间,在调度命令中注明该次列车通过施工地点后即可开工,列车到达前方站后,再封锁区间。上述命令应抄交司机,该列车不得后退。

4. 大修列车作业应遵守以下安全要求[65]

(1)大修列车运行由机车牵引,作业时自行。

(2)在电气化铁路进行换轨、换枕作业时接触网必须停电。

(3)施工封锁后,大修列车机组进入当日作业地段前,作业地段拆除轨枕扣件不得连续超过 8 根。

(4)大修列车只进行换轨作业时,可不编挂轨枕运输车(包括龙门吊车),并且换枕机构停止作业。

5. 路基处理车作业应遵守以下安全要求[66]

(1)路基处理车复线地段施工,线间距不得小于 4.3 m,不足 4.3 m 时,必须提前采取拨道等措施满足作业要求,作业时邻线限速 45 km/h,挖掘和夯实装置严禁侵入邻线建筑限界。线间距小于 5 m 时,切入、切出作业必须在邻线封锁的条件下进行。

(2)切入、切出地段,轨枕外侧 1.7 m 范围内不得有障碍物。

(3)在电气化铁路作业,接触网必须停电。

二、高速铁路路用列车运行及作业的安全要求

1. 长钢轨列车运行应遵守以下安全要求[67]

(1)长钢轨列车如有附挂车辆应挂在尾部。

(2)重车情况下,在经过 300~500 m 曲线半径时,限速 45 km/h,在经过 300 m 以下曲线半径或侧向通过 9 号及以下道岔时,限速 25 km/h。如在连续同向曲线间运行,应注意内外侧钢轨是否前后串动,视情况适当降速。

卸长钢轨时运行速度不应超过 15 km/h、收长钢轨时运行速度不应超过 5 km/h。

(3)长钢轨装车时,轨端应平齐,伸出承轨横梁 0.5~1.0 m,短轨不得装在外侧。长轨未加固、锁定,不得开车。

2. 路用列车进入区间封锁施工地段的安全要求[68]

(1)进出封锁区间应按调度命令执行。

(2)施工单位应指派胜任人员携带列车无线调度通信设备值乘,并在区间协助司机作业。路用列车或施工机械进入施工地段时,应在防护人员显示的停车手信号前停车,再根据施工负责人的要求,按调车办法,进入指定地点。显示停车手信号防护如图 5-42 所示。

图 5-42　显示停车手信号防护

(3)在区间推进运行时,必须安装简易紧急制动阀,施工单位指定胜任人员登乘列车前端,认真瞭望,及时与司机联系,必要时使用简易紧急制动阀停车或通知司机停车。

(4)同一封锁区间原则上每端只开行一列路用列车,如超过时,其安全措施及运行办法由铁路局集团公司规定。有多台作业车进入同一区间时,作业车辆应组成综合作业车列合并运行,共用一个调度命令进入区间、返回车站或到达前方站。作业车及车列由车站开往区间后,由主体作业单位统一组织协调,划分各列作业车的作业范围及分界点。各作业单位必须严格按规定分别设置防护。

(5)区间内摘开作业时,施工负责人必须指派专人显示调车手信号,在来车方向距离停止车组不少于50 m处设置防护信号,移动车组以不超过20 km/h的速度运行至防护信号前停车。

(6)机组连挂时,应在被挂车10 m前停车一次,并在2 m处一度停车,按照显示调车手信号进行连挂作业。连挂后应先试拉才能连接风管,并打开折角塞门。不宜重车挂轻车、多车挂少车,禁止两个车同时挂一个车。

(7)路用列车在封锁区间内停车或装卸、作业完毕后,作业负责人应认真检查,确认线路状态良好,车辆不偏载,卸下的材料及机具等设备堆码稳固未侵入限界,车门已关好,工作装置锁定良好,列车无异状后方准动车。

(8)在封锁区间内停留车辆的司机不得离岗。

(9)路用列车需由封锁区间返回站内时,司机需得到列车调度员(车站控制时为车站值班员)的同意后,方可进站。

(10)施工作业完毕,施工单位驻调度所(驻站)联络员应确认施工作业车全部返回车站后,方可申请办理开通。

三、普速铁路和高速铁路工程机械作业的共性安全要求

(1)挖掘机、装载机、推土机等大型工程机械在铁路安全保护区内进行有碍行车安全的施工时,应经电务、通信等部门对电缆埋设位置的确认,且派人现场配合[69,70]。

(2)大型工程机械在铁路安全保护区内进行有碍行车安全的施工时应按一机一人设置专人防护,列车接近前应停止作业。对大型高耸机械设备设施,应采取可靠的防倾覆侵限措施。停工时机械停放安全地点后,防护员方准离开现场[71-73]。

典型案例5-1

配砟整形车施工中刮碰接触网支柱

1. 概　　况

某铁路局集团公司在某重载铁路线进行大机清筛、大机捣固作业,配砟车放下左侧侧犁进行整形作业时,未及时收回侧犁,把接触网杆撞断,接触网杆倾入邻线。

2. 原因分析

配砟车司机在作业中未认真进行瞭望，没有确认地面情况，不落实作业标准，违反遇地面有障碍物时应及时收回侧犁的规定。地面人员发现地面有障碍，通知司机后未得到应答，没有再次呼唤，撞断接触网杆。

该事故发生后，各铁路局集团公司为吸取事故教训，施工时在地面设置专人立花杆提示工务机械车司机，如图 5-43 所示，在清筛车侧面设置应急按钮，如地面提示无效时，按应急按钮，切断动力迫使机械停车。

图 5-43　设置专人立花杆防护

典型案例5-2

连挂违章作业事故

1. 概　　况

某铁路局集团公司某单位根据施工计划在某线进行运卸轨、大机捣固、拉焊轨、散料施工。两台捣固车线路捣固作业完毕，区间返回准备与轨道车组进行连挂后返回车站，与在区间停留的轨道车组相撞，造成捣固车第 4、5 位车轮脱线，影响正线行车 4 h 27 min。

2. 原因分析

(1)大机捣固车操纵机班，在未与施工负责人联系清楚、不明确区间停留的轨道车的准确位置的情况下，违反了各机械车在封锁区间独自运行时，续行间隔不得小于 300 m，速度不得超过 40 km/h 的规定，实际捣固车在 1 km 运行距离内最高速度达 45 km/h，已超速运行，是造成大机捣固车与区间停留的工务轨道车相撞脱轨事故的主要原因。

(2)施工主体单位缺乏施工安全意识，没有认真落实施工安全协议相关规定，未指派人员登乘大机捣固作业车；另外轨道车到达连挂地点后，在轨道车负责人与大机捣固车负责人未直接取得联系的情况下(仅要求本段驻站联络员通知大机段驻站联络员)，只是在连挂方向的轨道车操纵平台上设置了防护红灯，未按安全协议规定设置停车防护牌，导致大机捣固车司机没有及时采取停车措施，也是造成相撞事故的主要原因之一。

典型案例5-3

大型养路机械挂运材料小车脱轨

1. 概　　况

某次货物列车运行途中，机后30位道岔捣固车DG17号（CDC-16型）材料小车脱线，构成铁路交通一般B类事故。

2. 原因分析

（1）脱轨地点为半径300 m的曲线和22.7‰的上坡线路，DG17号道岔捣固车编挂在列车尾部补机车前4位（均为重车），在机车通过分相绝缘后，后部机车大功率推进，加之材料车体自重轻，在后部机车大功率推进下，材料车第6轴悬浮，导致脱轨。

（2）设备管理单位在DG17号道岔捣固车编入列车前，依据某铁路局集团公司长大坡道特殊区段采用的前部一台本务机车牵引，后部两台机车推进即“前一后二”的牵引方式和加挂隔离车的要求，并将该运行方式向厂家进行了咨询和说明，征得了该公司的同意后，发出电报。编组虽符合长大坡道特殊区段的运输要求，但却忽视了“大型养路机械无动力回送或远距离转移施工地点时，应将其编挂在列车尾部”的规定。厂家售后服务中心接到的有关大机编挂的技术请求后，未认真核对CDC-16型捣固车有关技术资料和特殊区段的相关运行要求，做出了可以在捣固车后部加挂隔离车的错误答复；未查阅该公司随车出厂的操作安全总则和使用说明书，未对该型号结构的捣固车在列车中的编挂位置和特殊区段的运行方式提出要求和限制。

典型案例5-4

捣固机未及时下道被撞

1. 概　　况

某次货运列车运行至上行K171处（隧道内），剐蹭内燃捣固镐停车，构成铁路交通一般C类事故。

2. 原因分析

（1）工务段不执行审批方案，擅自改变作业计划，将本应为整理道床的作业项目改为清挖翻浆起道捣固。

（2）天窗点外从事点内作业项目，班长在赶往作业地点的途中擅自决定点外整治轨检车病害。

（3）现场防护员参与作业，将内燃捣固镐遗留在两线间钢轨外侧侵入限界，被通过的货运列车刮碰。

典型案例5-5

违章使用小车被撞

1. 概　况

某次客运列车运行至下行线 K225 处，与工务进行除草作业天窗点外违章上道推运材料的小车（内燃软轴捣固机底座改造）发生刮碰后停车，构成铁路交通一般 C 类事故。

2. 原因分析

工务段作业人员在下行线无计划且违章使用改装软轴捣固机走行架（小车）运送材料进行喷洒除草作业，任意将小车放置在线路上，造成旅客列车与小车发生碰撞并停车。

复习思考题

1. 工务机械车严格执行“十六字令”的内容是什么？
2. 工务机械车进出封锁区间是如何规定的？
3. 工务机械车站内停车待避应采取哪些安全措施？
4. 工务机械在车站或施工车辆停留线停留时应采取哪些安全措施？
5. 长大下坡道是如何界定的？
6. 大型养路机械在施工作业中，应有哪些安全注意事项？普速铁路和高速铁路分别阐述。
7. 对小型养路机械上道使用有哪些安全要求？普速铁路和高速铁路分别阐述。
8. 对小型养路机械操作人员有哪些安全要求？
9. 对小型养路机械作业结束后有哪些安全要求？小型养路机械作业中发生故障如何处理？
10. 轨道车运用应遵守哪些安全要求？
11. 使用轻型车辆及小车时，必须具备哪些条件？轻型车辆存放及使用前有哪些规定？
12. 利用列车间隔在区间使用轻型车辆及小车时，如何防护？
13. 长轨列车运行、装车时应遵守哪些安全要求？普速铁路和高速铁路分别阐述。
14. 施工列车（路用列车）进入区间封锁施工地段时，应遵守哪些安全要求？普速铁路和高速铁路分别阐述。
15. 大型工程机械在铁路安全保护区内进行有碍行车安全的施工时如何设置防护？普速铁路和高速铁路分别阐述。

引用规章文件

[1]《普速铁路工务安全规则》(铁总运〔2014〕272 号)第二章第 2.4.1 条
[2]《高速铁路工务安全规则(试行)》(铁总运〔2014〕170 号)第四章第 4.1.1 条
[3]《轨道作业车管理规则》(铁工电〔2021〕24 号)第三章第二十四条
[4]《普速铁路工务安全规则》(铁总运〔2014〕272 号)第二章第 2.4.2 条
[5]《高速铁路工务安全规则(试行)》(铁总运〔2014〕170 号)第四章第 4.1.2 条
[6]《轨道作业车管理规则》(铁工电〔2021〕24 号)第四章第五十二条
[7]《普速铁路工务安全规则》(铁总运〔2014〕272 号)第二章第 2.4.3 条
[8]《高速铁路工务安全规则(试行)》(铁总运〔2014〕170 号)第四章第 4.1.3 条
[9]《高速铁路工务安全规则(试行)》(铁总运〔2014〕170 号)第四章第 4.1.4 条
[10]《普速铁路工务安全规则》(铁总运〔2014〕272 号)第二章第 2.4.4 条
[11]《高速铁路工务安全规则(试行)》(铁总运〔2014〕170 号)第四章第 4.1.5 条
[12]《普速铁路工务安全规则》(铁总运〔2014〕272 号)第二章第 2.4.5 条
[13]《高速铁路工务安全规则(试行)》(铁总运〔2014〕170 号)第四章第 4.1.6 条
[14]《普速铁路工务安全规则》(铁总运〔2014〕272 号)第二章第 2.4.6 条
[15]《普速铁路工务安全规则》(铁总运〔2014〕272 号)第二章第 2.4.7 条
[16]《高速铁路工务安全规则(试行)》(铁总运〔2014〕170 号)第四章第 4.1.7 条
[17]《高速铁路工务安全规则(试行)》(铁总运〔2014〕170 号)第四章第 4.1.8 条
[18]《普速铁路工务安全规则》(铁总运〔2014〕272 号)第二章第 2.4.8 条
[19]《普速铁路工务安全规则》(铁总运〔2014〕272 号)第二章第 2.4.9 条
[20]《高速铁路工务安全规则(试行)》(铁总运〔2014〕170 号)第四章第 4.1.9 条
[21]《高速铁路工务安全规则(试行)》(铁总运〔2014〕170 号)第四章第 4.1.11 条
[22]《普速铁路工务安全规则》(铁总运〔2014〕272 号)第二章第 2.4.10 条
[23]《普速铁路工务安全规则》(铁总运〔2014〕272 号)第二章第 2.4.11 条
[24]《普速铁路工务安全规则》(铁总运〔2014〕272 号)第二章第 2.4.12 条
[25]《高速铁路工务安全规则(试行)》(铁总运〔2014〕170 号)第四章第 4.1.13 条
[26]《高速铁路工务安全规则(试行)》(铁总运〔2014〕170 号)第四章第 4.1.14 条
[27]《普速铁路工务安全规则》(铁总运〔2014〕272 号)第二章第 2.4.13 条
[28]《普速铁路工务安全规则》(铁总运〔2014〕272 号)第二章第 2.4.14 条
[29]《大型养路机械使用管理规则》(铁总运〔2015〕236 号)第三章第 3.2.4 条序号四
[30]《大型养路机械使用管理规则》(铁总运〔2015〕236 号)第四章第 4.4.8 条
[31]《普速铁路工务安全规则》(铁总运〔2014〕272 号)第二章第 2.4.15 条
[32]《大型养路机械使用管理规则》(铁总运〔2015〕236 号)第四章第 4.5.7 条

[33]《普速铁路工务安全规则》(铁总运〔2014〕272 号)第二章第 2. 4. 16 条
[34]《普速铁路工务安全规则》(铁总运〔2014〕272 号)第二章第 2. 4. 17 条
[35]《高速铁路工务安全规则(试行)》(铁总运〔2014〕170 号)第四章第 4. 3. 1 条
[36]《高速铁路工务安全规则(试行)》(铁总运〔2014〕170 号)第四章第 4. 3. 2 条
[37]《高速铁路工务安全规则(试行)》(铁总运〔2014〕170 号)第四章第 4. 3. 3 条
[38]《普速铁路工务安全规则》(铁总运〔2014〕272 号)第二章第 2. 4. 18 条
[39]《普速铁路工务安全规则》(铁总运〔2014〕272 号)第二章第 2. 4. 19 条
[40]《普速铁路工务安全规则》(铁总运〔2014〕272 号)第二章第 2. 4. 20 条
[41]《高速铁路工务安全规则(试行)》(铁总运〔2014〕170 号)第四章第 4. 4. 1 条
[42]《高速铁路工务安全规则(试行)》(铁总运〔2014〕170 号)第四章第 4. 4. 2 条
[43]《普速铁路工务安全规则》(铁总运〔2014〕272 号)第二章第 2. 4. 21 条
[44]《高速铁路工务安全规则(试行)》(铁总运〔2014〕170 号)第四章第 4. 2. 2 条
[45]《轨道作业车管理规则》(铁工电〔2021〕24 号)第六章第一百零三条
[46]《高速铁路工务安全规则(试行)》(铁总运〔2014〕170 号)第四章第 4. 2. 1 条
[47]《普速铁路工务安全规则》(铁总运〔2014〕272 号)第二章第 2. 4. 22 条
[48]《高速铁路工务安全规则(试行)》(铁总运〔2014〕170 号)第四章第 4. 2. 3 条
[49]《轨道作业车管理规则》(铁工电〔2021〕24 号)第六章第一百条
[50]《普速铁路工务安全规则》(铁总运〔2014〕272 号)第二章第 2. 4. 23 条
[51]《铁路技术管理规程(普速铁路部分)》(铁总科技〔2014〕172 号、〔2017〕221 号)第十四章第 398 条
[52] 国铁集团工电部关于进一步加强工务作业小车管理的通知(工电线路电〔2020〕125 号)第一项
[53]《铁路技术管理规程(普速铁路部分)》(铁总科技〔2014〕172 号、〔2017〕221 号)第十四章第 399 条
[54]《普速铁路工务安全规则》(铁总运〔2014〕272 号)第二章第 2. 4. 24 条
[55]《普速铁路工务安全规则》(铁总运〔2014〕272 号)第二章第 2. 4. 25 条
[56]《普速铁路工务安全规则》(铁总运〔2014〕272 号)第二章第 2. 4. 26 条
[57]《普速铁路工务安全规则》(铁总运〔2014〕272 号)第二章第 2. 4. 27 条
[58]《铁路技术管理规程(普速铁路部分)》(铁总科技〔2014〕172 号、〔2017〕221 号)第十四章第 400 条
[59]《普速铁路工务安全规则》(铁总运〔2014〕272 号)第二章第 2. 4. 28 条
[60]《铁路技术管理规程(普速铁路部分)》(铁总科技〔2014〕172 号、〔2017〕221 号)第十四章第 401 条
[61]《普速铁路工务安全规则》(铁总运〔2014〕272 号)第二章第 2. 4. 29 条
[62]《普速铁路工务安全规则》(铁总运〔2014〕272 号)第二章第 2. 5. 1 条
[63]《普速铁路工务安全规则》(铁总运〔2014〕272 号)第二章第 2. 5. 2 条
[64]《普速铁路工务安全规则》(铁总运〔2014〕272 号)第二章第 2. 5. 3 条

[65]《普速铁路工务安全规则》(铁总运〔2014〕272 号)第二章第 2. 5. 4 条
[66]《普速铁路工务安全规则》(铁总运〔2014〕272 号)第二章第 2. 5. 5 条
[67]《高速铁路工务安全规则(试行)》(铁总运〔2014〕170 号)第四章第 4. 5. 1 条
[68]《高速铁路工务安全规则(试行)》(铁总运〔2014〕170 号)第四章第 4. 5. 3 条
[69]《普速铁路工务安全规则》(铁总运〔2014〕272 号)第二章第 2. 5. 6 条
[70]《高速铁路工务安全规则(试行)》(铁总运〔2014〕170 号)第四章第 4. 6. 1 条
[71]《普速铁路工务安全规则》(铁总运〔2014〕272 号)第二章第 2. 5. 7 条
[72]《高速铁路工务安全规则(试行)》(铁总运〔2014〕170 号)第四章第 4. 6. 2 条
[73]《关于进一步加强邻近营业线施工监督管理的通知》(工电线路电〔2021〕153 号)第三项

第六章

材料装卸与堆放

学习任务

工务设备的养护维修，将使用大量的材料和工具。这些材料、工具有些是特别笨重的，有些是庞大的，有些是易滚易滑的，有些是松散的，还有很多不规则的，往往需要通过车辆运送到现场，堆放到线路两侧待用。那么，在运输、装卸、堆放的过程中，若未按规定作业就有可能影响行车安全，甚至发生事故。所以，在日常工作当中，我们对材料、工具的运输、装卸及堆放必须严格按相关安全要求执行。

本章主要介绍了材料装卸的基本要求，对装卸车负责人在区间装卸材料时的工作要求，严禁卸车的地点，卸砟的安全规定；强调了靠近线路堆放材料、机具和普速铁路上放置钢轨组的规定，无缝线路地段长轨的放置以及桥梁放置重物的相关要求。

通过学习，重点掌握材料装卸的要求、卸车的安全规定、靠近线路和在线路上放置路料的规定。

第一节 材料装卸

一、材料、工具装卸的基本要求

1. 普速铁路材料、工具装卸堆放的基本要求

(1)材料、工具装载应稳固，不得偏载、超载和超限；装载危险物品时，应有可靠的安全措施[1]。

列车运行中，车上摆放的材料、工具随着车辆晃动，造成货物移动形成偏载容易引发事故。因此，在重视车辆超载或货物超限威胁的同时，还要加强对偏载的防范，应按规定对货物采取加固措施[2]。

(2)曲线地段堆放材料、机具时，还应考虑曲线加宽[2]。

(3)每次卸完材料后，卸车负责人要及时组织人员对材料堆放情况进行检查，对不符合规定或堆放不稳固的要立即清理[2]。现场作业人员清理侵入建筑限界的石砟如图 6-1 所示。

图 6-1　作业人员清理侵限的石砟

(4)卸料单位要加强对材料的检查、整理,防止因列车运行振动、天气等原因侵入建筑限界[2]。

2. 高速铁路材料装卸的基本要求[3]

(1)材料、工具装载应制定专门的装载方案,确保装载稳固,不得偏载、超载和超限。

(2)零散材料和工具应装箱运输。

(3)装载危险品时,应有可靠的安全措施。

二、在区间装卸材料时对装卸车负责人的工作要求

1. 普速铁路和高速铁路在区间装卸材料时,对装卸车负责人的共性工作要求[4,5]

(1)配备足够的装卸车人员、工具和信号用品。

(2)夜间作业时,配有足够的照明设备。

(3)列车出发前,向卸料人员、司机讲清作业计划、卸车起讫里程、信号联络方法及安全注意事项。

(4)多个车辆卸车时,每辆车上指定专人负责指挥卸车、开关车门、组织检查限界、清道及做好未卸余料偏载时的整理工作。严禁在区间进行摘挂作业。

(5)对笨重材料(如条石、片石、钢轨、混凝土枕等)严禁边走边卸(长轨车除外)。停车卸料时,车轮附近的材料应指定专人及时清理。每次卸车后应认真检查,确认车门关好、材料堆放稳固、不侵入建筑限界,方可通知司机开车。

2. 普速铁路对装卸车负责人的工作要求[4]

(1)预先与列车调度员、车站值班员、工务调度员进行联系,确认到达车数、车型及到开时刻。

(2)卸车时,监督作业人员不得损坏线桥、信号及供电等行车设备。

3. 高速铁路对装卸车负责人的工作要求[4]

(1)预先与列车调度员(车站值班员)、驻调度所(驻站)联络员进行联系,确认到达车数、车型及到开时刻。

(2)卸车时,监督作业人员不得损坏线桥、信号、供电、5T、超偏载、客车运行安全监测设备、限界检查仪等行车设备。

(3)采用长钢轨运输车在无砟轨道区段卸轨时,应采取措施防止损坏无砟轨道结构和应答器、电磁感应器、过道电缆、补偿电容等行车设备。

三、普速铁路卸车地点

普速铁路在下列地点卸车时,须由施工单位制定有针对性的安全措施[6]。

(1)道岔及道岔咽喉区。

(2)无砟桥上(不含卸长钢轨)。

(3)道口。

(4)有可能损坏信号设备、超偏载检测装置、通信、客(货)车运行安全监测设备处所。

四、严禁卸车的地点

1. 普速铁路下列地点严禁卸车[6]

(1)无底砟的新线、有底砟但未经压道试验的线路。

(2)站台处靠站台一侧。

(3)区间线路的道床有积雪覆盖超过轨面处所。

(4)线路两侧有大量堆积物地段。

(5)双线区间,两线不在同一平面时,向高处一线卸料有可能侵入低线建筑限界的地段。

(6)邻线来车时,靠邻线的一侧。

特殊情况须由施工单位制定有针对性的安全措施,报铁路局集团公司审批。

2. 高速铁路下列地点严禁卸车[7]

(1)有可能损坏线桥、信号、供电、超偏载和限界检查仪、车辆运行安全监测设备处所。

(2)站台处靠站台一侧。

(3)区间线路的道床有积雪覆盖超过轨面处所。

(4)V 形天窗地段,卸料有可能侵入邻线限界的地段。

(5)邻线来车时,靠邻线的一侧。

特殊情况由施工单位制定有针对性的安全措施,应经铁路局集团公司审批。

五、卸砟时应遵守的规定

1. 普速铁路使用风动车卸砟应遵守的规定[8]

(1)应对风动卸砟车经常进行检查维修,使风动管路、杆件传动系统及塞门手柄等经常保持正确位置,性能良好。有较大故障时应摘车交车辆段修理。

(2)除卸砟时间外,操作室内各进风塞门(包括储风箱的放风塞门)应处于关闭状态,操纵阀手柄应放在中立位。

(3)卸砟前,各车辆必须充足风。风压不足0.4 MPa时,应用手动装置配合操作。卸车顺序应由列车前部向尾部逐辆完成,卸车时不得推进运行,不得突然停车或后退。卸车人员应掌握好车门开度,严禁单侧卸砟,避免道砟成堆或车辆偏载。严禁一人同时卸两节车。卸砟完工后,用料单位应及时清理道沿。

(4)卸砟运行速度应控制在8~15 km/h。

(5)夜间或隧道内卸砟时必须保证充足照明。

2. 普速铁路使用非风动车卸砟应遵守的安全规定及注意事项

(1)非风动卸砟车边走边卸时,应先在卸砟地点停车,停车后发出卸车通知,各车组长打开车门后,确认溜下的道砟不妨碍行车,卸车时,为了适应石砟的疏密间隔,应以5~10 km/h速度边走边卸,并及时清理建筑限界内的道砟[9]。

(2)使用非风动卸砟车边走边卸时,除了应注意行车安全外,还应注意人身安全。卸砟人员在卸砟过程中应站稳,防止发生意外[10]。

3. 高速铁路使用风动卸砟车卸道砟时应遵守的规定[11]

(1)应对风动卸砟车经常检查维修,使风动管路、杆件传动系统及塞门手柄等经常保持正确位置,性能良好。有较大故障时应摘车交由车辆段修理。

(2)除卸砟时间外,操作室内各进风塞门(包括储风箱的放风塞门)应处于关闭状态,操纵阀手柄应放在中立位。

(3)卸砟前,各车辆风量应充足。风压不足0.4 MPa时,应用手动装置配合操作。卸车应由列车前部向尾部逐辆完成,卸车时不得推进运行、突然停车或后退。卸车人员应掌握好车门开启角度,严禁单侧卸砟,避免道砟成堆或车辆偏载。卸砟完工后,用料单位应及时清理道床。

(4)卸砟运行速度应控制在8~15 km/h。

(5)下列情况严禁卸砟:

①照明不足。

②一人同时卸两节车。

第二节 材料堆放

一、普速铁路靠近线路堆放材料、机具的规定

(1)靠近线路堆放材料、机具等,不得侵入建筑限界。道砟、片石、砂子等线桥用料可按图6-2堆放。每次卸车后,作业负责人应组织人员全面检查堆放情况,不符合规定或堆放不稳固的应立即清理[12]。

(2)路肩堆放的砂石料,用料单位应经常检查、整理,严禁侵入建筑限界。在河砂、石砟、炉渣等松散料堆上,严禁再卸片石等笨重材料[13]。

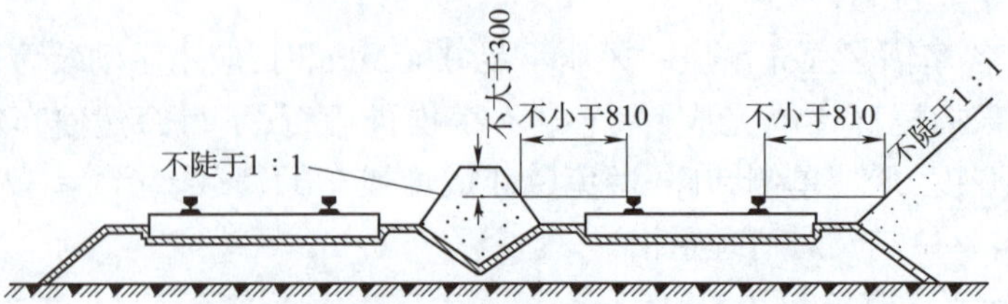

图 6-2　线桥用料堆放示意(单位:mm)

二、普速铁路线路上放置钢轨组的规定[14]

(1)普通线路木枕地段,可放在道床肩上或木枕头上,直线地段可放在道心里,如图 6-3 所示。放在道床肩部时,道砟应预先整平。放在木枕头上时,两端至少各钉两个道钉,中间适当用道钉卡住。放在道心时,两端应弯向中心并用道钉固定,中间适当用道钉卡住。

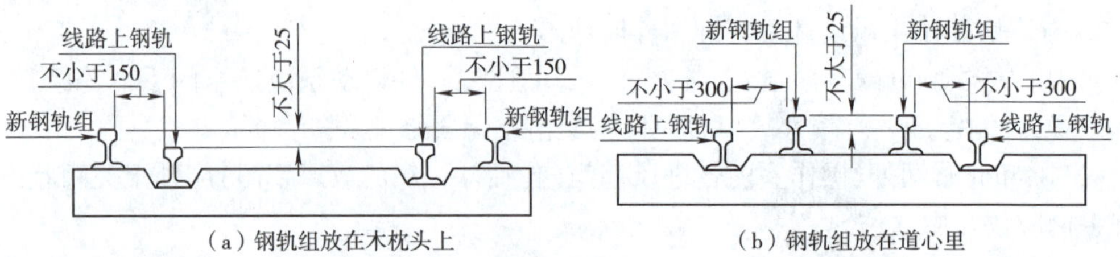

图 6-3　线路上放置钢轨组示意(单位:mm)

(2)普通线路混凝土枕地段,应放在道床肩上。直线地段也可放在道心里,两端用卡子卡在轨枕上或穿入木枕钉固,如钢轨组较长,中间适当穿入木枕钉固。

(3)换出的钢轨一般应放在道床肩上或路肩上,混凝土枕地段允许临时放在道心。

(4)道口、人行过道及平过道的道路路面上,一般情况下不得放置钢轨。

三、无缝线路长轨放置要求

1. 普速铁路无缝线路更换长轨前后的放置要求

(1)卸长轨之前,应将道床砟肩整平。待换长轨,卸下后应及时加固,防止轨条串动危及行车安全。长轨条及加固设施放在轨道电路区段及在轨道继电器引入线处,要采取防连电措施[15]。

(2)无缝线路成段更换钢轨时,准备换入的长钢轨应放在道床肩上(无砟桥桥枕上),在桥梁上、道口、人行过道、平过道及信号机附近应有保持稳定和防止连电的措施[16]。放在道床肩上的待换长轨如图 6-4 所示。

(3)换出的长钢轨当日回收不完时,应放在道床肩上或道心。但道口处、信号机附近不宜存放。每根长钢轨的长度一般不得大 500 m。两根长钢轨的端部要互相错开,用固定卡卡在轨枕上或穿入木枕钉固,中间亦应用固定卡卡在轨枕上或穿入木枕固定。对放在道床肩上或道心的长钢轨应派人巡检[16]。

图 6-4　放在道床肩上的待换长轨

(4)换出的普通钢轨按上述普速铁路线路放置钢轨组的规定进行整理[14]。

2. 高速铁路无缝线路更换长轨前后的放置要求

在高速铁路地段,成段更换钢轨时,新、旧长钢轨在线路上存放时应采取可靠的安全措施且存放原则上不得超过 7 天。25 m 及以下钢轨的更换与回收应于当日完成[17]。

四、桥梁上堆放材料

(1)在桥梁人行道上堆放重物时,特别是在整孔换铺轨枕或换铺轨排等作业时(高速铁路桥梁桥上整孔梁换铺轨枕或换铺轨排等作业需在桥梁钢支架人行道上堆放重物时),必须对桥梁状态进行全面调查,对桥梁结构、承载力和稳定性进行检算,当检算结果不满足有关规范要求时,应采取可靠的加固措施并确认满足要求后,方准作业。在任何情况下,人行道上的竖向静活载不得超过设计标准值[18,19]。

(2)普速铁路桥梁经加固(高速铁路桥梁可不加固)的混凝土桥梁钢支架人行道,在最大承载条件下,允许按下列条件放置轨枕或桥枕[18,19]:

①每 3 m 长钢支架人行道上放置混凝土枕或混凝土桥枕不得超过 1 根、木枕或木桥枕不得超过 2 根。

②轨枕或桥枕必须紧靠挡砟墙顺桥向放置,且支撑轨枕或桥枕的钢支架不少于 2 个。

(3)普速、高速铁路的桥梁在任何情况下,禁止在钢支架人行道上放置钢轨[18,19]。

(4)普速、高速铁路桥上的维修作业或大修施工时,必须由专人负责检查,确保有效控制钢支架人行道堆载质量[18,19]。

(5)在高速铁路上,需多日连续在隧道内作业时,大型机具材料可不撤出隧道,但必须撤出限界,并采取可靠的防护加固措施。防护加固方案由铁路局集团公司组织专家评审后实施[20]。

典型案例6-1

工务卸车造成偏载引起列车脱轨

1. 概　　况

某年11月1日，某次货物列车运行至某铁路局集团公司某线K74+205处机后35位脱轨，继续走行515 m，至K74+720无人道口处，刮上道口铺面板台车散架，后行至K74+800处颠覆，机车行至K75+348处放风停车。经检查机后第35位至38位颠覆，39位前台车脱轨，影响上下行线。中断某线上下行正线8 h 28 min；造成货车大、中破各1辆、小破3辆，损坏钢筋混凝土轨枕1 100根、轨距杆400根、道口铺板5块、护轨2根，钢轨4根，损坏接触网支架2根，损坏回流线导线、承力索各500 m，损坏支撑装置6套，构成行车重大事故。列车脱轨事故现场如图6-5所示。

图6-5　列车脱轨事故现场

2. 原因分析

该工务段在组织人员卸车过程中，未按计划卸完，在车内残留大量山皮土且偏载的情况下，不向车站值班员汇报，也未采取任何措施，就盲目通知司机开车。严重违反了《普速铁路工务安全规则》第2.6.2条第五款“多个车辆卸车时，每辆车上指定专人负责指挥卸车、开关车门、组织检查限界、清道及做好未卸余料偏载时的整理工作。”的规定，是这起事故的主要原因。

典型案例6-2

工务堆放浆砌片石滑落侵限剐蹭旅客列车事故

1. 概　　况

某年9月27日14时04分，某次旅客列车运行至某线K287+098处，司机发现运行方向左侧有施工人员在砌筑片石，并听到机后有异响，向后部瞭望未发现异常。列车14时09分停于某站Ⅱ道，检车乘务员下车检查作业时发现机后3位电池箱底部被异物打坏，电池箱严重变形，电池箱盖丢失，电池组鼓出，部分电池破裂，造成某次列车晚点11 min。

2. 原因分析

(1)工务段作业人员进行路基排水设备大修作业，将片石放在砟肩上，列车通过时振动滑落侵限。

(2)违反了靠近线路堆放材料、机具等，不得侵入建筑限界的规定。每次卸车后，作业负责人应组织人员全面检查堆放情况，不符合规定或堆放不稳固的应立即清理的要求。

典型案例6-3

工务卸石砟造成偏载引起列车脱轨

1. 概　　况

某工务段依据调度命令，于15时45分至16时10分在某线K299+000～K302+000间进行卸砟作业。由于补砟地段曲线上股缺砟较严重，需多补，采石场卸车人员刘某在操纵机后第3位车卸砟时，曲线上股侧大量卸砟，下股侧卸砟较少，列车通过补砟地点(K302+000)后，车内上股侧石砟基本卸空，下股侧仍剩有10 m^3左右石砟，导致车辆偏载，当列车以19 km/h速度运行至K302+152缓和曲线处，机后第3位车辆前台车曲线上股侧车轮减载跃上轨面，在轨面上走行1.5 m后脱轨，脱轨后走行68 m，被某工务段卸车人员丛某于15时58分喊停，16时58分复救完毕，17时25分开通区间，影响两列客车晚点，中断铁路行车1 h 28 min，构成列车脱轨一般C类铁路交通事故。

2. 原因分析

在风动车卸砟过程中，曲线上股侧卸砟多，下股侧卸砟少，却没有对未卸余料偏载进行及时处理，导致车辆偏载。

典型案例6-4

某铁路桥梁垮塌

1. 概　　况

某日5时左右，某铁路有限公司所属某铁路维修有限责任公司工务车间主任带领车间副主任、2名工长、2名副工长和30名劳务工共36人，到达某铁路2号桥，准备于7时00分至12时00分进行更换2号桥桥枕施工。7时00分施工作业开始，在完成拆除桥梁护轨并移至桥梁两端外侧，将轨枕间道砟装袋堆放在桥梁两侧及人行道上，拆除钢轨并移至桥梁两侧人行道上，将旧桥枕移至桥梁两端外侧后，开始用2台挖掘机进行桥面清砟平整作业，并将清除的道砟堆至桥梁两侧及人行道上。8 时 25 分左右，一台挖掘机作业完毕退出桥梁，另一台挖掘机继续清砟平整作业，14 名作业人员进入桥梁准备开始人工平整道砟作业时，桥梁突然发生垮塌，14 名作业人员随垮塌的梁体一同坠落桥下河中，其中 8 人死亡、1 人重伤、5 人轻伤，直接经济损失共计 482.27 万元，构成了铁路交通较大事故。

2. 原因分析

某铁路维修有限责任公司施工前未对桥梁状态进行全面调查，也未进行检算，未按规定编制施工方案，施工中违规将钢轨和清理出的道砟堆放在桥梁两侧及人行道上，放置在桥梁两侧及人行道上的钢轨、道砟及分布的作业人员竖向静活载超过设计标准值，导致梁体偏载，梁部结构横向失稳垮塌。事故现场如图 6-6 所示。

图 6-6　事故现场

复习思考题

一、简答题

1. 区间装卸材料时，装卸车负责人应做好哪些工作？普速铁路和高速铁路分别阐述。

2. 在普速铁路上，哪些地点卸车时，须由施工单位制定有针对性的安全措施？

3. 在哪些地点严禁卸车？普速铁路和高速铁路分别阐述。

4. 普速铁路使用风动车卸道砟时应遵守哪些规定？

5. 在桥梁人行道上堆放重物时有何规定？

6. 普速铁路线路上放置钢轨组有哪些规定？

7. 高速铁路无缝线路更换长轨前后的放置有何要求？

二、绘图题

1. 绘图说明道砟、砂子等线桥路料如何堆放？

2. 绘图说明钢轨组在普速铁路线路上如何放置？

引用规章文件

[1]《普速铁路工务安全规则》(铁总运〔2014〕272 号)第二章第 2.6.1 条
[2]《普速铁路工务安全规则》(铁总运〔2014〕272 号)条文说明第 2.6.1 条
[3]《高速铁路工务安全规则(试行)》(铁总运〔2014〕170 号)第三章第 3.7.1 条
[4]《普速铁路工务安全规则》(铁总运〔2014〕272 号)第二章第 2.6.2 条
[5]《高速铁路工务安全规则(试行)》(铁总运〔2014〕170 号)第三章第 3.7.2 条
[6]《普速铁路工务安全规则》(铁总运〔2014〕272 号)第二章第 2.6.3 条
[7]《高速铁路工务安全规则(试行)》(铁总运〔2014〕170 号)第三章第 3.7.3 条
[8]《普速铁路工务安全规则》(铁总运〔2014〕272 号)第二章第 2.6.4 条
[9]《普速铁路工务安全规则》(铁总运〔2014〕272 号)第二章第 2.6.5 条
[10]《普速铁路工务安全规则》(铁总运〔2014〕272 号)条文说明第 2.6.5 条
[11]《高速铁路工务安全规则(试行)》(铁总运〔2014〕170 号)第四章第 4.5.2 条
[12]《普速铁路工务安全规则》(铁总运〔2014〕272 号)第二章第 2.6.6 条
[13]《普速铁路工务安全规则》(铁总运〔2014〕272 号)第二章第 2.6.9 条
[14]《普速铁路工务安全规则》(铁总运〔2014〕272 号)第二章第 2.6.7 条
[15]《普速铁路工务安全规则》(铁总运〔2014〕272 号)条文说明第 2.6.8 条
[16]《普速铁路工务安全规则》(铁总运〔2014〕272 号)第二章第 2.6.8 条
[17]《高速铁路工务安全规则(试行)》(铁总运〔2014〕170 号)第三章第 3.7.4 条
[18]《普速铁路工务安全规则》(铁总运〔2014〕272 号)第二章第 2.6.10 条
[19]《高速铁路工务安全规则(试行)》(铁总运〔2014〕170 号)第三章第 3.7.5 条
[20]《高速铁路工务安全规则(试行)》(铁总运〔2014〕170 号)第三章第 3.7.6 条

第七章

道口安全

学习任务

公铁平交道口是为解决铁路和道路交叉通行的重要设备,一段时间以来在促进交通便利,加快国民经济发展中起到重要的作用。但随着我国经济的快速发展,公路通行的机动车数量剧增,铁路列车的开行速度和密度也在不断增加,道口交通事故时常发生。为确保道路与铁路的安全,最大限度地预防铁路交通事故的发生,自20世纪80年代开始,我国通过强化道口看守和设备配置、拆除合并邻近道口、道口平交改立交、严控新增道口数量等措施,加强道口安全管理,道口事故数量大幅度减少。同时面对的问题是,受制于城市规划、周边环境影响、地方经济条件等因素,还有一些道口暂不具备平改立改造的条件。道口一段时间内还将长期存在,继续做好道口安全管理工作任重道远。因此,仍然有必要掌握关于铁路道口方面的知识。

本章主要介绍了公铁平交道口基本情况,道口的设置或者拓宽条件,道口设备配置要求及技术条件;道口管理工作标准及故障处置,保障道口安全的防护措施。

通过学习,重点掌握道口看守的作业标准、故障处置程序,掌握现阶段保障道口安全的防护措施。

第一节　道口基本情况

一、道口的定义

铁路与道路的平面交叉有三种形式,即:道口、人行过道、平过道。

1. 道口

道口是指在铁路线路上铺面宽度在2.5 m以上,直接与道路贯通的平面交叉[1]。

铁路道口按看守形式分为有人看守道口和无人看守道口[2]。有人看守道口如图7-1所示,无人看守道口如图7-2所示。

图 7-1 有人看守道口

图 7-2 无人看守道口

2. 人行过道[1]

人行过道是指在铁路线路上铺面宽度不足 2.5 m,与道路贯通的平面交叉。其中城市人行过道的宽度一般为 0.75~1.5 m,乡村人行过道的宽度一般为 0.4~1.2 m。人行过道只准行人及自行车通过,禁止畜力车、机动车通行。

3. 平过道[1]

平过道是指在车站、货场、专用线内,专为内部作业使用,不直接贯通道路的平面交叉。

二、道口历史情况

自 1881 年修建第一条铁路——唐山至胥各庄铁路以来,由于铁路的出现导致与原有的道路形成平面交叉,新中国成立前,只在铁路主要干线上较大车站附近或与主要公路交叉处设置正式道口,其他与公路交叉处只设简陋道口或通道。1975 年正线道口增至 28 703 处,平均每 1.69 公里营业里程就有 1 处铁路道口,达到历史顶峰。但随着国民经济的不断发展,交通运输日益繁忙,带来的安全隐患和制约铁路、公路通行的问题愈发严重。自 1975 年提出设置立交道口和通过“拆、并、改”控制道口数量以来,道口数量大幅度下降,尤其是历经铁路六次提速后,2006 年底全国铁路道口减少至 11 462 处。随着道口平面改立交工作的推进,2013 年道口有 9 871 处。

三、与道口安全管理有关的法律法规、部门规章及有关技术文件

1.《中华人民共和国道路交通安全法》

第二十七条对道口设置标志标识等防护设施进行了规定。铁路与道路平面交叉的道口,应当设置警示灯、警示标志或者安全防护设施。无人看守的铁路道口,应当在距道口一定距离处设置警示标志[3]。

第四十三条、四十六条、六十五条对机动车、行人通行道口进行了规定。不得超车同车道行驶的机动车,后车应当与前车保持足以采取紧急制动措施的安全距离。行经铁路道口、交叉路口、窄桥、弯道、陡坡、隧道、人行横道、市区交通流量大的路段等没有超车条件的不得超车。机动车通过铁路道口时,应当按照交通信号或者管理人员的指挥通行;没有交通信号或者管理人员的,应当减速或者停车,在确认安全后通过。行人通过铁路道口时,应当按照交通信号或者管理人员的指挥通行;没有交通信号和管理人员的,应当在确认无火

车驶临后,迅速通过[4-6]。

2.《中华人民共和国铁路法》

第四十条对道口的设置和拆除进行了规定。铁路与道路交叉处,应当优先考虑设置立体交叉;未设立体交叉的,可以根据国家有关规定设置平交道口或者人行过道。在城市规划区内设置平交道口或者人行过道,由铁路运输企业或者建有专用铁路、铁路专用线的企业或者其他单位和城市规划主管部门共同决定。拆除已经设置的平交道口或者人行过道,由铁路运输企业或者建有专用铁路、铁路专用线的企业或者其他单位和当地人民政府商定[7]。

第四十六条对道口周边环境进行了规定。在铁路弯道内侧、平交道口和人行过道附近,不得修建妨碍行车瞭望的建筑物和种植妨碍行车瞭望的树木。修建妨碍行车瞭望的建筑物的,由县级以上地方人民政府责令限期拆除。种植妨碍行车瞭望的树木的,由县级以上地方人民政府责令有关单位或者个人限期迁移或者修剪、砍伐[8]。

第四十七条对道口设置以及通行进行了规定。禁止擅自在铁路线路上铺设平交道口和人行过道。平交道口和人行过道必须按照规定设置必要的标志和防护设施。行人和车辆通过铁路平交道口和人行过道时,必须遵守有关通行的规定[9]。

第五十八条对道口事故责任进行了规定。因铁路行车事故及其他铁路运营事故造成人身伤亡的,铁路运输企业应当承担赔偿责任;如果人身伤亡是因不可抗力或者由于受害人自身的原因造成的,铁路运输企业不承担赔偿责任。违章通过平交道口或者人行过道,或者在铁路线路上行走、坐卧造成的人身伤亡,属于受害人自身的原因造成的人员伤亡[10]。

第六十八条对违规设置道口处置进行了规定。擅自在铁路线路上铺设平交道口、人行过道的,由铁路公安机关或者地方公安机关责令限期拆除,可以并处罚款[11]。

3.《中华人民共和国治安管理处罚法》

第三十五条对私设道口处罚进行了规定。在铁路线路上私设道口或者平交过道的处五日以上十日以下拘留,可以并处五百元以下罚款;情节较轻的,处五日以下拘留或者五百元以下罚款[12]。

第三十六条对抢越道口处罚进行了规定。擅自进入铁路防护网或者火车来临时在铁路线路上行走坐卧、抢越铁路,影响行车安全的,处警告或者二百元以下罚款[13]。

4.《中华人民共和国道路交通安全法实施条例》

第四十三条对道口公路信号形式进行了规定。道路与铁路平面交叉道口有两个红灯交替闪烁或者一个红灯亮时,表示禁止车辆、行人通行;红灯熄灭时,表示允许车辆、行人通行[14]。

第四十六条对机动车通行道口速度进行了规定。机动车行驶中通过铁路道口最高行驶速度不得超过 30 km/h,其中拖拉机、电瓶车、轮式专用机械车不得超过 15 km/h[15]。

第四十九条规定,机动车在有禁止掉头或者禁止左转弯标志、标线的地点以及在铁路道口、人行横道、桥梁、急弯、陡坡、隧道或者容易发生危险的路段,不得掉头。机动车在没有禁止掉头或者没有禁止左转弯标志、标线的地点可以掉头,但不得妨碍正常行驶的其他车辆和行人的通行[16]。

第五十条规定,机动车倒车时,应当查明车后情况,确认安全后倒车。不得在铁路道口、交叉路口、单行路、桥梁、急弯、陡坡或者隧道中倒车[17]。

第六十三条对机动车在道路上临时停车,应当遵守的规定:(一)在设有禁停标志、标线的路段,在机动车道与非机动车道、人行道之间设有隔离设施的路段以及人行横道、施工地段,不得停车;(二)交叉路口、铁路道口、急弯路、宽度不足 4 m 的窄路、桥梁、陡坡、隧道以及距离上述地点 50 m 以内的路段,不得停车;(三)公共汽车站、急救站、加油站、消防栓或者消防队(站)门前以及距离上述地点 30 m 以内的路段,除使用上述设施的以外,不得停车;(四)车辆停稳前不得开车门和上下人员,开关车门不得妨碍其他车辆和行人通行;(五)路边停车应当紧靠道路右侧,机动车驾驶人不得离车,上下人员或者装卸物品后,立即驶离;(六)城市公共汽车不得在站点以外的路段停车上下乘客[18]。

第六十五条就超限运输通过道口进行了规定。机动车载运超限物品行经铁路道口的,应当按照当地铁路部门指定的铁路道口、时间通过[19]。

5.《铁路安全管理条例》

第十七条就道口设置条件和立交改造进行了规定。新建、改建设计开行时速 120 km 以上列车的铁路或者设计运输量达到国务院铁路行业监督管理部门规定的较大运输量标准的铁路,需要与道路交叉的,应当设置立体交叉设施。新建、改建高速公路、一级公路或者城市道路中的快速路,需要与铁路交叉的,应当设置立体交叉设施,并优先选择下穿铁路的方案。已建成的属于前两款规定情形的铁路、道路为平面交叉的,应当逐步改造为立体交叉[20]。

第十八条、十九条就道口立交改造费用、归属划分进行了规定。设置铁路与道路立体交叉设施及其附属安全设施所需费用的承担,按照下列原则确定:(一)新建、改建铁路与既有道路交叉的,由铁路方承担建设费用;道路方要求超过既有道路建设标准建设所增加的费用,由道路方承担;(二)新建、改建道路与既有铁路交叉的,由道路方承担建设费用;铁路方要求超过既有铁路线路建设标准建设所增加的费用,由铁路方承担;(三)同步建设的铁路和道路需要设置立体交叉设施以及既有铁路道口改造为立体交叉的,由铁路方和道路方按照公平合理的原则分担建设费用[21]。铁路与道路立体交叉设施及其附属安全设施竣工验收合格后,应当按照国家有关规定移交有关单位管理、维护[22]。

第四十六条、四十七条就道口设置和设备设施进行了规定。设置或者拓宽铁路道口、铁路人行过道,应当征得铁路运输企业的同意。铁路与道路交叉的无人看守道口应当按照国家标准设置警示标志;有人看守道口应当设置移动栏杆、列车接近报警装置、警示灯、警示标志、铁路道口路段标线等安全防护设施。道口移动栏杆、列车接近报警装置、警示灯等安全防护设施由铁路运输企业设置、维护;警示标志、铁路道口路段标线由铁路道口所在地的道路管理部门设置、维护[23,24]。

第四十八条、四十九条就通行道口安全进行了规定。机动车或者非机动车在铁路道口内发生故障或者装载物掉落的,应当立即将故障车辆或者掉落的装载物移至铁路道口停止线以外或者铁路线路最外侧钢轨 5 m 以外的安全地点。无法立即移至安全地点的,应当立即报告铁路道口看守人员；在无人看守道口，应当立即在道口两端采取措施拦停列车，并就近通知铁路车站或者公安机关。履带车辆等可能损坏铁路设施设备的车辆、物体通过铁路道口，应当提前通知铁路道口管理单位，在其协助、指导下通过，并采取相应的安全防护措施[25,26]。

第八十七条就道口设备标准化处罚进行了规定。(一)用于铁路运输的安全检测、监控、防护设施设备不符合国家标准、行业标准和技术规范；(二)不按照国家有关规定和标准设置、维护铁路封闭设施、安全防护设施，由铁路监督管理机构责令改正，处 2 万元以上 10 万元以下的罚款[27]。

第九十四条就道口通行处罚进行了规定。违反本条例第四十八条、第四十九条铁路道口安全管理的规定的，由铁路监督管理机构责令改正，处 1 000 元以上 5 000 元以下的罚款[28]。

6.《铁路道口管理办法》[29]

2013 年，中国铁路总公司为加强铁路道口管理，规范铁路道口设备、作业和管理标准，防止道口交通事故，保障铁路运输和人民生命财产安全，依据《中华人民共和国铁路法》《铁路安全管理条例》《道路交通安全法》《道路交通安全法实施条例》《铁路道口管理暂行规定》等有关规定，制定了国家铁路适用的办法。

四、道口的设置或者拓宽条件[30]

(1)线路不通过动车组列车；线路允许通过的旅客列车运行速度 120 km/h 以下、货物列车运行速度 80 km/h 以下且货物列车牵引质量 5 000 t 以下。

(2) Ⅱ、Ⅲ级铁路与道路交叉。

(3)道口之间距离大于 2 km，并且无绕行条件。

(4)机动车驾驶员或行人在距钢轨外侧不小于 50 m 范围内的道路上，线路允许速度 100 km/h≤v_{max}<120 km/h 应能看到两侧各 400 m(双线各 500 m)以外的列车，线路允许速度 80 km/h≤v_{max}<100 km/h 应能看到两侧各 340 m 以外的列车，线路允许速度 80 km/h 以下应能看到两侧各 270 m 以外的列车；机车乘务员在 850 m 以外可以看见道口。

(5)拟通过道口的道路与铁路平面交叉原则上为正交，斜交时交叉角应大于 45°。

(6)拟通过道口的道路平面线形应为直线；从最外侧钢轨算起的道路最小直线长度不应小于 50 m，特殊情况下城市道路不应小于 30 m，乡村道路不应小于 20 m；衔接道口平台的道路纵坡不得大于 3%，困难条件下，通行铰接汽车的城市道路不得大于 3. 5%，通行普通汽车的城市道路、公路及厂外道路不得大于 5%，乡村道路不得大于 6%。

(7)铁路道口设置位置应在铁路车站以外，桥梁、隧道两端及进站信号机 100 m 以外，区间或专用线道岔两端 50 m 以外。

(8)符合当地城市规划及土地使用要求。

(9)符合国家有关铁路、道路设计规范。

(10)符合法律法规及国铁集团的其他规定。

第二节　道口设备配置要求及技术条件

一、设备配置要求

1. 有人看守道口应具备的设备[31]

(1)基本设备:道口房、栏杆(门)、铺面、道路连接平台、道口道路交通标志、护桩(栏)、防护栅栏、鸣笛标、公告牌、限界架及揭示牌(电气化铁路)、电源、照明、道口电话、遮断信号、自动通知(列车接近报警装置)、自动信号(警示灯)、短路设备(轨道电路区段)、列车无线调度通信设备(无线列调固定电台、手持电台或GSM-R手持终端)及信号工具备品。道口信号、工具及备品见表7-1。

表7-1　道口信号、工具及备品[32]

序号	名　称	单位	单班数量		要　求
			单线	双线	
1	信 号 灯	盏	2	2	置放于易取处
2	信号旗(红色)	面	3	3	置放于易取处
3	信号旗(黄色)	面	1	1	置放于易取处
4	口　笛	个	1	2	置放于易取处
5	短路铜线	条	1	2	自动闭塞区段(或站内)道口备用
6	防 护 杆	根	1	2	长2 m,能插旗、挂灯
7	钟　表	台	1	1	
8	钢 丝 绳	条	1	1	长5 m以上,两端有套,能拉动机动车辆
9	小 撬 棍	根	1	1	
10	铁　锹	把	1	1	
11	活口扳手	把	1	1	
12	斧　子	把	1	1	
13	小 铁 铲	把	1	1	清理轮缘槽用
14	竹 扫 帚	把	1	1	
15	克 丝 钳	把	1	1	
16	绳　子	条	2	2	栏杆故障时使用
17	照明灯泡	个	2~4	2~4	备用
18	信号灯泡	个	5~10	5~10	备用
19	列车无线调度电话	台	1	2	便携式
20	列车无线调度电话	台	1	1	台式

(2)选用设备:道口无线报警装置、道口视频监控设备、列车接近预警器、道口广播、作业记录仪、栏杆(门)开闭显示装置、电子警察以及其他安全强化设施。

2. 无人看守道口应具备的设备[33]

无人看守道口应具备的设备有:铺面、道路连接平台、道口道路交通标志、护桩(栏)、鸣笛标、限界架及揭示牌(电气化铁路)。

二、设备技术要求

1. 铺面技术要求

(1)道口、人行过道、平过道的有关设备应符合标准图要求[34]。

(2)道口、人行过道、平过道铺面宽度应与道路路面宽度相同。根据道路等级及通行车辆载重情况可采用橡胶、钢、混凝土、石、木等材料做铺面板,其材质及规格应符合设计要求,铺砌应平整、稳固。钢轨头部外侧 50 mm 范围内,铺面应低于轨面 5 mm[35]。

(3)护轨轮缘槽宽度,直线上应为 70~100 mm,曲线内股应为 90~100 mm;轮缘槽深度应为 45~60 mm。护轨两端做成喇叭口,距护轨端 300 mm 处弯向线路中心,其终端距钢轨工作边应为 150~180 mm[35]。

(4)道口铺面范围内不得存在普通钢轨接头,不能避免时应将钢轨焊接[35]。

2. 防护设备要求

(1)道口两侧道路的平台长度(从钢轨外侧算起),通行铰接汽车的不短于 20 m,城市道路通行普通汽车、公路及厂外道路不短于 16 m,乡村道路不短于 10 m;平台纵坡坡度应小于或等于 0.5%;通向道口的道路应根据需要设置减速带。减速带距钢轨外侧距离不少于 15 m[36]。

(2)在路堤地段道口的道路两侧应设置 5 根(困难情况下不少于 2 根)护桩,在路堑地段应设置护栏。城市市区可不设护桩或护栏,护桩或护栏宽度与道口铺面相同。护桩可采用钢轨或钢筋混凝土等材料,第一个护桩距最外股钢轨 2.5~3 m,护桩间距为 1.5 m,地面以上护桩高度为 0.85 m,如图 7-3 所示。在路堑地段设置的护栏,地面以上高度为 1 m,其线路侧顶端距最外股钢轨 2.5~3 m。人行过道线路两侧设置路障,路障设在距钢轨轨头外侧 2.5~3 m 处,按 0.8~1.0 m 间隔布设;路障桩高出地面 0.85 m,根部埋深 0.7 m[37]。

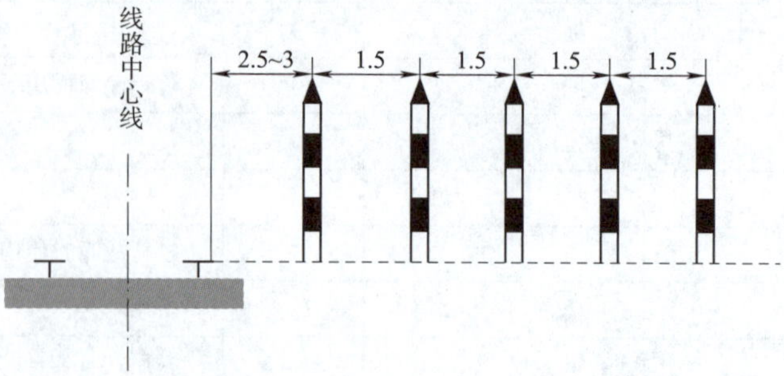

图 7-3 道口护桩(单位:m)

(3)道口两侧的栏杆(门)设在距钢轨外侧 3 m 以外,栏杆位置以仰起后距接触网带电部分 2 m 直径范围以外来确定；电气化铁路区段的道口，一般使用电动栏门；栏杆（门）关闭后高出路面 1.0~1.2 m，栏杆开放后与道路边缘处的垂直距离不少于 3.5 m，栏杆（门）宜采用金属或玻璃钢管材料，涂 250 mm 宽黑白相间油漆。道路较宽的道口，应根据道路情况设置分道线，栏杆（门）可分幅。栏杆（门）中部安设直径为 250 mm 的红色圆牌，圆牌红色部位采用反光材料。栏杆（门）中部还需安设警示信号灯[38]。

（4）在电气化铁路上，道口处线路两侧的道路上应设置限高架，其通过高度不得超过 4.5 m。限高架与铁路中心线的距离，一般不得小于 12 m。道口两侧不宜设置接触网锚段关节，不应设置锚柱[39]。

（5）有人看守道口两侧沿铁路方向各 50 m 范围内路肩外设置高度不低于 1.4 m 的防护栅栏。道口及道口两端各 50 m 范围内的线路应保持排水系统良好，道床无翻浆，外观整洁[40]。

3. 道口标志、信号及通信设备要求

（1）道口道路交通标志和路段标线按国家有关标准执行[41]。

（2）在铁路线路上距道口、人行过道 500~1 000 m 处应设置鸣笛标（站内或站内道口、人行过道两端不设）[42]。

（3）道口自动通知应采用列车接近一次通知方式。自动通知时间必须满足道口看守人员疏通、关闭道口的时间需要，线路允许速度变化时应及时进行调整。单线或双线区段有人看守道口，列车接近通知时间应不少于 40 s，遇特殊情况，根据计算适当延长。当采用轨道电路方式采集列车接近信息时，若轨道电路长度不能满足接近时分要求，应适当延长，一般不超过 90 s[43]。

（4）道口自动信号机设在通向道口、距道口最外股钢轨 5 m 以外的道路右侧，行人、机动车辆在距道口 50 m 外应能看见道口信号灯光；当透视距离不能满足时，应选择适当位置设置[44]。

（5）设有自动通知设备的道口，当列车进入道口接近区段时，应能自动向道口看守员发出警报；道口自动通知及道口自动信号设备应能自动向道口看守员和道路通行方向的车辆、行人发出报警，报警方式为音响和灯光信号。当列车通过道口后，报警音响应及时停止，道口信号机应及时恢复定位[45]。

（6）站内道口和邻近车站的区间有人看守道口，须安装直通车站电话[46]。

（7）遮断信号机设在列车运行方向线路的左侧，距道口不得小于 50 m；位于轨道电路区段的有人看守道口应加装短路设备。短路设备应符合相关技术条件；道口无线报警装置应具备以无线方式向接近列车发出道口故障报警信息和平安信息，能接收列车接近预警信息、报警信息记录和查询、交直流供电自动转换等功能[47-49]。

（8）道口视频监控设备应能对道路上车辆、行人及道口作业人员日常作业进行监视。有条件的应实现远程监控[50]。

4. 其他设备要求

（1）道口设备须有可靠的供电电源。交流电源应设置一主一备，并安装自动切换装置，在自动闭塞区段主、副电源应采用自动闭塞电源和区间电力贯通电源，在非自动闭塞区段主电源应采用不低于二级负荷的电源。当供电电源停电时，应能及时发出故障报警音响[51]。

(2)道口房应根据设备配备的需要,设置值班室、机械室和备班室。双岗及以上道口还应设副班值班室,并装电铃或电话与主班值班室联系。道口房选址应易于工作和瞭望。值班室内地面应高于轨面0.3 m以上,对两端线路应具备良好的瞭望条件。值班室和备班室应安装纱窗纱门,城市内道口应有室内厕所,城市外道口可采用室外旱厕。道口应有自来水或水井。道口房内外应有良好的照明,夜间在距道口30 m外能看清道口栏杆(门)的开闭状态[52]。

(3)道口公告牌设在通向道口道路的右侧最外护桩处。公告牌形状为长900 mm、高550 mm长方形,正面为蓝底白字并采用反光材料,底边至地面高度为1.8~2.2 m,立柱油漆黑白相间,宽度200 mm[53]。

①栏杆(门)关闭公告牌,写明"本道口某时关闭,车辆行人通过时,请通知道口看守人员放行"[53]。

②定时看守公告牌,写明"本道口某时有人看守,其他时间无人看守,车辆行人通过时,请瞭望确认无列车后通行"[53]。

③临时道口公告牌,写明"本道口为临时道口,使用期自某年某月某日至某年某月某日"[53]。

(4)在距离最外股钢轨外侧5 m以外,通向人行过道的道路右侧设置宣传牌。宣传牌形状为长800 mm、高250 mm的长方形,正面为白底黑字,边缘为25 mm宽的黑色边框,底边距地面高度为1.8~2.2 m,写明"禁止机动车畜力车通行"[54]。

(5)道口铭牌、闲人免进牌设在道口房面向道路侧外墙上。道口铭牌标明道口名称、线名、里程。闲人免进牌白底黑字标明"行车重地,闲人免进"[55]。

第三节 道口管理

一、管理职责分工

(1)铁路局集团公司应成立道口安全管理委员会,下设道口安全管理办公室(简称道口办),负责管内道口安全管理及与地方政府协调工作。道口安全管理委员会、道口办及有关站段应定期召开安全分析会,组织联合检查[56]。

(2)各有关站段、合资铁路公司等道口设备管理单位或看守单位,具体负责道口设备设施管理和维护,承担安全管理责任,落实对道口看守人员的培训和考核。看守道口数量较多且相对集中的站段,应成立段道口车间、道口看守人员区(班组)。平过道的安全管理由使用单位负责[57]。

(3)道口铺面、距道口最外股钢轨2 m以内(看守道口栏杆、栏门以内)的道路路面、同一道口两相邻线路股道间的道路路面(不包括货场道口及平过道)、栏杆(栏门)及其红牌和警示信号灯、护桩(栏)、鸣笛标、公告牌、宣传牌等由工务部门负责(或受产权单位、使用单位委托)维护[58]。

(4)道口的自动信号、自动通知、遮断信号、道口无线报警装置、道口电话、列车无线调度通信设备等由电务部门负责维护。电务部门应及时核对道口报警距离、报警时间;提供道口通信、信号设备使用说明;培训道口作业人员正确使用道口通信、信号设备[59]。

(5)道口房由产权部门管理。对道口加装的作业记录仪、栏杆(栏门)开闭显示装置、视频监视设备等,由看守单位负责使用维护[60]。

(6)车站按规定与道口做好联控,按规定时机开放进、出站信号,避免因过早开放进、出站信号可能造成的站内或邻近车站道口交通堵塞[61]。

(7)供电部门负责所属道口限界架、揭示牌以及道口电力照明(路灯)等设备设施的安装和维修管理;定期维修、巡检道口供电设施[62]。

(8)机务部门负责对机车乘务员进行道口安全教育,严格执行瞭望、鸣笛、道机联控规定。机车乘务员接到道口故障信息、停车信号或遇紧急情况时,应立即采取相应措施[63]。

(9)铁路公安部门负责协助有关部门疏通繁忙道口车辆行人。各铁路局集团公司发现未经同意擅自设置道口或者人行过道的,应及时报告公安机关依法处理[64]。

(10)设备管理单位应按相关技术标准要求加强检修,保持设备完好和正常使用。道口自动信号、自动通知、道口电话、电源、栏杆(栏门)、铺面、标桩等设备发生故障、缺损时,要及时通知设备管理单位,并在"设备检修及故障处理记录簿"上登记。设备管理单位接到通知后要及时组织抢修,并在24 h内予以修复。当自动信号、自动通知、道口栏杆(栏门)等关键设备停用时,看守单位必须派人到现场监控,确保安全[65]。

(11)有人看守道口看守分工:区间(进站信号机以外)道口由工务段负责看守;站内(进站信号机以内)道口由车务段、直属站负责看守;段管线、货物线内道口由归属单位负责看守;路产专用线上的道口,以有利于安全、作业为原则,由铁路局集团公司确定看守管理单位;非路产专用线上的道口,应由产权单位负责看守,也可委托相关铁路单位代为看守。当道口仅由一个单位使用时,由该单位负责看守;临时道口由申请单位负责看守。特殊情况由铁路局集团公司确定[66]。

二、有人看守道口管理

(1)道口值班室内应悬挂道口看守人员岗位责任制、道口看守人员作业标准、道口发生故障应急处理办法等;在值班室显著位置放置旅客列车时刻表[67]。

(2)道口值班室内应有道口安全技术设备台账、交接班记录簿、检查指导簿、道口行车日志记录簿、设备检修及故障处理记录簿。设有与车站直通电话的道口,必须备有通话记录簿[68]。

(3)道口值班室内设专用备品箱存放信号、工具及备品[69]。

(4)道口看守人员必须坚持标准化作业[70]:

①道口看守人员及替班人员必须经培训合格后持证上岗。

②接班前要充分休息,保证睡眠,精神饱满。穿着规定服装,衣帽整洁端正,佩戴统一的执勤标志。

③交接班应利用列车间隔时间进行,并填写交接班记录簿。交班人发现接班人饮酒或

精神不振应拒绝交班,并向上级报告要求另派人接班。交班要交清安全情况、信号工具备品、设备状况、注意事项、上级指示和文电通知等。

④班中要坚守岗位,认真瞭望。要根据报警和列车运行情况,适时关闭栏杆(门);双向行驶车辆的道口,应先关闭进口栏杆(门);站内及邻近车站的道口,对来车是否通过道口不能确定时,也要关闭栏杆(门)。

⑤当发现列车开来或报警时,要做好接车准备,并向邻近联防的道口发出通知。两人及以上人员看守道口,要执行呼唤应答制。要携带信号旗(灯)站在规定位置接车,如图 7-4 所示。接车时应注意道路交通状况,及时拦阻欲抢越道口的车辆行人。

图 7-4 道口看守人员按标准接车

⑥列车通过道口后,在确认本线及其他线无列车开来后,双侧看守人员互相确认信号,然后开放栏杆(门)。道口开放后,要疏导车辆行人迅速通过。

(5)栏杆(门)应以对道路开放为定位。以对道路关闭为定位时,必须经铁路局集团公司批准[71]。

表 7-2 是根据 2016 年中国铁路总公司发布的《道口员一日作业指导书》整理的文本。

表 7-2 道口员一日作业指导书

作业程序	作业内容	作业要求
班前	准备	1. 道口看守人员班前要充分休息严禁饮酒。 2. 提前到达工作岗位。 3. 按规定着装,佩戴执勤标志,持证上岗。 4. 交班时发现接班人饮酒或精神不振要拒绝交班,并及时向上级领导报告,在新接班人没有到来之前继续值岗
	交接	1. 接班人检查无线预警、自动通知、监控设备、核对钟表、检查对讲机、直通电话、联控电话等,检查信号灯、信号旗等,检查室内外照明,检查小铁铲、钢丝绳、小撬棍、道钉锤等工具,开放公路信号检查栏杆(门)、栏杆、拦绳,关闭公路信号检查道口铺面、轮缘槽、道口两侧 50 m 范围内线路、限界标、护桩、警标、停标、公路信号及室外监控设备。 2. 交班人要向接班人交清安全情况、注意事项、上级指示和文电通知等,接班人填写交接班记录,双方签字

续上表

作业程序	作业内容	作业要求
班中	坚持监听和瞭望列车	1. 道口看守人员值岗时要做到不间断监听和瞭望列车，随时掌握列车运行情况。 2. 监视道路上车辆、行人通行情况，防止道口堵塞，车辆、行人拥挤时，及时进行疏导。疏导时应不间断监听和瞭望列车。 3. 对超限、超重的大型车辆道口看守人员要将其拦停，通知车间或工区及相关单位，进行防护后方可通过道口
	疏通道口	按照道口的联控时机进行联控，道口看守人员接到联控通知后立即疏通道口，为关闭栏杆(门)做好准备
	关闭栏杆(门)	关闭栏杆(门)，劝阻抢越道口的车辆和行人，检查铺面及钢轨无异状、无障碍物，纳入道机联控的道口按照标准用语进行联控
	列车通过	关闭栏杆(门)后，道口看守人员站在指定位置立岗接车。接车时应注意道路交通状况，及时劝阻欲抢越道口的车辆行人。列车通过时，注意车上散落货物、抛物、绳索等，以防伤人
	开放栏杆(门)	列车通过后，确认本线及其他线均无列车开来，目视铺面和轮缘槽无异状，双侧看守人员互相确认信号，方可开放栏杆(门)
	疏导车辆	开放拉门(栏杆)后，疏导车辆、行人迅速通过，繁忙道口可采取"分批截流"的办法，防止堵塞
	故障处理	1. 道口故障应急处理原则。道口发生故障时，必须执行"先防护、后处理"的原则，迅速果断地采取措施，确保道口安全。 2. 道口发生故障时，道口看守人员应立即使用遮断信号；轨道电路区段的道口立即使用短路铜线或短路闸刀；启动道口无线预警，没有无线预警的道口，道口看守人员利用无线列调呼叫司机立即停车；然后电话通知车站和相邻道口代设防护，扣发或拦停列车；当确认来车方向时，手持展开的红色信号旗(夜间手持红色灯光信号灯)，迅速跑向列车开来方向拦停列车；道口发生故障应立即开放公路信号、关闭道口，不能关闭道口的，应设置路障拦停公路车辆；设好防护后，道口看守人员应组织力量排除故障，单独处理困难时应迅速报告工长及有关单位；故障排除后，在确认线路具备开通条件的前提下，迅速恢复遮断信号、无线预警，撤除短路铜线和相邻道口的防护，关闭栏杆(门)，通知车站及司机开通线路，放行列车。对造成道口故障或肇事的车辆、行人，道口看守人员应记录车辆牌号、司机姓名、联系方式等工作，立即报告就近的铁路公安派出所、工区、车间、段调度，将责任者交上级部门或铁路派出所处理
班后	学习	1. 班中发生的问题，交班后应及时汇报。 2. 按规定参加学习

三、安全技术管理

(1)铁路局集团公司、站段应建立道口设备台账，详细记载道口设备状况，且每年至少核对一次[72]。

(2)按规定及时安排道口设备维修和大修。凡基建、更新改造、大修、中修项目通过道口地段，要对道口进行全面整修达标[73]。

(3)建立道机联控及道口与车站联控管理制度[74]。

①道机联控及道口与车站联控制度是指机车乘务员、车站值班员、道口看守人员利用列车调度通信设备按规定进行联络，提示行车安全信息，确保行车安全的互控措施。要求作业程序规范，用语标准、清晰。

②道机联控：

a. 有条件的道口应纳入道机联控，并配备必要的无线列调固定电台或手持电台。同一区间内纳入道机联控的道口数量及位置由铁路局集团公司调查确定。

b. 电务部门将执行道机联控的道口地面数据写入列车运行监控装置，在接近道口前（根据线路允许速度按提前 120 s 确定距道口距离）加特殊语音提示"前方道口道机联控"。机车乘务员听到语言提示后立即与道口看守人员进行呼唤应答；如联控不上，机车乘务员应注意瞭望，加强鸣笛；当发现停车信号或接到停车通知时，应立即停车。站内停留列车发车前应与运行前方联控道口进行道机联控。

c. 道机联控呼叫用语：

(a)正常呼叫：当语音提示"前方道口道机联控"时，机车乘务员呼叫"某公里道口某次接近"，听到道口看守人员回答"某次某公里道口正常"后，机车乘务员回答"某次司机明白"。

(b)道口发生险情：道口看守人员呼叫"某公里道口发生险情，上（下）行接近列车（如知道车次时呼叫：某次）立即停车"；机车乘务员听到前方道口呼叫后必须立即紧急停车，并回复"某次立即停车，司机明白"。道口解除险情后，道口看守人员应立即呼叫"某公里道口已排除险情，列车可以正常通过"，机车乘务员回答"某公里道口已排除险情，某次司机明白。"

若联控影响多条线路列车运行，则呼叫用语中应增加线路名称。

d. 要严格执行道机联控作业标准，不得擅自增减联控内容及用语，确有必要增减时，须报铁路局集团公司批准。道口看守人员执行道机联控及出现险情防护时，允许使用列车（无线）调度电话或 GSM-R 手持终端联系机车乘务员、车站值班员和列车调度员，禁止进行与工作无关的通话。

③接发列车及调车作业通过站内及邻近站内道口时，道口与车站联控按以下要求执行：

a. 遇有道口自动通知设备故障或临时停用、双线区段反方向运行等非正常接发列车作业或无自动通知设备的道口，道口作业人员不能预先知道有列车通过时，车站值班员与道口看守人员执行联控制度。

b. 无自动通知的道口以及自动通知设备临时故障或停用时，越出站界调车和跟踪出站调车、站内及专用线调车作业通过道口时，实行车站与道口联控。

c. 由道口看守单位与车务段（直属站）签订道口联控协议，共同制定安全联控措施及联系方式。

④工务、机务、车务等有关站段要将联控纳入站段安全管理内容，补充修订有关工种作业标准。站段要建立月度检查、分析、通报、考核制度，每月对联控信息进行统计分析，每季、每年对联控工作进行总结。铁路局集团公司定期对联控工作进行全面检查、评比和考核。

(4)自轮运转设备要与道口实施联控，如联控不上，则需在道口前方停车。自轮运转设备管理单位要制定在封锁施工期间通过道口的安全措施[75]。

(5)专用线无人看守道口在机车车辆通过时要进行监护。机车车辆通过临时派人监护的专用线道口前,机车乘务员或调车指挥人应与道口防护人员联系,确认道口防护人员已到位并做好防护后通过道口;否则应停车确认安全后通过[76]。

(6)笨重、巨大物件或可能损坏铁路设备、干扰行车的物体通过道口时,应采取安全和防护措施,并经线路(或道口)工长的许可;在站内还应经车站站长许可;在有轨道电路的区段,还应经信号工长许可;在电气化区段,还应经供电工长许可,并在其协助指导下方可通过[77]。

(7)对违反道口通行规定、扰乱交通秩序、损坏设备等行为及发生道口事故时,应立即通知铁路公安等相关部门处理[78]。

四、道口的故障处理[79]

(1)道口发生故障时,必须按照"先防护、后处理"的原则办理。有遮断信号机应立即使其显示红灯;有道口无线报警装置的应立即启用,向接近列车发出报警;如为轨道电路区段,可使用短路设备或短路铜线构成短路,使信号机显示红灯;有直通车站电话或列车无线调度电话,立即通知车站或机车乘务员,如有连通相邻道口的电话,可让其代设置停车信号防护。如无上述设备或条件时,由铁路局集团公司规定具体的防护办法。使用遮断信号机防护故障道口如图 7-5 所示。

图 7-5　使用遮断信号机防护故障道口

(2)在配备 GSM-R 手持终端的道口,发生紧急情况危及行车安全时,允许道口看守人员使用 GSM-R"299"铁路紧急呼叫功能联系机车乘务员。通话结束后,道口看守人员必须按照操作规程及时解除紧急呼叫。

(3)各有人看守道口管理单位应根据道口防护设施配备情况,制定切实可行的道口故障处理程序,并经常组织道口看守人员培训演练。

(4)机车乘务员应严格执行运行中的瞭望、鸣笛制度,发现前方道口上有异常或收到道口故障报警以及听到紧急呼叫,应立即采取停车措施。车站值班员在接到道口故障报告或报警时,应立即采取措施。铁路其他人员在遇见道口发生故障时,应积极迅速协助道口看守人员做好应急处理工作。

表 7-3 为某铁路局集团公司执行的《道口故障基本防护程序》。

表 7-3 道口故障基本防护程序

作业内容	实施步骤	备注
封锁线路	1. 使用遮断信号(短路铜线)、无线预警	使用遮断信号(短路铜线)、无线预警封锁线路
	2. 使用对讲机通知机车司机	有列车开来,没有无线预警设备或无线预警失效时使用(先按"机车"键发射信令)
	3. 使用电话、手机通知车站封锁区间	无列车开来,没有无线预警设备或无线预警失效且无电话、手机时用对讲机通知(先按"车站"键发射信令)
	4. 通知相邻道口代设停车信号	使用电话、手机、对讲机(未使用无线预警时)通知相邻道口
拦停列车	5. 迅速跑向列车开来方向拦停列车,如图 7-6 所示	手持展开的红色信号旗(夜间手持红色灯光信号灯)
封闭公路	6. 开放公路信号	禁止车辆继续进入道口。多人作业的道口与第 5 项同步进行
故障处理	7. 返回道口处理故障	单独处理困难时应迅速报告工长及有关单位。多人作业的道口与第 5 项同步进行
开通线路	8. 确认线路开通条件,撤除防护信号,关闭拉门(栏杆),通知车站及司机开通线路	恢复遮断信号、无线预警
开放公路	9. 开放公路	关闭公路信号,开放拉门(栏杆)
取证、汇报	10. 向肇事者或目击者取证,向车间、段调度汇报,同时填写在交接簿上	

图 7-6 道口看守人员奔跑拦车

第四节 保障道口安全措施

一、规章制度保障

国铁集团依据有关法律法规和规章,制定了《铁路道口管理办法》,主要内容包括道口分类及设置原则、道口设备配置要求及技术条件、道口管理职责分工、有人看守道口管理及安全技术管理等。该办法明确了设置或者拓宽铁路道口、人行过道采用协议制管理,确定了道口设备配置及技术标准，确定了道口各级管理机构、职责分工，明确了有人看守道口看守人员标准化作业内容，并对道机联控、道口与车站联控、专用线道口管理、道口故障应急处理程序等安全关键问题做出了明确规定。各铁路局集团公司结合《铁路道口管理办法》、《铁路技术管理规程(普速铁路部分)》和《普速铁路工务安全规则》等规章、文件对道口管理的相关规定，参考国铁集团统一录制的《道口一班作业标准化》作业视频，对现有的道口管理办法和细则进行了修改和细化，从组织机构、管理职责上实现安全管理规范化；对现有作业指导书、操作规范进行补充修订，加强日常作业过程检查考核和应急预案演练，提高应急处置能力，实现现场作业标准化。

二、定期专项整治和应急演练

各铁路局集团公司定期对道口人员作业、道口铺面标志等设备进行排查，及时消灭安全隐患，实现检查整治常态化。对发现需地方部门解决的安全隐患及时向安监、公安、铁路地方监管局及当地政府有关部门报告。同时加强道口故障应急处置演练，提高道口作业人员应急处置水平，减少事故发生。

三、道口安全防控建设

(1)正线有人看守道口和部分繁忙的监护道口安设道口视频监控，实现道机联控/道口间联控，有条件的道口安设“电子警察”，实现道口交通和道口看守人员作业情况记录、道口和机车联控预警及道口机动车通行违法抓拍，以提升道口安全防范能力。

(2)部分通行载重货车和存在长直下坡道的道口，除在栏杆(门)增设闪烁的强光信号灯以增强提示外，同道路管理部门一道在道路上增设减速带，有条件的还需增设二道栏门，有效防止因驾驶员疲劳驾驶超速或制动不及时机动车闯入道口的情况发生。

(3)通行旅客列车的无人看守道口(不含已实施监护的道口)，选派人员在旅客列车到达道口前10~30 min实施临时监护，以确保旅客列车通过道口的安全。

(4)通行公交车、大客车等载客车辆的正线无人看守道口(不含已实施监护的道口)，在节假日、农忙等道口交通流量大的时期，选派人员在列车通行时刻或道路繁忙时段实施临时看护。通行公交车、大客车等载客车辆的站专线(含非路产)无人看守道口，在列(调)车通过道口前实施一度停车或实施列(调)车通过前派人疏导道路交通，以避免重大路外交通事故的发生。

四、源头消灭安全隐患

道口作为铁路和道路两种运输方式的交叉点，平改立是互不干扰和消灭道口安全事故最彻底的解决办法。一直以来，铁路局集团公司对管内道口逐个进行摸底排查，与地方政府联系协调，结合实际共同制定本区域内道口平改立规划，促进多方力量对平改立工作的支持。同时结合既有线改造、增建双线等机会，加大道口拆并改力度，以实现道口数量的减少。

典型案例7-1

道口看守人员违反劳动纪律导致交通肇事

1. 概　　况

某铁路局集团公司某线K122昼夜监护道口当班道口看守人员先后多次使用联控和监听手持电台通知K120道口列车接近信息,均没有得到当班道口看守人员的应答信息,随即通知邻近道口当班道口看守人员又多次联控,也没有得到应答信息。通过的单机在K120道口撞上一辆蓝色小轿车,造成车上1人受伤,后送医院抢救无效死亡,构成一般B类铁路交通事故,事故现场如图7-7所示。

图7-7　道口交通肇事事故现场

2. 原因分析

(1)道口看守人员当班睡觉,漏接联控信息。

(2)相邻道口联系中断后未及时采取拦车措施。

(3)班制不合理,道口看守人员当班时间过长(连续48 h),间休时段不能保证充分休息。

3. 吸取教训

(1)班前充分休息,按规定巡检、定时叫班。

(2)确认相邻道口联系中断时,要果断采取列车一度停车措施。

(3)合理安排道口班制。

典型案例7-2

机动车违章造成的道口事故

1. 概　　况

某次货物列车运行至站内一无人看守道口处,与一辆大型客运班车相撞,造成客车上

61 人中的 11 人死亡、50 人受伤，中断行车 3 h 41 min，构成铁路交通重大事故。

2. 原因分析

(1) 大客车驾驶员李某违反多项法律法规。该司机臆测行驶，在无人看守道口前未停车，并在货运列车接近道口前连续鸣笛 5 次的情况下，盲目抢越道口。违反机动车通过铁路道口时，应当按照交通信号或者管理人员的指挥通行，在没有交通信号或者管理人员的情况下，应当减速或者停车，在确认安全后通过的规定；违反车辆、行人通过没有道口信号机的无人看守道口以及人行过道时，必须停车或止步瞭望，确认两端均无列车开来时方准通行的规定。该车严重超员载客行驶，严重违反机动车载人不得超过核定人数的规定，且驾驶员在视线被遮挡的情况下，臆测行驶，盲目抢越铁路道口。

(2) 车站值班员未按规定及时通知道口看守人员出务。

典型案例7-3

道口设备原因导致事故

1. 概　　况

某次货运列车以 28 km/h 的速度通过道口时，机后 1-4 位重车车辆（均为煤炭）脱轨。司机发现情况异常后紧急停车，中断行车 9 h 19 min，构成铁路交通一般 A 类事故。

2. 原因分析

该道口铺面范围内线路轨道结构状态严重不良，道床脏污严重，排水不畅，钢轨联结零件长期被泥浆腐蚀，轨下胶垫压溃窜出，承轨槽混凝土保护层破损凹陷，扣件缺损且存在连续松动，造成钢轨空吊，在列车通过时，下股钢轨失稳外倾、轨距扩大，导致车辆轮对脱轨。

典型案例7-4

综合原因导致的事故

1. 概　　况

一旅客列车运行至某线 K73 有人看守道口处，与由北往南通过道口的小轿车相撞停车，构成铁路交通一般 C 类事故。

2. 原因分析

(1) 隐患道口管理不到位，道机联控标设置不规范，未经批准自行安设非标报警设备，报警设备故障不按规定处置，道口看守人员不按标准立岗瞭望，导致列车开来时道口栏门未及时关闭。

(2) 道口专业主管部门未组织对非标道口报警设备更新改造，未按标准推进标准化道口建设，未按标准开展标准化道口评比，未有效履行专业管理职责。

(3)机车乘务员未在规定地点执行道机联控，列车接近道口时未及时发现仍有机动车通行的异常情况，未及时采取停车措施。

复习思考题

1. 道口看守人员在接班前应做好哪些工作准备？
2. 道口看守人员在交接班时，有哪些安全注意事项？
3. 笨重、巨大物件或可能损坏铁路设备、干扰行车的物体通过道口时，应如何办理？
4. 有人看守道口发生故障时，处理原则是什么？
5. 有人看守道口发生故障时，基本处理程序是什么？
6. 发现擅自设置道口或者人行过道的，如何处理？

引用规章文件

[1]《铁路道口管理办法》(铁总运〔2013〕121号)第二章第四条

[2]《铁路道口管理办法》(铁总运〔2013〕121号)第二章第五条

[3]《中华人民共和国道路交通安全法》(中华人民共和国主席令〔2021〕第81号)第三章第二十七条

[4]《中华人民共和国道路交通安全法》(中华人民共和国主席令〔2021〕第81号)第四章第四十三条

[5]《中华人民共和国道路交通安全法》(中华人民共和国主席令〔2021〕第81号)第四章第四十六条

[6]《中华人民共和国道路交通安全法》(中华人民共和国主席令〔2021〕第81号)第四章第六十五条

[7]《中华人民共和国铁路法》(中华人民共和国主席令〔2015〕第25号)第三章第四十条

[8]《中华人民共和国铁路法》(中华人民共和国主席令〔2015〕第25号)第四章第四十六条

[9]《中华人民共和国铁路法》(中华人民共和国主席令〔2015〕第25号)第四章第四十七条

[10]《中华人民共和国铁路法》(中华人民共和国主席令〔2015〕第25号)第四章第五十八条

[11]《中华人民共和国铁路法》(中华人民共和国主席令〔2015〕第25号)第五章第六十八条

[12]《中华人民共和国治安管理处罚法》(中华人民共和国主席令〔2012〕第 67 号)第三章第三十五条
[13]《中华人民共和国治安管理处罚法》(中华人民共和国主席令〔2012〕第 67 号)第三章第三十六条
[14]《中华人民共和国道路交通安全法实施条例》(中华人民共和国国务院令〔2017〕第 687 号)第四章第四十三条
[15]《中华人民共和国道路交通安全法实施条例》(中华人民共和国国务院令〔2017〕第 687 号)第四章第四十六条
[16]《中华人民共和国道路交通安全法实施条例》(中华人民共和国国务院令〔2017〕第 687 号)第四章第四十九条
[17]《中华人民共和国道路交通安全法实施条例》(中华人民共和国国务院令〔2017〕第 687 号)第四章第五十条
[18]《中华人民共和国道路交通安全法实施条例》(中华人民共和国国务院令〔2017〕第 687 号)第四章第六十三条
[19]《中华人民共和国道路交通安全法实施条例》(中华人民共和国国务院令〔2017〕第 687 号)第四章第六十五条
[20]《铁路安全管理条例》(中华人民共和国国务院令〔2013〕第 639 号)第二章第十七条
[21]《铁路安全管理条例》(中华人民共和国国务院令〔2013〕第 639 号)第二章第十八条
[22]《铁路安全管理条例》(中华人民共和国国务院令〔2013〕第 639 号)第二章第十九条
[23]《铁路安全管理条例》(中华人民共和国国务院令〔2013〕第 639 号)第四章第四十六条
[24]《铁路安全管理条例》(中华人民共和国国务院令〔2013〕第 639 号)第四章第四十七条
[25]《铁路安全管理条例》(中华人民共和国国务院令〔2013〕第 639 号)第四章第四十八条
[26]《铁路安全管理条例》(中华人民共和国国务院令〔2013〕第 639 号)第四章第四十九条
[27]《铁路安全管理条例》(中华人民共和国国务院令〔2013〕第 639 号)第七章第八十七条
[28]《铁路安全管理条例》(中华人民共和国国务院令〔2013〕第 639 号)第七章第九十四条
[29]《铁路道口管理办法》(铁总运〔2013〕121 号)第一章第一条
[30]《铁路道口管理办法》(铁总运〔2013〕121 号)第三章第七条

[31]《铁路道口管理办法》(铁总运〔2013〕121 号)第四章第十七条
[32]《普速铁路工务安全规则》(铁总运〔2014〕272 号)第二章第 2.3.20 条
[33]《铁路道口管理办法》(铁总运〔2013〕121 号)第四章第十八条
[34]《铁路道口管理办法》(铁总运〔2013〕121 号)第四章第十九条
[35]《铁路道口管理办法》(铁总运〔2013〕121 号)第四章第二十条
[36]《铁路道口管理办法》(铁总运〔2013〕121 号)第四章第二十一条
[37]《铁路道口管理办法》(铁总运〔2013〕121 号)第四章第二十二条
[38]《铁路道口管理办法》(铁总运〔2013〕121 号)第四章第二十三条
[39]《铁路道口管理办法》(铁总运〔2013〕121 号)第四章第二十四条
[40]《铁路道口管理办法》(铁总运〔2013〕121 号)第四章第二十七条
[41]《铁路道口管理办法》(铁总运〔2013〕121 号)第四章第二十五条
[42]《铁路道口管理办法》(铁总运〔2013〕121 号)第四章第二十六条
[43]《铁路道口管理办法》(铁总运〔2013〕121 号)第四章第二十八条
[44]《铁路道口管理办法》(铁总运〔2013〕121 号)第四章第二十九条
[45]《铁路道口管理办法》(铁总运〔2013〕121 号)第四章第三十条
[46]《铁路道口管理办法》(铁总运〔2013〕121 号)第四章第三十一条
[47]《铁路道口管理办法》(铁总运〔2013〕121 号)第四章第三十二条
[48]《铁路道口管理办法》(铁总运〔2013〕121 号)第四章第三十三条
[49]《铁路道口管理办法》(铁总运〔2013〕121 号)第四章第三十四条
[50]《铁路道口管理办法》(铁总运〔2013〕121 号)第四章第三十五条
[51]《铁路道口管理办法》(铁总运〔2013〕121 号)第四章第三十六条
[52]《铁路道口管理办法》(铁总运〔2013〕121 号)第四章第三十七条
[53]《铁路道口管理办法》(铁总运〔2013〕121 号)第四章第三十八条
[54]《铁路道口管理办法》(铁总运〔2013〕121 号)第四章第三十九条
[55]《铁路道口管理办法》(铁总运〔2013〕121 号)第四章第四十条
[56]《铁路道口管理办法》(铁总运〔2013〕121 号)第五章第四十一条
[57]《铁路道口管理办法》(铁总运〔2013〕121 号)第五章第四十二条
[58]《铁路道口管理办法》(铁总运〔2013〕121 号)第五章第四十三条
[59]《铁路道口管理办法》(铁总运〔2013〕121 号)第五章第四十四条
[60]《铁路道口管理办法》(铁总运〔2013〕121 号)第五章第四十五条
[61]《铁路道口管理办法》(铁总运〔2013〕121 号)第五章第四十六条
[62]《铁路道口管理办法》(铁总运〔2013〕121 号)第五章第四十七条
[63]《铁路道口管理办法》(铁总运〔2013〕121 号)第五章第四十八条
[64]《铁路道口管理办法》(铁总运〔2013〕121 号)第五章第四十九条
[65]《铁路道口管理办法》(铁总运〔2013〕121 号)第五章第五十条
[66]《铁路道口管理办法》(铁总运〔2013〕121 号)第五章第五十一条
[67]《铁路道口管理办法》(铁总运〔2013〕121 号)第五章第五十二条

［68］《铁路道口管理办法》(铁总运〔2013〕121 号)第五章第五十三条
［69］《铁路道口管理办法》(铁总运〔2013〕121 号)第五章第五十四条
［70］《铁路道口管理办法》(铁总运〔2013〕121 号)第五章第五十五条
［71］《铁路道口管理办法》(铁总运〔2013〕121 号)第五章第五十七条
［72］《铁路道口管理办法》(铁总运〔2013〕121 号)第五章第五十八条
［73］《铁路道口管理办法》(铁总运〔2013〕121 号)第五章第五十九条
［74］《铁路道口管理办法》(铁总运〔2013〕121 号)第五章第六十条
［75］《铁路道口管理办法》(铁总运〔2013〕121 号)第五章第六十一条
［76］《铁路道口管理办法》(铁总运〔2013〕121 号)第五章第六十二条
［77］《铁路道口管理办法》(铁总运〔2013〕121 号)第五章第六十三条
［78］《铁路道口管理办法》(铁总运〔2013〕121 号)第五章第六十四条
［79］《铁路道口管理办法》(铁总运〔2013〕121 号)第五章第六十五条

第八章

周边环境管理及灾害监测系统

学习任务

铁路线路的周边环境、地质条件、气候条件及线路设备的本身缺陷，直接影响铁路运输安全。我们只有充分理解并掌握在铁路线路周边环境下进行生产活动的相关要求，了解并熟知各种故障、灾害监测系统的性能和使用方法，才能更有效地预防和应对设备故障、自然灾害等突发情况，全力保障铁路运输的绝对安全。

本章主要阐述了铁路周边环境管理的项点和相关要求，介绍了普速铁路断轨监测系统、普速铁路障碍自动监测报警系统、高速铁路道岔监测系统、高速铁路灾害监测系统的组成、特点及功能，并阐述了这些监测系统的日常管理要点、灾害报警及应急处置流程。

通过学习，重点掌握铁路周边环境的管理项点，各种灾害监测系统的日常管理要点，灾害报警的研判和应急处置。

第一节　周边环境管理

国务院办公厅于 2021 年 1 月 26 日下发了《国务院办公厅关于同意建立铁路沿线安全环境治理部际联席会议制度的函》(国办函〔2021〕12 号)。会议制度的主要职责就是要在党中央、国务院领导下，分析研判铁路沿线安全环境形势，研究完善相关法律法规、规划标准、政策措施等，协调解决影响铁路沿线安全环境的普遍性、长期性、政策性问题，建立健全铁路沿线安全环境治理长效机制，指导推动有关方面落实责任，认真做好铁路沿线安全环境治理工作[1]。

一、铁路安全保护区

铁路安全保护区范围内及铁路沿线的周边环境对铁路运输安全、铁路线路设备质量以及灾害的预防有着很大的影响。特别是我国铁路已经进入了高速、重载时期，列车速度快，行车密度大，周边环境的优劣将直接影响行车安全，因此，在工务安全管理中，对于铁路安全保护区范围内及周边环境的管理更显得尤其重要。

《中华人民共和国铁路法》第四十六条规定：在铁路线路和铁路桥梁、涵洞两侧一定距离内，修建山塘、水库、堤坝，开挖河道、干渠，采石挖砂，打井取水，影响铁路路基稳定或者危害铁路桥梁、涵洞安全的，由县级以上地方人民政府责令停止建设或者采挖、打井等活动，限期恢复原状或者责令采取必要的安全防护措施[2]。

在铁路线路上架设电力、通信线路，埋置电缆、管道设施，穿凿通过铁路路基的地下坑道，必须经铁路运输企业同意，并采取安全防护措施[2]。

在铁路弯道内侧、平交道口和人行过道附近，不得修建妨碍行车瞭望的建筑物和种植妨碍行车瞭望的树木。修建妨碍行车瞭望的建筑物的，由县级以上地方人民政府责令限期拆除。种植妨碍行车瞭望的树木的，由县级以上地方人民政府责令有关单位或者个人限期迁移或者修剪、砍伐[2]。

违反此三款的规定，给铁路运输企业造成损失的单位或者个人，应当赔偿损失[2]。

1. 设立铁路安全保护区的目的

为了加强铁路安全管理，保障铁路运输安全畅通，保护人身安全和财产安全，《铁路安全管理条例》规定，铁路线路两侧应当设立铁路线路安全保护区。

2. 铁路安全保护区的范围[3]

铁路线路两侧应当设立铁路线路安全保护区。铁路线路安全保护区的范围，从铁路线路路堤坡脚、路堑坡顶或者铁路桥梁（含铁路、道路两用桥，下同）外侧起向外的距离分别为：

（1）城市市区高速铁路为 10 m，其他铁路为 8 m。

（2）城市郊区居民居住区高速铁路为 12 m，其他铁路为 10 m。

（3）村镇居民居住区高速铁路为 15 m，其他铁路为 12 m。

（4）其他地区高速铁路为 20 m，其他铁路为 15 m。

3. 铁路线路安全保护区边界防护设施

（1）铁路线路安全保护区边界标桩[4]。

在铁路线路安全保护区边界设置标桩，线路安全保护区标桩分为 A 型和 B 型两种，如图 8-1 所示。根据需要设置围墙、栅栏、防护桩等防护设施，铁路线路两侧的防护栅栏如图 8-2 所示。

（a）A型标桩

（b）B型标桩

图 8-1　铁路安全保护区标桩

图 8-2 铁路线路两侧的防护栅栏

①A 型标桩为基本型,沿铁路线路安全保护区边界每 200 m 左右设置一个,特殊地段可增加或减少设置数量,人烟稀少地区可不设置。

②B 型标桩为辅助型,适于在人员活动频繁地段的道口、桥隧两端、公路立交桥附近醒目地点、居民区附近和人身伤害事故多发地段的铁路线路安全保护区边界设置。

标桩在铁路线路两侧规定距离设置时,应与线路另一侧标桩相错埋设。

(2)设计开行 120 km/h 以上列车的铁路应当实行全封闭管理。铁路建设单位或者铁路运输企业应当按照国务院铁路行业监督管理部门的规定在铁路用地范围内设置封闭设施(图 8-2)和警示标志[5]。

4.《铁路安全管理条例》对铁路桥梁范围的安全规定

(1)任何单位和个人不得擅自在铁路桥梁跨越处河道上下游各 1 000 m 范围内围垦造田、拦河筑坝、架设浮桥或者修建其他影响铁路桥梁安全的设施[6]。

(2)禁止在铁路桥梁跨越处河道上下游的下列范围内采砂、淘金[7]:

①跨河桥长 500 m 以上的铁路桥梁,河道上游 500 m,下游 3 000 m。

②跨河桥长 100 m 以上不足 500 m 的铁路桥梁,河道上游 500 m,下游 2 000 m。

③跨河桥长不足 100 m 的铁路桥梁,河道上游 500 m,下游 1 000 m。

(3)在铁路桥梁跨越处河道上下游各 500 m 范围内进行疏浚作业,应当进行安全技术评价,有关河道、航道管理部门应当征求铁路运输企业的意见,确认安全或者采取安全技术措施后,方可批准进行疏浚作业。但是,依法进行河道、航道日常养护、疏浚作业的除外[8]。

二、普速铁路周边环境的管理

(1)在铁路线路安全保护区内建造建筑物、构筑物等设施,取土、挖砂、挖沟、采空作业或者堆放、悬挂物品,应当征得铁路运输企业同意并签订安全协议,遵守保证铁路安全的国家标准、行业标准和施工安全规范,采取措施防止影响铁路运输安全。铁路运输企业应当派员对施工现场实行安全监督[9]。

(2)铁路线路安全保护区内的道路和铁路线路路堑上的道路、跨越铁路线路的道路桥梁,应按照国家有关规定设置防止车辆以及其他物体进入、坠入铁路的安全防护设施和警示标志[10]。

(3)下穿铁路桥梁、涵洞的道路应按照国家标准设置车辆通过限高、限宽标志和限高防护架[10],如图8-3所示。

图8-3 下穿铁路桥梁、涵洞道路设置的限高防护架

(4)严禁在影响路基稳定的范围内挖沟、引水、耕种、取土和开采砂石。在路基范围内埋设电缆时,必须遵守相关规定,并保证路基及其排水、防护和加固设备的稳固和完好状态[11]。

(5)铁路沿线及站内,禁止设置妨碍确认信号的红、黄、绿色的装饰彩布、标语和灯光[12]。

(6)在规定的信号显示距离内,不准种植影响信号显示的树木。对影响信号显示的树木,其处理办法由铁路局集团公司规定[12]。

三、高速铁路周边环境的管理

坚持高速铁路周边环境的安全管理"高一格、严一档",巩固周边环境安全整治成果,建立完善路地联动、综合治理长效机制。要把环境治理作为新线提前介入的重要内容,确保开通时环境安全隐患治理同步达标。

(1)铁路线路安全保护区内的道路和铁路线路路堑上的道路、跨越铁路线路的道路桥梁,应按照国家有关规定设置防止车辆以及其他物体进入、坠入铁路线路的安全防护设施和警示标志。铁路局集团公司应加强安全防护设施和警示标志的检查[13]。

(2)铁路沿线周边环境检查重点如下[14]:

①线路安全保护区内建造的建筑物、构筑物等设施,取土、挖砂、挖沟、采空作业,堆放、悬挂物品。

②线路两侧建造、设立生产、加工、储存或者销售易燃、易爆等危险物品的场所、仓库,采矿、采石、爆破作业,抽水、排水、排污,堆放土石、垃圾,危树,水库、池塘。

③铁路桥梁跨越河流处河道上下游围垦造田、拦河筑坝、架设浮桥或者修建其他影响

铁路桥梁安全的设施，以及采砂、淘金、疏浚作业。

发现有违反《铁路安全管理条例》规定，以及其他影响铁路线路安全的问题时，应及时采取相应措施。

(3)下列作业由铁路局集团公司以外的其他单位承担时，作业单位应按照《铁路安全管理条例》规定与铁路局集团公司协商并签订安全协议后，方准实施。铁路局集团公司应督促作业单位严格遵守国家和行业标准及施工安全规范，采取措施保证铁路运输安全。设备管理单位应派员对作业现场实行安全监督[15]。

①在铁路线路安全保护区内修建各种建(构)筑物等设施，取土、挖砂、挖沟、淘金、采空作业或者堆放、悬挂物品等。

②在铁路线路安全保护区以外、影响范围内进行影响铁路线路安全稳定的作业。

③各种建(构)筑物、电力线路、管道及渡槽跨越铁路，横穿路基，或在桥梁上下、涵洞内通过铁路。

④铁路沿线保护区范围的水塘、水库抬高蓄水水位。

(4)对跨越高速铁路的道路、人行桥梁和渡槽等上跨结构物，在工程静态验收前应完成资产移交。铁路局集团公司在项目静态验收时，应进行核实[16]。

(5)新建跨越高速铁路的道路、人行桥梁和渡槽等上跨结构物时，上跨结构物的建设单位应与铁路局集团公司签订建设和施工安全协议，协议中应明确上跨结构物的接管单位。工程完工后，铁路局集团公司应参与建设单位组织的上跨结构物跨铁路部分的工程验收。验收合格后，建设单位应按协议要求，及时将上跨结构物资产移交给接管单位管理维护，移交完成前，不得开通使用[17]。

(6)高速铁路线路路堤坡脚、路堑坡顶或者铁路桥梁外侧起向外各 200 m 范围内禁止抽取地下水。在此范围外，高速铁路线路经过的区域属于地面沉降区域，抽取地下水危及高速铁路安全的，应当设置地下水禁止开采区或者限制开采区，具体范围由铁路监督管理机构会同县级以上地方人民政府水利行政主管部门提出方案，报省、自治区、直辖市人民政府批准并公告[18]。

(7)铁路线路安全保护区内既有的建筑物、构筑物危及铁路运输安全的，应当采取必要的安全防护措施；采取安全防护措施后仍不能保证安全的，依照有关法律的规定予以拆除[19]。

第二节　普速铁路断轨监测系统

为适应铁路高速、重载的发展要求，我国大力推广区间无缝线路和跨区间无缝线路，为列车提速奠定了坚实的基础。但随着列车的提速、载重增加，钢轨及接头焊接处所受的冲击力明显增大，特别是钢轨接头焊接处的轮轨高频冲击力增大，加之温度变化，容易导致因应力集中而开裂折断，严重危及行车安全。目前工务部门对钢轨检查主要是采用钢轨探伤车、小型钢轨探伤仪及手工检查结合的办法，探伤周期较长，特别是冬季手工检查时，在长大隧道中受环境的限制，光线不足，易导致视觉疲劳，存在断轨处所漏检的风险。

为实现全天监测钢轨是否发生断裂，最大限度地降低由于断轨带来的行车安全隐患。自2010年开始，智能断轨监测系统在工务部门得到了广泛应用。该系统适用于实时监测钢轨完全横向断裂。通过沿钢轨通信信号的变化情况判断钢轨是否断裂，区间无需埋设电缆（给施工带来了方便、同时大量节省成本），在合理的成本费用内，实现对无轨道电路区段钢轨的远程集中监测。

一、铁路断轨监测系统的工作原理及组成

1. 工作原理

该系统根据报警精度要求通过安装定标器，将整个区间划分为若干个小的监测区间。在勘测好的位置安装集中器，在正常情况下各定标器接力传递与集中器建立可靠通信，并将测得相应信号强度发往集中器。断轨发生后测得接收信号变弱，发送信号强度增大，此时主机判断发生断轨，同时根据相应信号减弱的定标器来确定断轨位置。

2. 系统的组成

（1）监测主机（又称报警终端机）

主机负责接收集中器上传的区间设备信息包，将收集到的数据汇总，做出正确的判断。根据液晶显示器提示信息指示，并伴有声光报警。（断轨报警、设备低压报警、设备通信异常报警、设备防雷模块（SPD）防雷保安器劣化报警等信息）。智能断轨监测主机用户界面如图8-4所示。

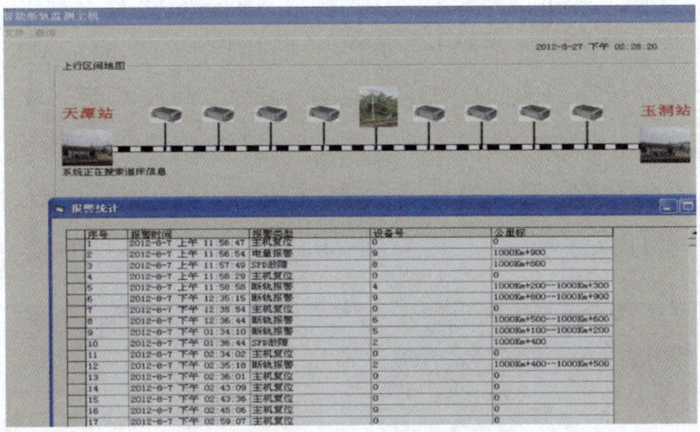

图8-4　智能断轨监测主机用户界面

（2）区间集中器（简称集中器）

区间集中器主要功能是将各定标器信息通过钢轨载波集中采集打包，并将数据通过短波电台发送至主机，供其做出判断。区间集中器及监测主机现场如图8-5所示。

（3）现场定标器及虚拟定标器

现场定标器主要功能是向上级定标器发送测试信号，并测量下级测试信号强度；同时还测量本定标器电池电压，将所测数据发往区间集中器。现场定标器如图8-6所示。

图 8-5　区间集中器及监测主机现场

图 8-6　现场定标器

（4）区间集中器及报警终端机

由于各铁路局集团公司的工务系统大规模撤并工区，因此很难保证一个区间由一个工区来维护。在工区单独设立监测主机必要性不大，且部分车站没有工区，无法保证在每个车站都提供安装监测主机的位置，故将报警终端机安装在区间集中器内，取消了人机界面，降低了功耗。

（5）服务器及短信平台

服务器及短信平台由程序服务器、数据服务器、短信平台及选配件、声光报警装置等构成。服务器需要提供固定 IP 地址的公网，如不能提供固定 IP 地址，则采用 B/S 模式，在公网上采用远程登录方式查看。原则上每个工务段安装一台服务器，便于每个工务段分开管理。发生报警信息后，服务器上会显示对应区段的报警信息。如断轨，则对应区段的钢轨产生"红光带"；如有设备故障，则对应设备会有"一红一黑"交替闪烁。短信平台自动将报警信息发送到相应的责任人手机上。服务器人机界面如图 8-7 所示。

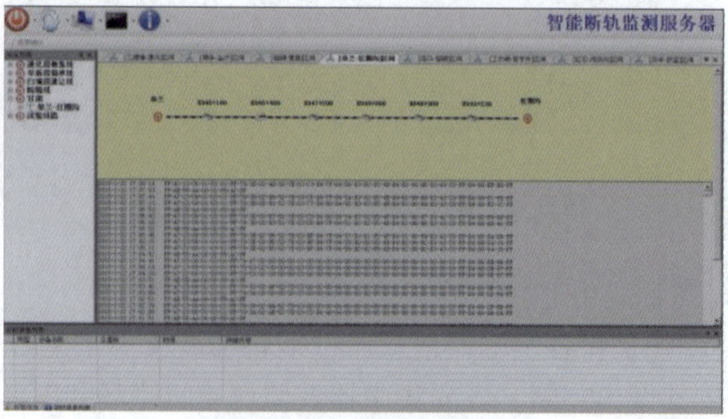

图 8-7　服务器人机界面

在系统产生报警信息后，声光报警装置的红色警示灯闪烁，同时蜂鸣器鸣响，工作人员确认收到报警信息时按下设备上的红色按钮,则声光报警装置停止报警。手机的广泛使用,平时经常接到不同来源的短信,有时工作人员会对智能断轨监测系统报警短信无法做出及时响应。而且工作人员在隧道或其他信号盲区处所时,也将无法收到智能断轨监测系统报警短信。为弥补短信报警的不足,声光报警装置安装在工务段安全生产调度指挥中心,一旦有报警,由调度与相关工作人员确认。声光报警装置如图 8-8 所示。

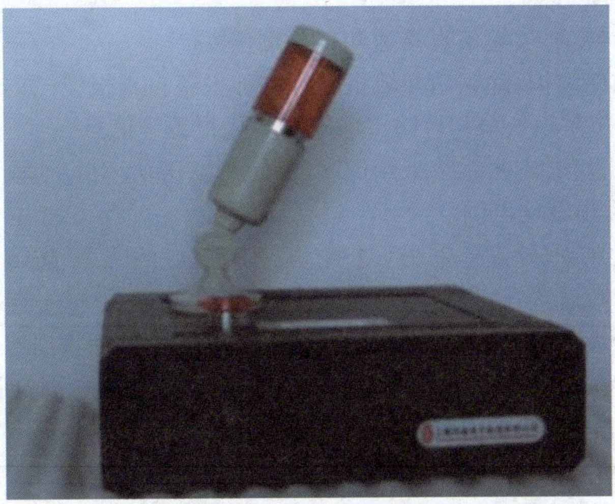

图 8-8　声光报警装置

(6)轨温监测模块(选配件)

轨温监测模块为智能断轨监测系统的扩展子系统。可在监测主机上查询实时轨温、日数据、月数据、年数据,实时数据上传到服务器。采用精简模式,是因为区间集中器及报警终端机为一体,取消了液晶屏,所以在区间集中器及报警终端机上不能查询。每个区间一套轨温监测模块,安装在集中器处。只需将探头通过夹轨装置紧固在钢轨上,而且具有低功耗、高性能、抗干扰等优点,采用单总线通信方式与系统连接。轨温监测模块的安装如图 8-9 所示。

图 8-9　轨温监测模块的安装

二、断轨监测系统性能特点

(1)时间范围广:全天候 24 h 不间断监测。

(2)施工方便成本低:区间无需铺设电缆,节省大量资金及人工成本。

(3)定位精度可控:根据两定标器间的距离,确定查看范围。根据实际情况重点防护区段可适当增加定标器密度。

(4)设备管理方便:通过短信直接通知相关责任人。

(5)设备自查方便维护:除钢轨断轨报警外增加设备自查报警[如:设备低压报警、设备通信异常报警、设备防雷模块(SPD)防雷保安器劣化报警等信息]。

(6)不影响既有设备:本身系统采用低功耗技术,发送功率低,对既有设备几乎无影响,而且系统各部分采用频段均可调。

(7)环境适用性强:室外设备采用双外壳防护,有较好的防潮、防震、电磁屏蔽性能。

(8)支持远程参数设置,含报警间隔周期,道床参数信息,电量报警临界值等信息。

(9)支持程序升级功能,支持远程设置报警主机 GPRS 目标数据地址功能。

(10)服务器支持 B/S 模式,任意有无线网络覆盖的地点均可浏览服务器。

(11)服务器和报警主机均需具备报警信息查询功能。

(12)采用载波方式传输数据,预留轨温、风速、雨量、水位等监测接口。

(13)备有声光报警选配件,方便调度人员使用。

三、智能断轨监测系统用于电气化区段及非电气化区段的差别

1. 非电气化区间系统构成

非电气化区间将整个区间(20 km 以内)用定标器分隔为 800~1 200 m 的小监测区间,各定标器通过钢轨和集中器通信。集中器将数据汇总到监测主机,由监测主机对数据进行分析,判断断轨位置。监测主机通过无线设备将数据传到服务器。监测主机可以安设在工区,也可以和集中器装在一起。非电气化区段断轨监测系统构成示意如图 8-10 所示。

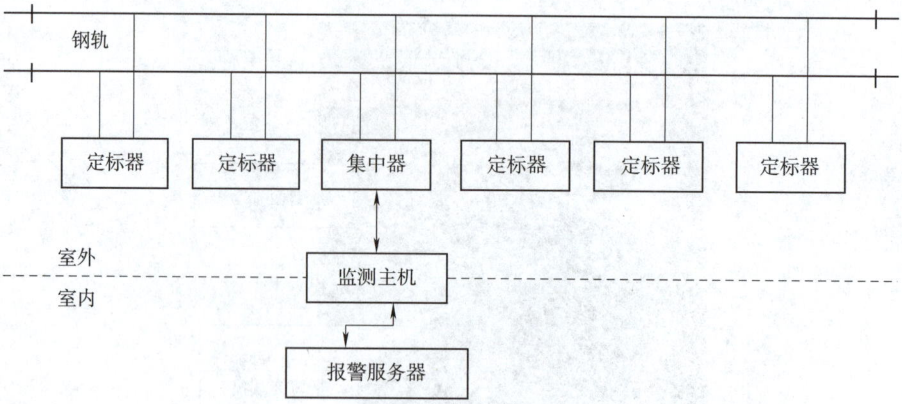

图 8-10 非电气化区段断轨监测系统构成示意

2. 电气化区间系统构成

电气化区间根据和接触网贯通回流线和钢轨相连的吸上线将线路划分为不等长的中等长度区间，再用定标器分隔为 800～1 200 m 的小监测区间，各定标器通过钢轨和集中器通信，每个小区间的端头各有一个虚拟定标器（电务短接线）。集中器将数据汇总到监测主机，由监测主机对数据进行分析，判断断轨位置。监测主机通过无线设备将数据传到服务器。监测主机可以安设在工区，也可以和集中器装在一起。电气化区段断轨监测系统构成示意如图 8-11 所示。

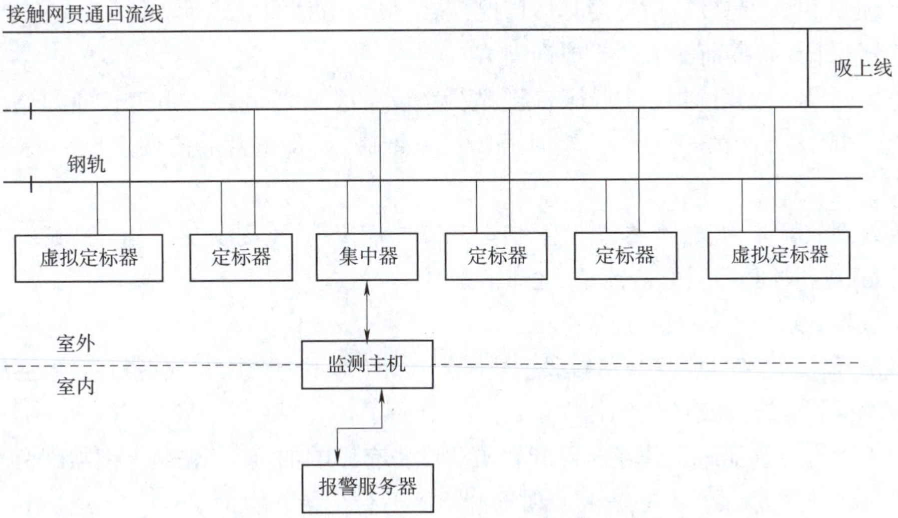

图 8-11　电气化区段断轨监测系统构成示意

四、智能断轨监测系统日常维护要点

智能断轨监测系统是全天候无人值守系统，系统具备自检功能，服务器系统日常维护工作基本由厂家负责。但是现场设备的日常维护巡查需要车间和工区配合，作业与检查同步。

1. 车间/工区日常维护工作

设备维护检查处置项点见表 8-1。

表 8-1　设备维护检查处置项点

序号	设备	检查对象	检查内容	处置方法	备　注
1	定 标 器	钢轨连接线	是否松动	敲击检查	
2	沿线钢轨	夹板接续线	是否松动	敲击检查	
3	集 中 器	钢轨连接线	是否松动	敲击检查	
4	太阳能组件	太阳能板	是否破碎、积雪等	通知厂家、清扫	破碎的太阳能板由厂家更换
5	声光报警器	电　源	是否通电	检查电源	
6	工作手机	手机短信	是否正常使用	按照管理办法处置	

2. 注意事项

(1)相关人员报警手机号码变动应及时通知厂家变更报警短信接收人员号码。

(2)接到断轨故障短信时,由车间确认是否因施工作业引起。如果是施工作业引起的断轨报警,车间主任要立即向工务段主管副段长、技术科长、调度汇报"施工报警"。如果不是施工引起的断轨报警,车间主任应向调度汇报,并由车间或工区申请临时天窗派人到现场检查,确定是断轨或夹板处接续线断开、组织人员处置故障,如果不是断轨或夹板处接续线断开,应确定为误报警,通知厂家分析原因。也可由车间主任在第一时间电话联系厂家值班的专业人员,查询报警信息的具体情况,确认报警信息的准确性,并通告信息相关接收人员,避免由于误报警而派人巡查或询问。

(3)接到设备故障(如电池低压、通信故障、设备故障)短信时,由工长通知调度"断轨监测设备故障,注意行车安全",并及时通知厂家维修,设备正常后向调度反馈设备已正常使用。

(4)处理故障时,按故障类型迅速处理,故障未恢复前,不得交付使用,在故障处理时必须做到三清楚:时间清楚、原因清楚、地点清楚。

(5)故障处理后做好相应处理记录。

(6)工务锯轨换轨过程中,左右股钢轨不能短路(即不能有压车或者短接线连接左右股钢轨),否则不能进行断轨报警。

(7)工务进行其他施工作业时对断轨监测设备有影响的,应事先敲下引接线移开设备,待作业完成后再行恢复。此过程需及时通知厂家后台记录并协助。

(8)当处理断轨监测设备故障或施工作业时,导致监测系统不能正常工作或误报警信息时,应由调度将情况信息提前通报相关信息接收人员。

五、监测系统判定发生断轨及报警应急处置流程

1. 监测系统判定断轨发生的三种情况

(1)当监测区段需换轨、换轨枕、处理伤损钢轨、应力放散等施工作业时,监测系统判定断轨。

因此,工务段安全生产调度指挥中心在施工前一天与厂家数据中心联系,内容包括:施工开始和结束时间、施工地点。厂家数据中心管理人员做相应处理,不发出报警信息,同时做好相关日志记录。施工完毕,需工务段及时通知厂家数据中心恢复原设置状态。

(2)当钢轨断裂,电路断路时,监测系统判定断轨。

(3)防断监测设备长期受到列车运行的振动,可能导致设备内部的部件松动或损坏而使监测系统判定断轨(这种情况很少发生)。

2. 断轨报警应急处置流程

(1)系统报警并发生断轨

①当断轨情况发生时,系统服务器接收到断轨报警后自动打开对应区间地图,如图 8-12 所示,同时在对应报警轨道上显示报警(报警闪烁),在报警信息窗口显示相应的报

警信息。厂家值班人员通过按下报警确认按钮,同时触发工务段安全生产调度指挥中心声光报警器提醒管理人员注意,向工务段相关管理人员手机发出报警信息并电话通知工务段调度。

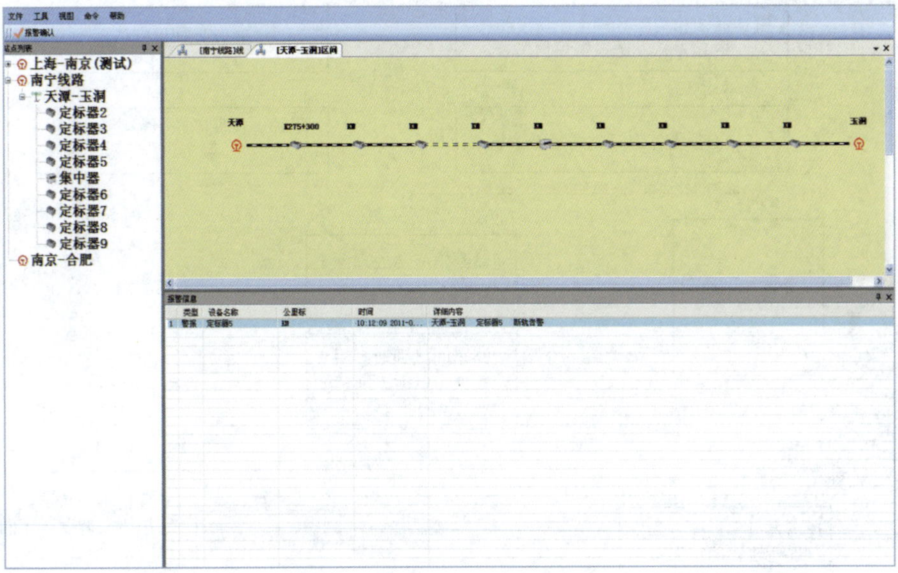

图 8-12　服务器显示断轨报警情况

②工务段收到断轨报警信息后,工务段安全生产调度指挥中心(工务段应急办公室)立即启动普速铁路断轨应急处置预案。工务段安全生产调度指挥中心值班人员按下声光报警器按钮停止报警器工作,由工务段调度通知相关部门人员。

③线路车间日常组织人员做好应急准备,接到断轨报警后,立即通知工区派人前往断轨区间检查处置,同时向工务段调度汇报现场断轨情况。

④线路工区接到断轨报警信息后,立即派人前往报警信息提示的区间检查处置,确认该区段断轨位置后立即向工务段调度和车间汇报。

⑤完成更换或修复断轨,保证列车安全通过后,工务段安全生产调度指挥中心通知厂家数据中心恢复监测系统正常工作状态,厂家数据中心值班人员在调度日志上详细填写相关信息,恢复断轨监测系统正常运行状态。

(2)系统报警但未断轨

若系统运行正常并发出报警,经现场仔细检查未发现断轨,确认属监测系统误报,现场检查人员立即向车间、工务段调度汇报,调度向值班或主管段领导汇报,取消断轨应急状态。

厂家应立即派人前往现场检查监测设备和线路情况,查找误报警原因并解决误报问题,向工务部门汇报误报产生的原因及解决方案,及时恢复系统正常使用。

断轨报警应急处理流程示意如图 8-13 所示。

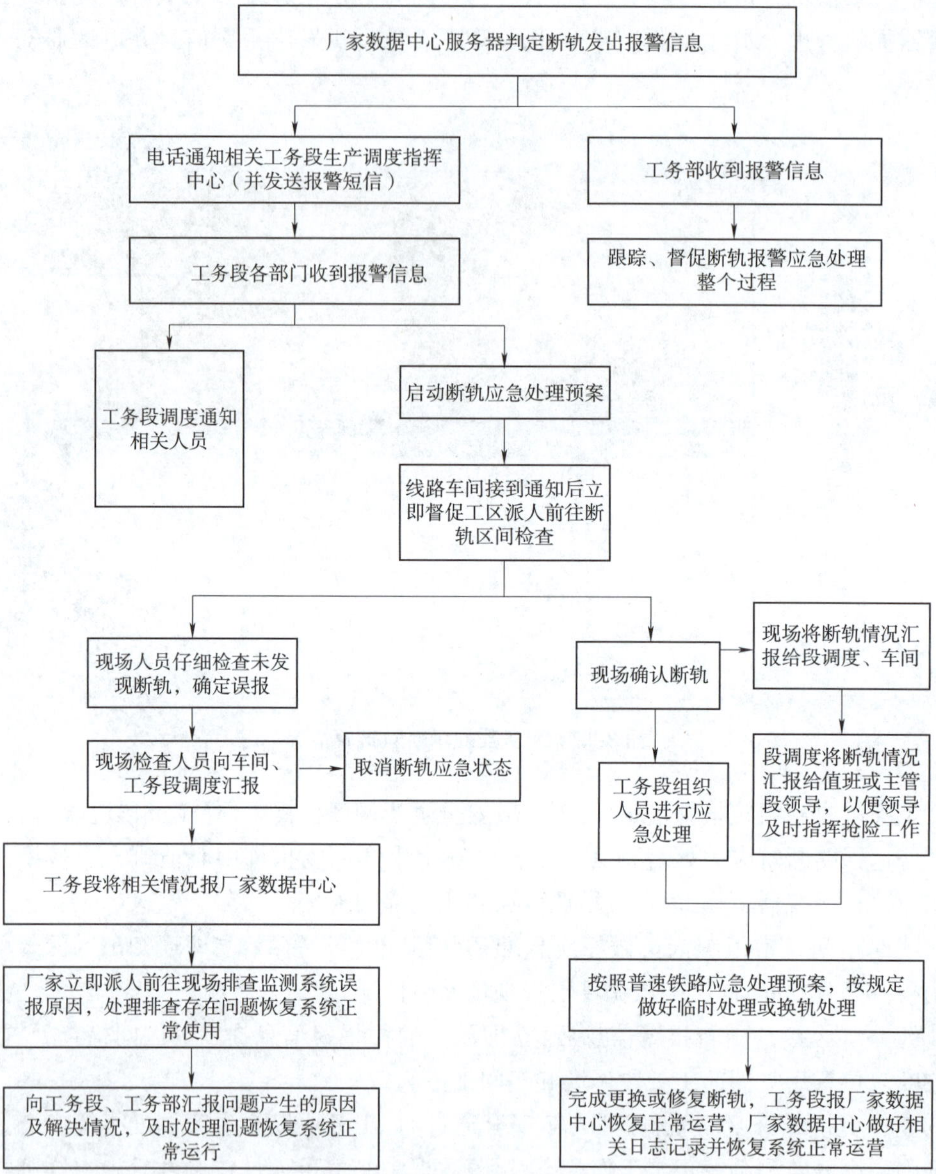

图 8-13 断轨报警应急处理流程示意

第三节 普速铁路障碍自动监测报警系统

为了进一步提高铁路安全防护技术水平,由某铁路局集团公司研发中心研发了基于激光扫描技术的线路障碍自动监测报警系统,可以对轨面上方一定高度进行实时扫描,发现侵入障碍物实现自动报警。

一、系统的构成

系统由现场设备和监控中心组成。

1. 现场设备

现场设备包括数据采集装置、数据处理装置、数据传输装置、报警装置[20]。

(1)数据采集装置包括激光扫描装置、视频采集装置[21]

①激光扫描装置

激光扫描装置主要包括激光扫描器、电源等,实现基于激光扫描技术对监测范围进行平面扫描,并实时采集数据。

②视频采集装置

视频采集装置主要包括摄像机、硬盘录像机等,其作用对现场图像进行记录、存储、备份等。

(2)数据处理装置[22]

数据处理装置主要包括工控机、网络交换机等,主要实现对数据采集装置传入的信息进行数据计算、分析、判断,发出报警指令等功能。

(3)数据传输装置[23]

通过有线或无线手段,实现现场设备和监控中心之间通信。

(4)报警装置[24]

报警装置包括无线列调语音报警装置、报警灯、报警喇叭,对监测区段附近的列车及人员进行声光警示。

2. 监控中心[25]

监控中心主要包括服务器、监测终端等,实现现场设备参数设定、状态监测、报警信息处理等功能。

二、系统功能

1. 自动监测功能[26]

自动对监测范围进行监测,发现障碍物后,对障碍物的尺寸、运动轨迹等信息进行计算、分析、判断。

2. 报警功能[27]

系统发现监测范围有障碍物时,发出以下报警:

(1)喇叭警示

障碍物停留 15 s,发出喇叭单音蜂鸣警示。

(2)无线列调语音报警

喇叭单音蜂鸣警示 25 s 后,交替采用本线无线列调制式的同频及异频方式对接近列车发出无线列调语音报警,默认语音内容为:“某线上/下行 K×××+×××发生险情,立即停车”,默认为第 1 min 不间断,之后每 30 s(可调)发送一次。

(3)报警灯报警

喇叭单音蜂鸣警示 25 s 后,对接近列车亮红灯。

(4)短信报警

喇叭单音蜂鸣警示 25 s 后,对工务人员发出短信报警,短信内容为“某线上/下行 K×××+×××发生险情,请尽快到达现场处置”。

(5)监测终端报警

障碍物停留 15 s,报警信息和现场图片显示在监测终端上,同时发出报警提示。

3. 报警解除[28]

报警解除有以下几种条件:

(1)障碍物消除。

(2)现场人工解除报警。

(3)通过监测终端远程人工解除报警。

(4)列车顺利通过监测范围,自动解除报警。

任意一种解除条件发生,均可解除报警,报警解除方式为:喇叭警示停止,无线列调语音报警停止,报警灯灭,监测终端显示报警解除的提示信息。

4. 报警信息存储[29]

对报警的相关数据图片视频进行存储。

5. 监控中心功能[30]

监控中心具有数据接收、显示、存储、备份、报警管理、现场设备管理等功能。

三、对系统相关技术要求

(1)监测范围:轨面以下 70 mm,距线路中心两侧 1 875 mm[31]。

(2)可报警障碍物最小投影长度:系统可报警障碍物最小投影长度为 200 mm[32]。

(3)漏报率:系统漏报率 0%[33]。

(4)误报率:单套系统年误报率≤20%[34]。

(5)接地标准:现场设备接地电阻不大于 10 Ω,在潮湿的土壤里电阻率大于 2 000 Ω·m 时,其接地电阻应不大于 20 Ω[35]。

(6)摄像机杆:摄像机杆安装距线路中心≥3 100 mm,距轨面水平高度≥4 000 mm。摄像机杆,(含避雷针)距接触网设备及回流线≥2 000 mm[36]。

(7)报警灯:报警灯安装于监测范围外,50~100 m 处,行车方向线路左侧路肩上,困难地段安装在隧道洞壁上或桥梁栏杆上,特殊地段可安装于右侧。安装于路肩上的报警灯,距线路中心线≥3 100 mm,距轨面水平高度 900~1 100 mm。报警灯(含避雷针)距接触网设备及回流线≥2 000 mm[37]。

四、线路障碍自动监测报警系统性能试验方法[38]

(1)激光扫描器可报警障碍物最小投影长度性能试验:用大于 200 mm×200 mm×

200 mm 的纸盒放置在扫描区,系统报警。

(2)激光扫描器扫描半径性能试验:用大于 200 mm×200 mm×200 mm 的纸盒放置在半径 17.5 m 范围内,系统报警。

(3)蓄电池供应时间性能试验:将外电断电后满载设备,应能正常运行 3 h 以上。

(4)视频采集装置性能试验:将摄像机与硬盘录像机连接后,查看视频良好,控制良好,硬盘存储良好。

(5)无线列调语音报警装置发射功率性能试验:需现场进行测试。

(6)报警灯照射距离性能试验:在 800~1 000 m 范围内,人眼观察可见。

第四节　高速铁路道岔监测系统(JDS-300A)

高速铁路道岔监测系统(JDS-300A)基于非线性超声伤损诊断技术及声发射伤损监测技术的在线监测系统,集成了大数据及数据挖掘技术,对道岔钢轨伤损(裂纹、折断等)及钢轨健康状态进行在线监测。

一、系统原理

高速铁路道岔监测系统(JDS-300A)的核心原理基于非线性超声伤损诊断技术及声发射伤损监测技术。道岔监测系统的基本原理如图 8-14 所示。

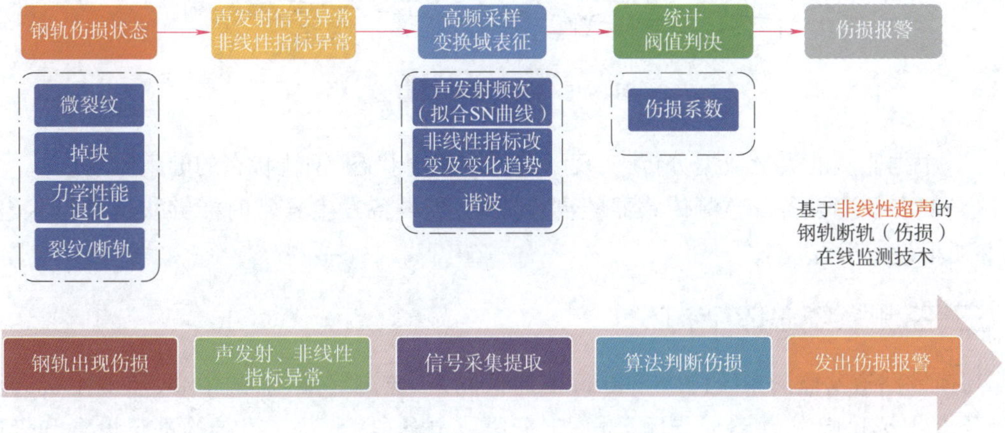

图 8-14　道岔监测系统的基本原理

高速铁路道岔监测系统(JDS-300A)主要的技术特点有:

(1)被动触发、在线监测,实现全天候无人值守监测。

基于道岔监测系统的原理,系统运行不受时间限制,特别在行车过程中,更能有效地监测动态荷载情况下道岔钢轨伤损变化过程,实现全天候实时在线监测。

（2）基于非线性超声及声发射的原理，能够探测更多未知异常状态信息。

相对于既有设备在静态模式下的探伤方式，道岔监测系统更重视过车时的动态荷载数据，对伤损在动态下的发展能够采集更多有效的状态变化信息，提升探伤的准确度。

（3）适应道岔状态修的模式，节约维修成本。

道岔监测系统直接给出监测区域道岔实时状态，使工务部门有针对性地进行维护保养，避免了无效劳动，节约了维修的人力、物力及财力。

（4）逐步建立 PHM 理念和管理方式，延长道岔设备的使用寿命。

通过长时间实时采集静态及行车动态下钢轨状态数据以及道岔历史运维养修数据，实现道岔钢轨健康状态数据标签化，逐步实现道岔的使用周期管理（PHM），充分有效地挖掘道岔监测系统的作用，为道岔的健康管理提供数据支撑。

二、系统功能

（1）道岔监测系统能够对道岔钢轨螺栓孔贯通裂纹、轨头下颚水平裂纹、轨腰水平裂纹、轨头纵向裂纹、轨底裂纹等伤损进行在线监测，根据伤损情况进行分级并发出报警。

（2）可以覆盖钢轨Ⅰ区侧面、Ⅲ区以及轨头截面宽度<50 mm 的区间的探伤盲区，钢轨探伤仪盲区如图 8-15 所示。

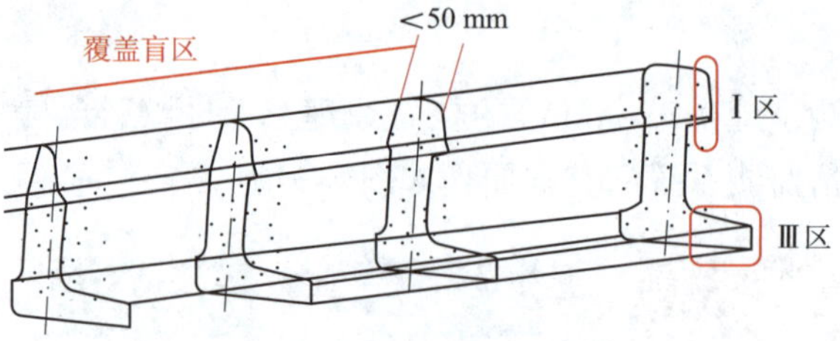

图 8-15　钢轨探伤仪盲区

（3）根据监测的大量数据分析，实现了岔区内工况状态、钢轨状态的健康监测。

（4）具备监测设备及监测传感器的自检功能，当设备发生异常时能够快速进行状态复位，并通报设备运行状态。

三、监测系统总体结构

高速铁路道岔监测系统（JDS-300A）由通信网络、监测终端、监测中心、监测主机、监测分机及传感器组成，按铁路局集团公司、工务段或电务段、车站三级结构进行设置和管理，系统组成及结构如图 8-16 所示。

系统各组成部分间传输数据的以太网，包括监测分机与监测主机间的千兆光缆局域网及各监测主机、监测中心、监测终端间的 2 M 数据传输通道。根据实际情况也可以选择采用无线网络。

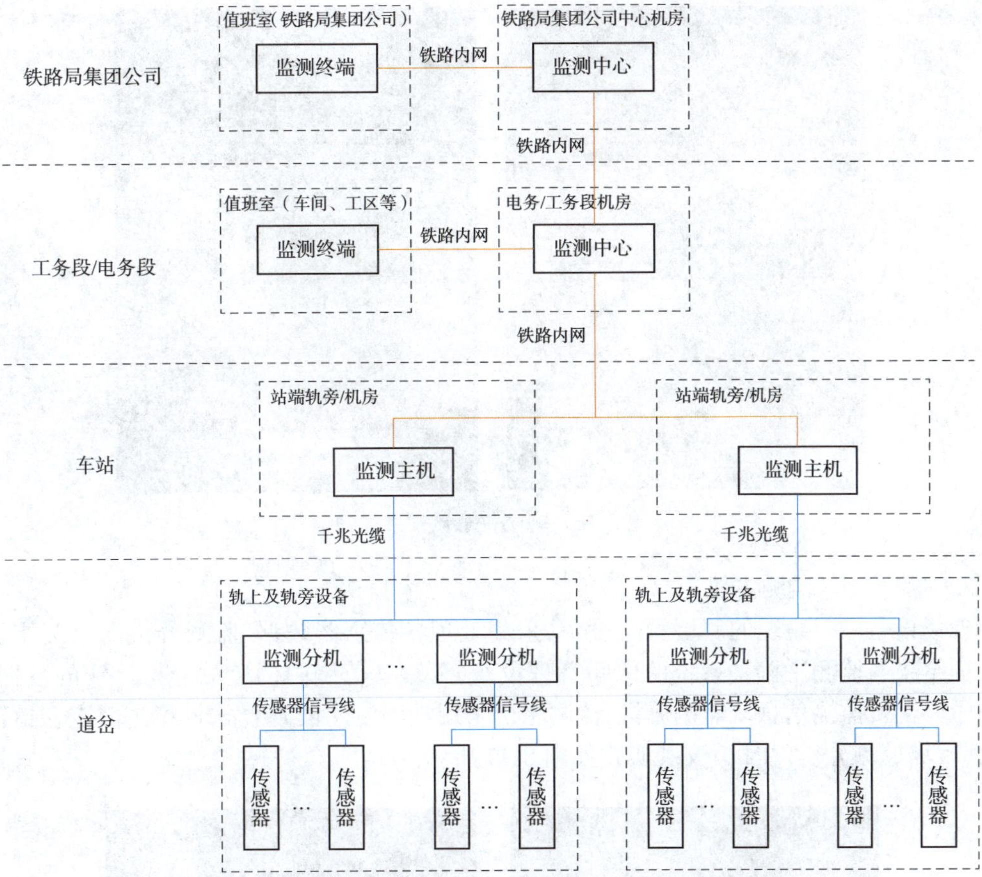

图 8-16 高速铁路道岔监测系统(JDS-300A)组成及结构

四、监测系统主要设备

1. 传感器

现场设备——传感器,对传感器(不需要对传感器进行供电)有效覆盖范围内钢轨实时状态进行监测,通过专用的安装装置固定在钢轨轨底,安装过程中不需要对钢轨进行钻孔,安装完成后不影响钢轨(道岔)的正常使用,传感器安装如图 8-17 和图 8-18 所示。

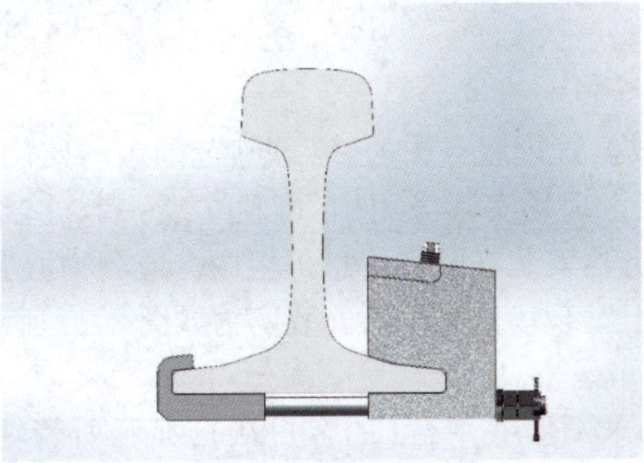

图 8-17 传感器安装

图 8-18 现场传感器安装实物

2. 监测分机(监测主机)

现场设备——系统的底层管理设备,采集处理各传感器数据,监测分机向监测主机发送处理结果。监测主机是系统的中间管理设备,管理其范围内的监测分机传输的数据,向监测中心上传监测信息。监测分机、监测主机采用铁路专用的复合材料箱体固定在道岔钢轨旁,现场监测分机(主机)安装实物如图 8-19 所示。

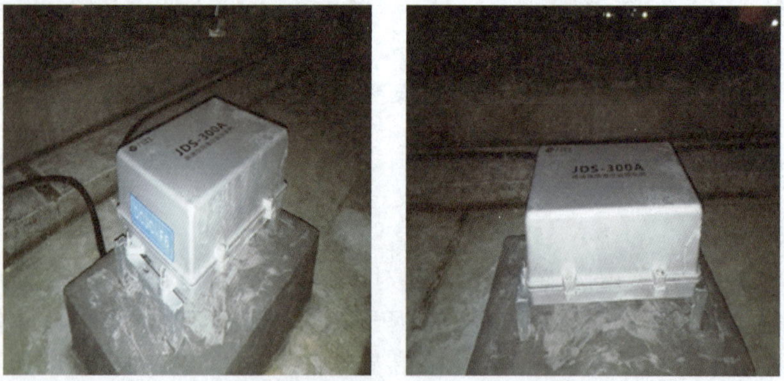

图 8-19 现场监测分机(主机)安装实物

3. 监测中心

监测中心是系统的数据管理服务中心,管理其范围内的监测主机传输的数据,并向各级监测终端发布报警信息。现场实际应用中,可独立成一个机柜进行安装,也可以根据用户需要和实际条件,将服务器安装在既有信息机柜中。监测中心服务器的配置根据所监测的道岔和用户要求进行配置,现场监测中心安装实物如图 8-20 所示。

4. 监测终端

室内设备——系统的末端服务平台(即客户端),显示所管辖范围内各道岔的监测信息,包括具备图形实时显示所管辖道岔的各项监测、报警信息;具备接收、显示通知、公告的

图 8-20 现场监测中心安装实物

功能;具备各类信息查询功能。部署于段安全生产调度指挥中心、车间(值班室)。监测终端软件界面如图 8-21～图 8-23 所示。

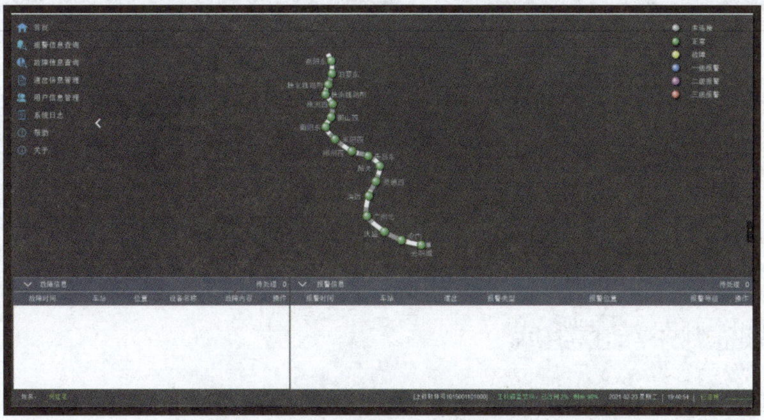

图 8-21 监测终端软件界面(一)

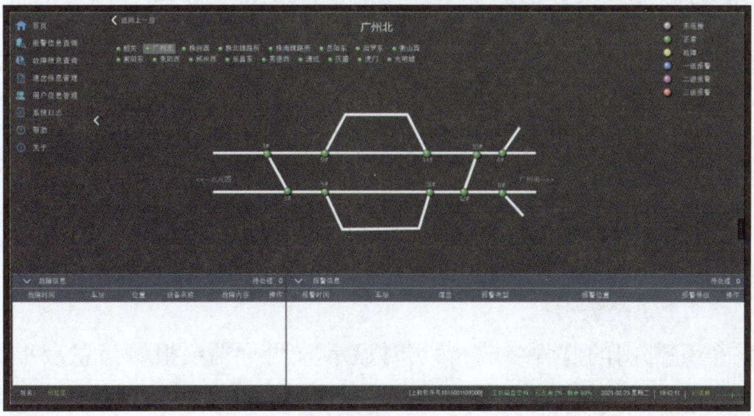

图 8-22 监测终端软件界面(二)

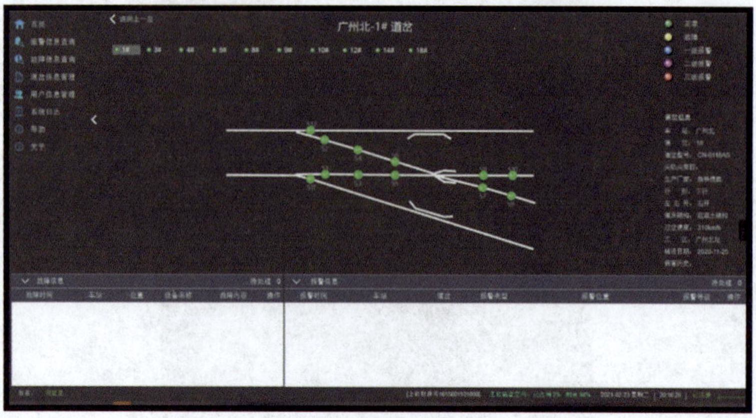

图 8-23　监测终端软件界面(三)

第五节　高速铁路灾害监测系统

《铁路技术管理规程(高速铁路部分)》第 29 条规定,自然灾害及异物侵限监测系统(简称灾害监测系统)属于铁路行车安全监测设备,是保证铁路运输安全的重要技术设备之一[39]。灾害监测系统对高速铁路沿线风速风向、雨量、雪深、地震及上跨铁路的道路桥梁异物侵限进行实时监测,为调度指挥及维护管理提供报警、预警信息,有效防止或减少灾害对高速铁路列车运行安全的影响。

一、灾害监测系统的组成

灾害监测系统采用铁路局集团公司中心系统、现场监测设备两级架构。铁路局集团公司中心系统由信息处理平台、监测终端、复示终端、网络设备、网络安全设备、时间同步设备及其软件等组成;现场监测设备由监控单元及现场采集设备组成,如图 8-24 所示。

1. 信息处理平台

信息处理平台主要包括数据库服务器、应用及通信服务器、接口服务器、存储系统、维护管理服务器及短信服务器等设备。

2. 监测终端

监测终端主要设置于铁路局集团公司调度所相关调度台及设备维护管理等部门。监测终端按功能分为调度部门监测终端(监测业务终端)和维护管理部门终端(监测维护终端)。

设置于维护管理部门的监测终端,除实时显示监测、预警、报警信息及提供运营管理建议信息外,还应实时显示铁路局集团公司中心系统、监控单元、现场采集设备工作状态及故障报警信息,并应具有异物侵限等远程实验功能。

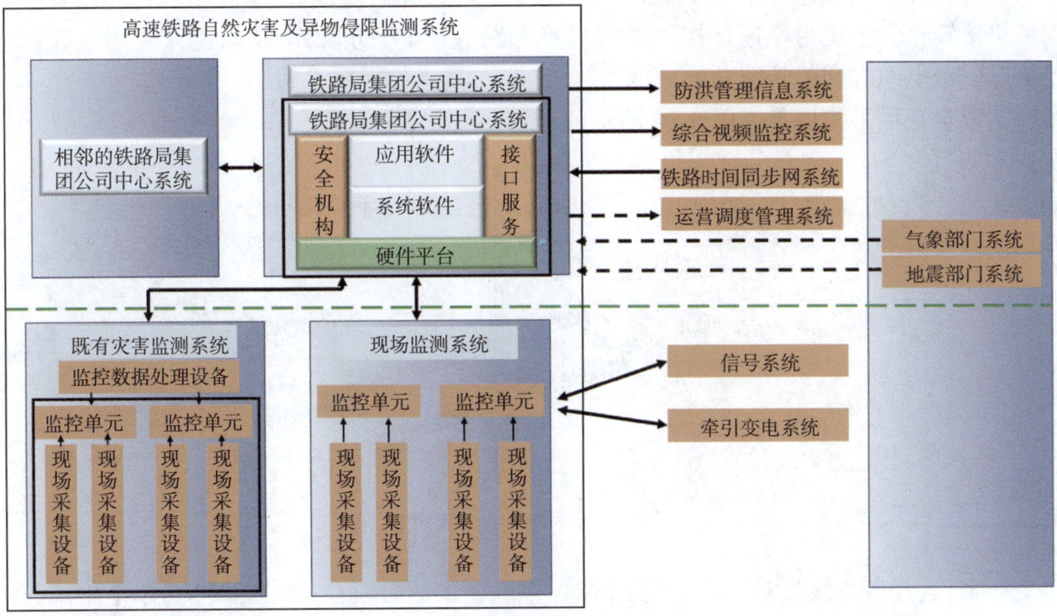

图 8-24　灾害监测系统示意

3. 现场监测设备

(1)监控单元

监控单元由监控主机,风、雨、雪、异物侵限、地震监测模块及接口继电器组合等组成,一般设置在铁路沿线的灾害监测系统机房内。

监控单元具备自检功能及对现场采集设备工作状态的监测功能,并将监测信息实时上传至铁路局集团公司中心系统。

(2)现场采集设备

现场采集设备由风速风向现场采集设备、雨量现场采集设备、雪深现场采集设备、异物侵限现场采集设备、地震现场采集设备等组成,实时采集现场风速风向、雨量、雪深、异物侵限及地震传感器的数据,并发送至监控单元。

①风速风向现场采集设备如图 8-25 所示。

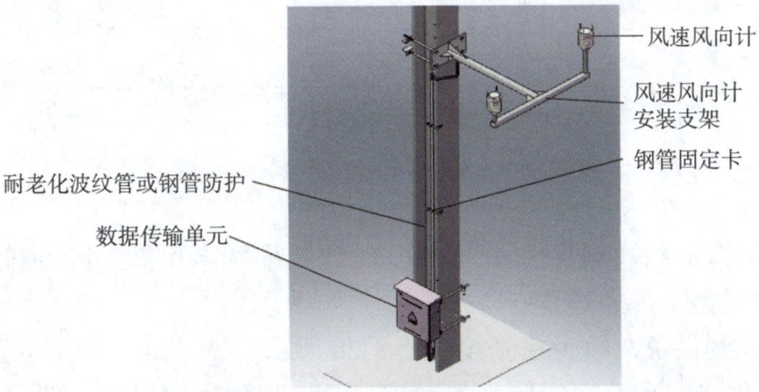

图 8-25　风速风向现场采集设备

长吉城际铁路风速计采用 Vaisala 超声波式(兼具降雨监测)和 Lambrecht 热场式。数据采集传输单元主要为风速计提供电源转换与防雷、信号防雷,以及风速计专用线缆和数字信号屏蔽电缆之间的转接功能。

②雨量现场采集设备如图 8-26 所示。

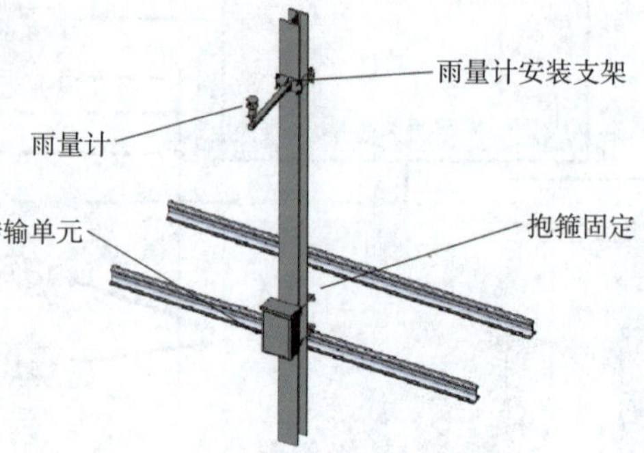

图 8-26　雨量现场采集设备

哈大、盘营高速铁路雨量计采用 24 GHz 多普勒雷达(Doppler Radar)测量单个雨滴的滴落速度的方式来测量降水强度。通过单个雨滴滴落速度与雨滴大小的关联,计算降水量与降水强度。不同的滴落速度决定了不同的降水类型。

③雪深现场采集设备如图 8-27 所示。

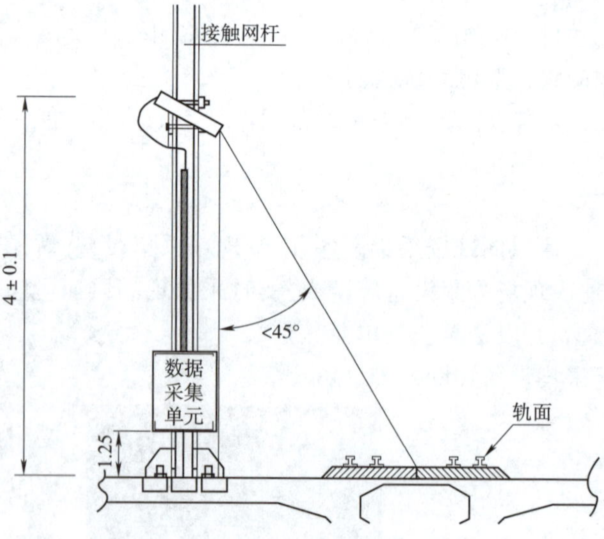

图 8-27　雪深现场采集设备(单位:m)

雪深计测量从探头到被测目标表面的距离,智能推算出积雪深度,通过发出红外激光,打到被测平面,测量整个传播过程。

④异物侵限监测设备及轨旁控制箱如图 8-28 所示。

在公跨铁立交桥设置异物侵限监测设备,实时监测各双电网传感器的状态,发生异物侵限时,立即通过监控单元向信号列控系统、联锁系统发送控制命令,通过信号列控系

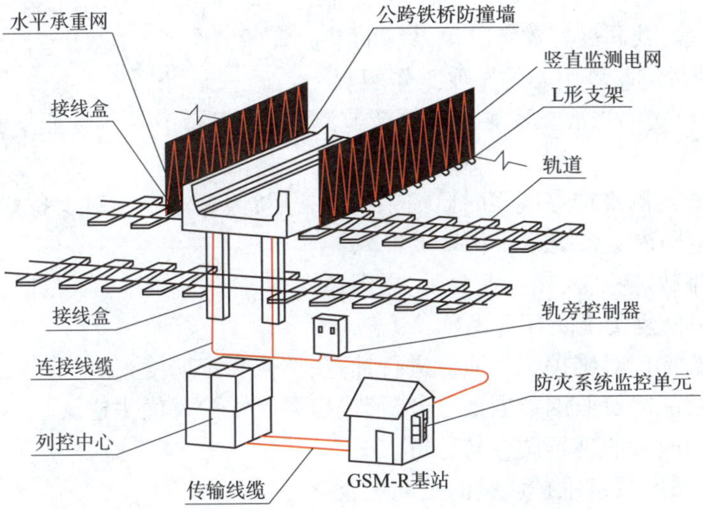

图 8-28　异物侵限监测设备及轨旁控制箱

统、联锁系统使列车自动停车，并向列车调度员发出异物侵限报警信息。异物侵限监控子系统除具有上述基本功能外，根据实际需要，还具有现场试验、远程试验、应急恢复等功能。

⑤地震监测设备如图 8-29 所示。

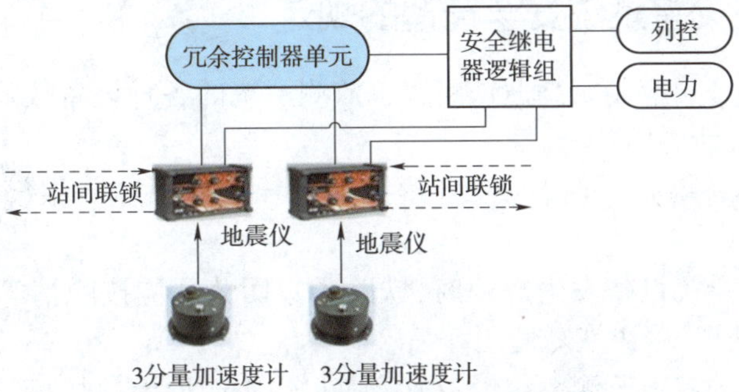

图 8-29　地震监测构成原理

在牵引变电所、分区所、AT 所内机房外的 2 个地震坑内各配置 1 套 3 分量加速度计（EAS），在监控单元配置 2 套 6 通道地震仪（EQA），分别接入 2 套 3 分量加速度计的信号。配置 2 套地震信号处理单元（强震采集器，EPU），进行数据采集、上传到中心的防灾监控系统。配置 1 组安全继电器，根据地震仪的输出进行列控、电力切断等相关的控制。两台工业级交换机，用于网络接入。

二、维护分工

1. 灾害监测系统设备维护工作的原则

灾害监测系统设备维护工作按“统一管理、专业负责”的原则进行。

铁路局集团公司工务部负责灾害监测系统统一管理,牵头组织信息、电务、工务、供电等相关部门和站段,共同做好灾害监测系统的维护管理工作。

2. 灾害监测系统监测中心的主要工作职责

铁路局集团公司应当成立灾害监测系统监测中心,归属工务部管理。监测中心负责管内灾害监测系统运行状态管理,主要工作职责:

(1)利用系统监测维护终端实时监控系统设备运行状态,定期对设备状态进行巡检,并做好检查记录,定期提交系统运行状态报告。

(2)设备发生故障报警,按专业分工,立即通知相关设备,维护单位进行处置,做好故障处理记录,对故障修复实施闭环管理。

(3)协助牵头部门对维护工作质量进行抽查、巡查和定期检查。

(4)负责系统故障及监测数据汇总分析,提出系统维护及优化建议。

(5)参与典型故障的现场调查与分析。

3. 灾害监测系统设备维护质量的定期检查

铁路局集团公司工务部牵头,电务、供电、信息化处配合,定期组织检查灾害监测系统设备的维护质量,发现问题督促相关单位及时解决,确保设备状态良好。

4. 降雨量、风速的汇总与分析

铁路局集团公司工务部负责汇总分析降雨量监测资料,提出灾害监测系统雨量监测设备的增减,设置地点的变更,降雨量警戒值的修订意见和建议;工务部、调度所负责汇总分析风速监测资料,提出风速监测设备的增减,设置地点的变更建议。

三、高速铁路灾害系统安全管理的规定

(1)铁路局集团公司应制定高速铁路灾害监测系统的各种设备故障应急处置办法和相关应急预案,定期进行应急演练。

(2)当灾害监测系统报警时,应按自然灾害及异物侵限监测报警行车应急处置办法处置。

(3)当灾害监测系统设备发生故障时,铁路局集团公司应按险情等级和影响程度及时启动应急预案进行处理,尽快恢复使用。

(4)对影响行车的灾害监测系统设备故障应尽快查明原因,对故障情况、故障原因以及处理过程按规定进行登记。在故障未彻底排除前,对故障影响范围内无法正常使用的设备,应采取相应安全措施并提出相应行车条件。

(5)灾害监测系统的设备检修、故障修复和设备停用必须按有关规定办理。

(6)灾害监测系统施工及检修(含软件修改、功能完善、更换、设备参数修改等)作业应严格执行铁路营业线施工安全管理及电气化铁路作业等相关规定。

第六节　高速铁路噪声及其控制

随着工业和交通运输的发展,噪声对环境质量的影响日趋严重。据不完全统计,近年

来向环境保护部门投诉的污染事件中，噪声事件所占的比重已上升到第一位。降低周围环境的噪声，防止噪声的危害，已成为人们的迫切愿望。治理环境噪声，已成为环境保护工作的重要内容。

一、噪声危害

一切对人们生活、工作、学习和健康有妨碍，令人厌烦的声音统称为噪声。众所周知，噪声污染是一种物理污染，虽然并不直接致病，但噪声对人的健康有重大影响，它不但会损伤人的听觉，而且对神经、心脏、消化系统也有不良影响，还影响人的睡眠和休息。试验证明，45 dB(A)的噪声就开始对正常人的睡眠产生觉醒反应；在白天，噪声达到 100 dB(A)时，人们就会感到吵闹不安，甚至难以忍受；噪声会使人烦恼、疲劳发困、反应迟钝，影响工作效率；噪声还会影响儿童的智力发育，据调查，在吵闹环境下儿童的智力比安静环境下低20%；噪声对自然界的生物也有影响，强噪声会使鸟类羽毛脱落，甚至内脏出血而死亡；高强噪声能损坏建筑物，160 dB(A)以上的高强噪声会使金属结构疲劳。

铁路噪声原本存在，随着高速铁路的诞生，噪声污染问题就更为突出。日本新干线穿越人口密集区，修建东海道新干线之初，未对噪声扰民问题引起重视，建成后由于沿线噪声扰民不断，遭到投诉事件和强烈抗议，日本环境厅于 1975 年发布了新干线环境噪声标准，被迫采取了许多减振降噪措施。法国国铁也曾由于 TGV 东南线高速列车运行产生的噪声问题而被罚款，但与日本比起来，由于国家规定了较宽的铁路用地范围，沿线人口稀少，对噪声、振动控制要求不迫切，因而对其治理投资较少，列车辐射声级也较高。可见，世界各国在修建高速铁路时，对噪声问题相当重视，都采取了各种综合减振降噪措施，来满足政府部门制定的噪声法规和环境噪声标准。

二、噪 声 源

按噪声的来源，可分为工业噪声、交通噪声和生活噪声。工业企业的噪声按产生的机理又可分为三种：第一种是空气动力性噪声，如各种风机、空气压缩机、汽笛、高速气流等所产生的噪声；第二种是机械噪声，如各种车床、电锯、铁路车轮滚动等所产生的噪声；第三种是电磁性噪声，如发电机、变压器、电力机车集电系统等所产生的噪声。

高速铁路由于具有高速、高架、电气化等特点，其辐射噪声与普通铁路有所不同，主要体现在噪声源及其辐射强度等方面。高速铁路的噪声主要由轮轨噪声、集电系统噪声、空气动力噪声、建筑物激励噪声和其他机械噪声等组成，高速铁路噪声源分布示意如图 8-30 所示。

1. 轮轨噪声

轮轨噪声是高速铁路的主要噪声源，它产生的噪声来自三个方面：

(1) 车轮通过钢轨轨缝、道岔以及擦伤后的车轮在钢轨上滚动时产生的冲击力。

(2) 车轮与钢轨粗糙的接触表面相互作用后所产生的轮轨振动轰鸣声。

(3) 车轮通过曲线时，轮缘挤压外轨以及内侧车轮踏面在钢轨上滑动所产生的摩擦噪声。高速铁路轮轨噪声主要通过车轮辐射，仅有小部分通过钢轨辐射，其声能分布的频域范围较宽。

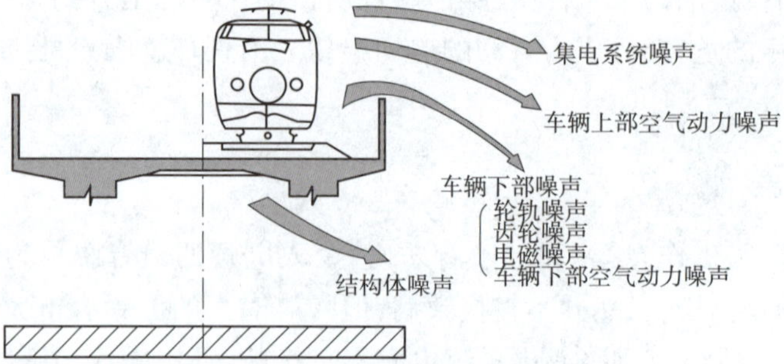

图 8-30　高速铁路噪声源分布示意

2. 集电系统噪声

(1)受电弓沿接触网导线滑动而引发的机械滑动声。

(2)受电弓离线时产生的电弧放电噪声(拉弧声),它与接触网吊弦弧度的大小有关。

(3)整个受电弓与导线滑动过程中产生的风切声,它与导线的张力有关。

其中电弧噪声最大,有时瞬间可达 100 dB(A)。

3. 空气动力噪声

在高速铁路上行驶的动车组,会使车体表面出现空气流中断,并因此引起涡流,从而产生空气动力噪声。这种噪声与列车的行驶速度、车体表面的粗糙程度以及车体前端是否流线化等因素有关。

4. 建筑物激励噪声

高速铁路的路基、高架混凝土桥、钢桥、隧道等建筑结构在振动状态下均可成为二次辐射噪声源。不同的基础建筑结构,辐射噪声级不同。路堤型路基噪声高于路堑型路基。在桥上或高架结构物上产生的振动能以低频噪声再传播,尤其当列车通过无砟轨道的钢桥时,这种二次辐射噪声值较为明显。高速列车行驶在隧道出口时,因微气压波,产生能量很大的冲击噪声。

5. 其他机械噪声

在高速铁路噪声源中,其他机械噪声与列车速度虽无直接关系,但由于机车功率提高而同样显得突出,例如动力传动机构、牵引电机冷却风机及其气流等。此外密闭车厢内的设施,例如空调机组及其通风管道布置、车内电器装置等,也会对车厢内环境产生噪声。

高速铁路列车运行时产生的总噪声级,由以上几种噪声叠加而成,在不同的列车速度和不同的减振降噪措施条件下,上述几项影响的程度是不一样的。一般认为列车速度在 240 km/h 以下时,轮轨噪声对沿线环境的影响较大;列车速度在 240 km/h 以上时,空气动力噪声和集电系统噪声增大,与轮轨噪声共同成为主要声源。当运行速度不同时,上述各噪声因素对总声级的贡献呈动态变化。日本新干线试验研究表明:当列车速度低于 240 km/h,轮轨噪声为主要声源,约占总噪声能量的 40% 以上;当列车速度达到 300 km/h 时,轮轨噪声与空气动力噪声、集电系统噪声共同成为主要声源,各占 30% 左右,详见表 8-2。

表 8-2 日本新干线高速铁路各种噪声源强度[dB(A)]

噪声源	列车速度(km/h)							
	240		300		350		400	
	声级	比例%	声级	比例%	声级	比例%	声级	比例%
轮轨噪声	64 dB(A)	40%	67 dB(A)	30%	69~70 dB(A)	25%	72 dB(A)	20%
集电系统噪声	62 dB(A)	25%	68 dB(A)	30%	72 dB(A)	40%	74~75 dB(A)	40%
空气动力噪声	60~62 dB(A)	20%	66~67 dB(A)	30%	70~71 dB(A)	25%	74 dB(A)	30%
建筑物噪声	<60 dB(A)	15%	63 dB(A)	10%	66 dB(A)	10%	69 dB(A)	10%
总噪声级	68		72~73		76		79	

测试条件:(1)测点距铁路中心线 25 m,高于地面 1.2 m;(2)高架结构(8~10 m);(3)整体(吸声)道床;(4)2 m 高声屏障。

国外经过多年的研究开发,高速铁路的噪声级有了较大幅度的降低。国外高速铁路噪声级(列车通过时的噪声值)见表 8-3。从表 8-3 中可以看出,法国高速铁路的噪声级最高,德国其次,日本最低。

表 8-3 国外高速铁路噪声级[dB(A)]

国家	列车速度(km/h)	不同年代的 L_{Amax}[dB(A)]	
		20 世纪 80 年代	20 世纪 90 年代
日本	200	87	67
	250	90*	73
	300	92*	77
德国	200	86	84
	250	90	87
	300	93	90
法国	200	90*	87
	270	97	92
	300	97	94

注:(1)带“*”的为计算值,其余均为实测值;(2)测点距铁路中心线 25 m,高于地面 1.2 m。

三、噪声环境评价标准

不同国家不同发展阶段的高速铁路,在噪声水平控制技术上有很大的差异。尤其是铁路噪声所受的影响颇多,在产生和传播过程中,不同的线路结构、桥梁结构、不同的建筑群类型和布局以及不同的动车组等均对噪声的大小及范围有很大影响。因此,确定噪声的控制标准是一项比较复杂的任务。

有关高速铁路噪声标准,目前仅日本和法国已制定执行,其他国家大多仍受既有铁路噪声标准控制。标准值由各国通过调查沿线居民对噪声的烦恼度,进行数理统计分析后提出,因而数值大小与各国国情有关。

日本新干线噪声限值为列车通过时的最大声级,其限值如下:

Ⅰ类地区(主要为住宅的地区):L_{Amax}≤70 dB(A);

Ⅱ类地区(商业、工业等Ⅰ类以外地区):L_{Amax}≤75 dB(A)。

法国高速铁路标准为等效声级 L_{eq},昼间 65 dB(A)。我国既有铁路噪声限值为距铁路外侧轨道中心线 30 m 处,昼夜等效声级均为 L_{eq}=70 dB(A)。其他国家既有铁路噪声值大多在 L_{eq}=60~68 dB(A)间。等效声级 L_{eq} 相当于以一个稳定的连续噪声来代替随机噪声,二者在规定的一段时间内具有相同的能量。

对各国铁路噪声限值进行比较,日本新干线噪声限值是当今世界最严的铁路噪声限值。这可能与新干线运营初期,沿线居民对噪声的强烈反映有关。满足国家规定的环境质量要求是高速铁路技术体系的重要组成内容,也是交通发展方向的重要目标之一,因此采取适当措施,达到一定的降噪效果是十分必要的。

四、噪声控制技术

高速铁路噪声的控制措施,可分为三个方面:

1. 声源降噪措施

(1)降低钢轨和车轮表面的粗糙度,对轮轨表面进行研磨,使之保持平滑完好状态。这项措施使用在日本新干线上,可使噪声衰减 3~6 dB(A)。

(2)铺设超长无缝线路可减少车轮对钢轨接缝的冲击声;采用 60 kg/m 及以上的重型钢轨,保持线路方向顺直,可减轻高频振动对道床的影响,提供高速行车所需的平滑运行表面。

(3)采用防振钢轨。日本在新干线上采用的防振钢轨使用橡胶从钢轨头部及以下将整个轨腰部位包覆直至轨底的上部表面,使橡胶件与钢轨组成一个整体,如图 8-31 所示。在高架桥上采用这种防振钢轨,可降低噪声约 4 dB(A)。

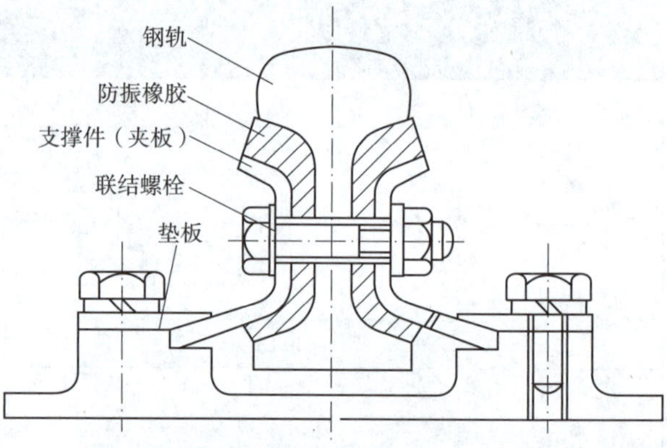

图 8-31 防振钢轨结构示意

(4)铺设大号码可动心轨道岔。采用大号码的可动心轨道岔,加大道岔的导曲线半径,消除道岔的有害空间,以减少车轮对道岔的冲击噪声。

(5)采用高弹性轨下垫板和相应的弹性扣件,高架桥上采用混凝土箱梁或连续梁,并设置橡胶支座。

除上述高铁线路采用的声源降噪措施外在车体设计上也采取了有效的声源降噪措施。比如:采用动力集中型动车组,可减少整个动车组受电弓的数量,从而减轻受电弓离线时产生的电弧放电噪声。日本缩小接触网吊弦间距(由原来的 10 m、5 m 改为 7 m、3.5 m),将受电弓的两点接触改为多点接触,采用轻型高强力导线,使吊弦间弧度减少,安装受电弓罩等等,都可以降低脱弓频率,使集电系统的噪声衰减 4~5 dB(A);动车组头部流线化,车体表面无凸起、平滑化。列车在高速运行时空气阻力将会明显增加,空气阻力与速度的平方和车体迎风的截面积成正比。动车组车体头部的流线化,将使空气阻力系数减少 0.5 以上,既可减少空气阻力,同时也将大大降低风切噪声。车体表面的无凸起、平滑化,将空调装置从车顶移到台板下,高压电缆接头设置在车体结构内,车篷结构的低噪声化,缩小车窗及车门的高低差,尽量减少车辆暴露面的尖端形状等,均可使噪声衰减;采用盘式制动方式代替闸瓦制动,不仅可以减少闸瓦对车轮的磨耗,而且可以避免制动时的尖叫噪声;改善转向架导向性能,轮缘涂油,装设防滑器以减少车轮踏面擦伤等,也可使噪声衰减。

2. 传播途径上的降噪措施

(1)设置隔声屏障。例如,日本新干线在距轨道中心线 3.5 m 处设置高约 2.0 m,用混凝土、砖面或复合材料建成直立式、倒 L 或 Y 形隔声墙,如图 8-32 所示。将噪声源和接受者分开,隔离噪声的传播。根据测试结果,设置这种隔声屏障,在距 25 m 处的测点可衰减噪声 6~8 dB(A)。如果在屏障内侧加设吸声材料,降噪效果将更加明显。

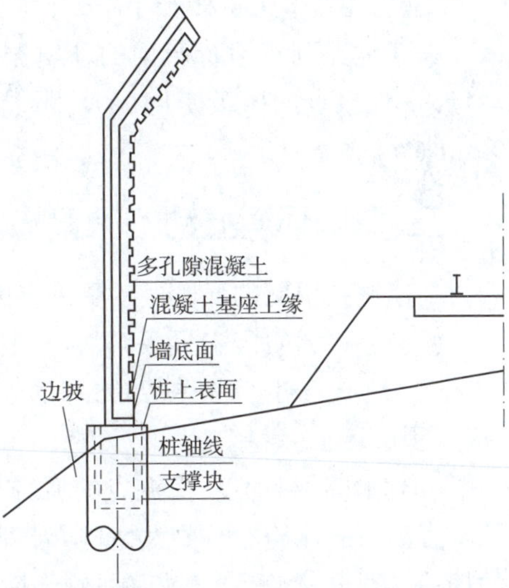

图 8-32 倒 L 形混凝土隔声墙

(2)将高速铁路线路设计在路堑内,其降噪的效果取决于路堑的深度和高度,路堑越深,噪声频率越高,则降噪效果越好。据日本北海道新干线经验,当路堑深度为 4.1~6.4 m 宽度为 20~30 m,相对于平坦地段而言,可衰减噪声 6~10 dB(A)。

(3)采用人工隧道通过城市人口密集的地区。

此外在车的转向架上安装隔声板,在车体下部悬挂车裙,车裙内侧覆盖吸声材料,以减轻轮轨噪声向路旁的辐射。

3. 受声点的防护措施

(1)高速铁路选线尽可能绕避噪声敏感区,如城市居民区、学校、科技园以及名胜古迹和旅游胜地等。

(2)市区发展规划用地尽量远离高速铁路两侧,靠近铁路两侧的住宅或学校,可以从建筑物结构上采取降噪措施,否则应予拆迁或改作其他用途。

(3)高速铁路两侧附近用地合理规划利用。在高速铁路两侧附近可修建一些仓库、工厂、商店等对噪声不敏感的建筑物,以起到屏障作用,减轻噪声对周围环境的影响。

第七节 高速铁路振动及其控制

一、振动污染

列车运行产生振动,对铁路两侧环境产生振动污染,主要表现在对周围居民睡眠的干扰;其次是对居民心理的影响以及对学习和工作的干扰;或者引起古建筑保护者的忧虑而要求采取措施。因此,控制高速铁路振动对环境的污染与控制噪声污染一样,都是高速铁路建设的一项重要任务。

环境振动按振级变化不同分为三种:

(1)稳态振动:在观测时间内振级变化不大的环境振动。

(2)冲击振动:具有突发性振级变化的环境振动。

(3)无规振动:未来任何时刻不能预先确定振级的环境振动。

高速铁路列车运行产生的环境振动属于冲击振动,根据日本对新干线振动的实际测量结果,受振点的振级变化很大,距线路 20 m 处,列车速度大于 160 km/h 时振级为 70~95 dB(A)。

二、影响环境振动的因素

高速铁路引起的环境振动受许多因素的影响,其中主要的有:

(1)受振点的距离:同一环境下,受振点离轨道越远,振级越小。

(2)地质条件:高速铁路路基的地质条件不同,振级各异,软土层振级较大,冲积层较小,洪积层更小一些。

(3)列车运行速度:受振点的振级与列车速度成正比增长。列车在轨道上行驶时,车轮的垂直动荷载比静态时要大,且随着列车速度的增加和轨道不平顺将急剧增加,引起轨道的振动加速度急增,致使铁路两侧环境振动具有明显的速度效应。

(4)高架桥的结构:混凝土结构比钢结构振级要小。

(5)线路结构:线路为路堤时振级较小,而线路为路堑时振级较大。

此外,在相同列车速度、距离等条件下,高架桥的结构与线路结构相比,铁路环境振动将大幅度降低,国内研究表明,距铁路外侧轨道中心线 30 m 处 Z 振级将降低 5~10 dB。以上影响因素中,距离和地质条件是主要因素。

三、环境振动评价标准

环境振动标准的量值以地面垂向 Z 计权振动加速度级计,单位为 dB。有关高速铁路振动的控制标准仅日本有明确规定:在建筑物外地面振动限值 VL_Z 为 70 dB。我国《城市区域环境振动标准》(GB 10070—88)规定,铁路干线两侧距线路外侧中心线 30 m 处住宅区 Z 振级 VL_Z 为 80 dB。日本新干线振动标准折算成我国标准值应为 90 dB,因而该标准较我国铁路振动标准宽。我国高速铁路建议值为 86 dB(距线路外侧轨道中心 30 m 以外的地面上的 Z 振级最大值)。

四、振动控制技术

按照振动传播的三个环节(振源、传播途径、受振点),在线路结构物方面主要控制技术有以下六种:

(1)采用无缝长轨技术,将钢轨修磨使其平滑。

(2)采用弹性轨枕和道砟垫层,以及减振式板式轨道。

(3)提高沿轨道方向的弯曲刚性,以弥补轨道弹性系数降低法的不足之处。例如,日本开发的梯子形轨枕就是一种提高刚性的方法,对减振十分有利。

(4)采用预应力混凝土桥,改变梁式高架桥的长度和跨度,采用减振性支座,安设动态减振器,控制振动辐射方向;尽量不采用无砟钢结构桥。

(5)采用隔振沟,设置柱列式、全反射、连接型的隔振墙,以控制振动的传播,避免产生二次激励振动。

(6)采用排水固结,设置人工复合地基、反压护道、基底约束齿墙等路基加固技术,使路基稳固,减轻振动的频率。

除了在线路、结构物方面采用有效的振动控制技术外,在动车组设计方面也采用了科学的振动控制措施,如动车组车辆轻型化;在车轮轮箍与轮心间添夹橡胶垫;车辆的转向架结构选择柔软的弹簧悬挂系统,以降低车体的浮沉自振频率;安装具有适当阻尼的油压减振器,以减轻车体的横向或垂向振动;采用空气弹簧和橡胶件,以隔离和吸收高频振动,都可有效地避免产生二次激励振动。

应当指出,噪声环境与振动环境影响相互关联,只有采取综合措施,方能实现降噪、减振的目的。日本新干线减振降噪示意如图 8-33 所示。

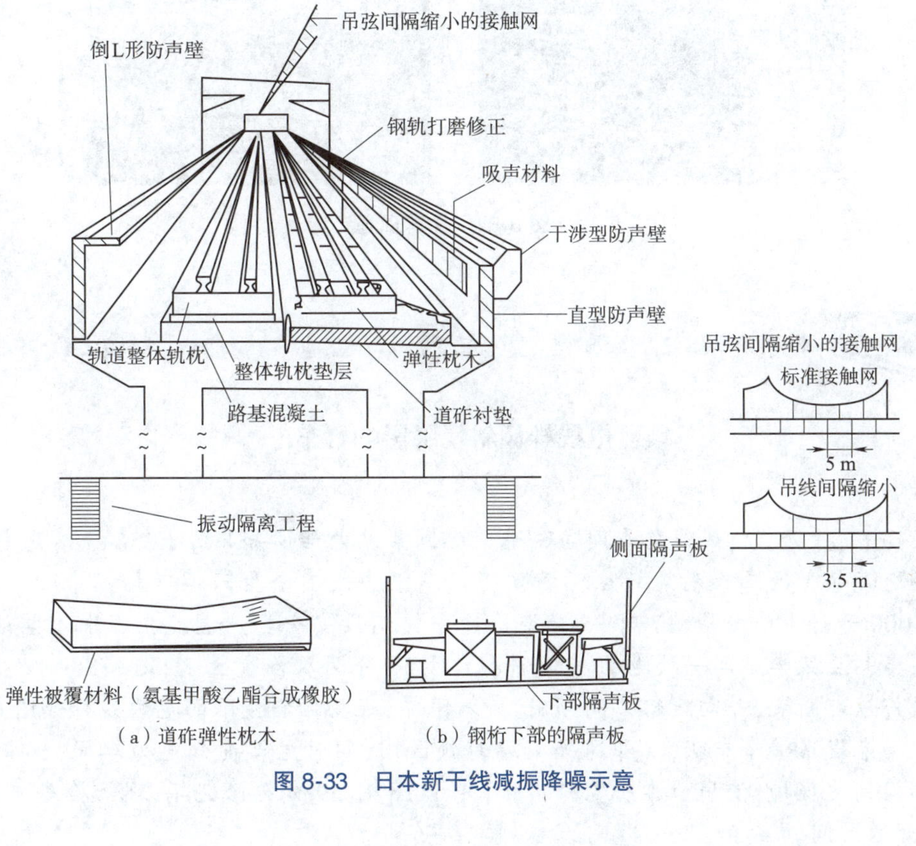

图 8-33 日本新干线减振降噪示意

典型案例8-1

撞羊停车

1. 概　　况

某日8时47分，某铁路局集团公司某次列车运行至某线K49+908处撞羊停车，经检查撞击点为某线K50+020处，撞羊14只(上行方向线路右侧路肩有大羊12只，小羊2只)。其他工务设备正常，钢轨无擦伤。9时16分通车，停车29 min，造成本次列车晚点。

2. 原因分析

经过与当地派出所民警共同确认，在某线上行方向K50+060线路右侧距线路800 m处有一户牧民居住，距线路1 000 m处另有一户牧民居住，牧民们经常在此处放牧，该地段线路两侧草原防护网年久失修出现多处漏洞，有羊钻网痕迹，判断羊从此处钻入网内，撞羊现场如图8-34所示。

图8-34　撞羊现场

典型案例8-2

电线杆倾斜侵限影响行车

1. 概　　况

某日17时25分，某线路车间主任陈某接到某站电话通知某线K256+788电杆倾斜，陈某迅速带领工区工长尤某赶往现场并将信息报告段安全生产调度指挥中心。两人自K256+000开始上线巡检，17时35分巡检途中接到段安全生产调度指挥中心电话通知，某线某车站至某车站间一处电力杆倾斜；17时57分两人检查至K256+788时发现铁路电力线杆根部断裂，并向线路方向倾斜，侵入限界，现场倾斜侵限的电力线杆如图8-35所示。现场未发现肇事车辆，立即通知某站封锁区间，同时电话通知电力车间，18时20分供电部门到达现场，使用吊车将电杆拆除，并于18时59分抢修完毕，现场检查工务设备正常，开通区间。

图 8-35　现场倾斜侵限的电力线杆

2. 原因分析

经公安机关调查，肇事车辆驾驶员张某驾驶大货车从 K256+800 线路右侧行驶，通过 K256+680 框构桥时，因车辆超高（该框构桥限高为 4.1 m）无法通行，在倒车过程中将电杆撞断，肇事司机没有向有关部门报告，慌忙逃逸。

典型案例8-3

列车撞防护栅栏停车

1. 概　　况

某次旅客列车运行至上行 K386+175 处，机车撞上摆在线路上的一片防护栅栏，于 4 时 44 分停在某上行 K385+481 处，司机处理后将防护栅栏放在某上行 K385+487 处左侧路肩上，4 时 59 分开车，区间停车 15 min，构成一般 C 类铁路交通事故。

2. 原因分析

经过现场调查和当地铁路公安部门侦查，这起事故是人为破坏造成的。该人近半年来经常与父母闹矛盾，产生了轻生的想法，为给社会造成影响，先前砍 7 棵树，政府无反应，就想往铁道上放防护栅栏，对行车造成影响，他认为那样政府一定会严惩他。于是，当日早 4 时许，他拿着自家的套筒扳手，将封闭的防护栅栏卸下，摆到线路上，致使防护栅栏被通过的某次列车撞上。

典型案例8-4

智能断轨监测系统报警发现钢轨折断

1. 概　　况

某铁路局集团公司某线，某段安全生产调度指挥中心发现 K152+000～K153+000 断轨监测系统报警，立即向行车调度申请封锁该线区间线路，现场检查发现该线 K152+625 左股钢轨母材垂直断裂，断缝 20 mm。经现场紧急处理后，限速 15 km/h 开通。

2. 原因分析

钢轨断缝处轨底Ⅲ区距轨底内侧边缘 57 mm 存在 4 mm×7 mm 黑核，位于探伤盲区。该黑核为工厂焊接时电极灼伤引发，逐步向内发展。加之当日轨温差最大达到 31 ℃，气温骤降引发断轨。

复习思考题

1. 铁路沿线安全环境治理部际联席会议制度的主要职责是什么？
2. 铁路安全保护区的范围是如何规定的？
3. 高速铁路沿线周边环境检查重点内容有哪些？
4. 简述普速铁路断轨监测系统的工作原理。
5. 普速铁路智能断轨监测系统在处理故障时，必须做到哪三清楚？
6. 普速铁路障碍自动监测报警系统现场设备包括哪些？
7. 普速铁路障碍自动监测报警系统报警解除方式有哪几种？
8. 简述高速铁路道岔监测系统主要的技术特点。
9. 高速铁路道岔监测系统能对道岔钢轨哪些裂纹进行监测？
10. 高速铁路灾害监测系统现场采集设备由哪些设备组成？
11. 简述异物侵限监测设备的工作原理。
12. 列出高速铁路的主要噪声源，并简要说明噪声的控制措施。
13. 高速铁路的振动控制技术有哪些？

引用规章文件

[1]《国务院办公厅关于同意建立铁路沿线安全环境治理部际联席会议制度的函》（国办函〔2021〕12 号）

[2]《中华人民共和国铁路法》(中华人民共和国主席令〔2015〕第25号)第四章第四十六条
[3]《铁路安全管理条例》(中华人民共和国国务院令〔2013〕第639号)第四章第二十七条
[4]《铁路技术管理规程(普速铁路部分)》(铁总科技〔2014〕172号)第十八章第456条
[5]《铁路安全管理条例》(中华人民共和国国务院令〔2013〕第639号)第四章第二十八条
[6]《铁路安全管理条例》(中华人民共和国国务院令〔2013〕第639号)第四章第三十七条
[7]《铁路安全管理条例》(中华人民共和国国务院令〔2013〕第639号)第四章第三十八条
[8]《铁路安全管理条例》(中华人民共和国国务院令〔2013〕第639号)第四章第三十九条
[9]《铁路安全管理条例》(中华人民共和国国务院令〔2013〕第639号)第四章第三十条
[10]《铁路技术管理规程(普速铁路部分)》(铁总科技〔2014〕172号)第一章第17条
[11]《普速铁路工务安全规则》(铁总运〔2014〕272号)第四章第4.0.2条
[12]《普速铁路工务安全规则》(铁总运〔2014〕272号)附录四第3条
[13]《高速铁路工务安全规则(试行)》(铁总运〔2014〕170号)第七章第7.7.1条
[14]《高速铁路工务安全规则(试行)》(铁总运〔2014〕170号)第七章第7.7.2条
[15]《高速铁路工务安全规则(试行)》(铁总运〔2014〕170号)第七章第7.7.3条
[16]《高速铁路工务安全规则(试行)》(铁总运〔2014〕170号)第七章第7.7.4条
[17]《高速铁路工务安全规则(试行)》(铁总运〔2014〕170号)第七章第7.7.5条
[18]《铁路安全管理条例》(中华人民共和国国务院令〔2013〕第639号)第四章第三十五条
[19]《铁路安全管理条例》(中华人民共和国国务院令〔2013〕第639号)第四章第三十一条
[20]《线路障碍自动监测报警系统暂行技术条件》(铁总科技〔2015〕184号)第4.2条
[21]《线路障碍自动监测报警系统暂行技术条件》(铁总科技〔2015〕184号)第4.2.1条
[22]《线路障碍自动监测报警系统暂行技术条件》(铁总科技〔2015〕184号)第4.2.2条
[23]《线路障碍自动监测报警系统暂行技术条件》(铁总科技〔2015〕184号)第4.2.3条

[24]《线路障碍自动监测报警系统暂行技术条件》(铁总科技〔2015〕184 号)第 4.2.4 条
[25]《线路障碍自动监测报警系统暂行技术条件》(铁总科技〔2015〕184 号)第 4.3 条
[26]《线路障碍自动监测报警系统暂行技术条件》(铁总科技〔2015〕184 号)第 5.1 条
[27]《线路障碍自动监测报警系统暂行技术条件》(铁总科技〔2015〕184 号)第 5.2 条
[28]《线路障碍自动监测报警系统暂行技术条件》(铁总科技〔2015〕184 号)第 5.3 条
[29]《线路障碍自动监测报警系统暂行技术条件》(铁总科技〔2015〕184 号)第 5.4 条
[30]《线路障碍自动监测报警系统暂行技术条件》(铁总科技〔2015〕184 号)第 5.5 条
[31]《线路障碍自动监测报警系统暂行技术条件》(铁总科技〔2015〕184 号)第 6.1 条
[32]《线路障碍自动监测报警系统暂行技术条件》(铁总科技〔2015〕184 号)第 6.2 条
[33]《线路障碍自动监测报警系统暂行技术条件》(铁总科技〔2015〕184 号)第 6.3 条
[34]《线路障碍自动监测报警系统暂行技术条件》(铁总科技〔2015〕184 号)第 6.4 条
[35]《线路障碍自动监测报警系统暂行技术条件》(铁总科技〔2015〕184 号)第 6.10 条
[36]《线路障碍自动监测报警系统暂行技术条件》(铁总科技〔2015〕184 号)第 6.12.3 条
[37]《线路障碍自动监测报警系统暂行技术条件》(铁总科技〔2015〕184 号)第 6.12.4 条
[38]《线路障碍自动监测报警系统暂行技术条件》(铁总科技〔2015〕184 号)第 8.2.6 条
[39]《铁路技术管理规程(高速铁路部分)》(铁总科技〔2014〕172 号)第一章第 29 条

第九章

预防其他灾害

学习任务

我国幅员辽阔,各地区自然、气象条件存在较大差异,每年自然灾害对铁路交通运输造成的损失也是巨大的。历史上,由于自然灾害,加之设备检查整治不到位等因素导致的人员伤亡、设备损坏等事故更是让人触目惊心,所以,掌握自然灾害发生的规律和防治措施,对于预防灾害、保证铁路运输安全是十分必要的。

本章主要介绍了凌汛、线路冻害、沙害以及雪害形成的原因和对铁路运输安全的危害,叙述了对于这些自然灾害的主要防治措施和一些灾害的应急处置方案,介绍了相关单位的防治经验及其防治效果、应急处置方案。

通过学习,重点掌握凌汛、线路冻害、沙害以及雪害的防治措施,借鉴相关单位对于灾害的防治和应急处置方案,提高学习者对于具体情况进行具体分析和应急处置的能力。

第一节　桥涵防凌

严寒地区的河流,冬季封冻和春融流凌,给桥梁墩台造成严重的危害。冬季封冻,有时因气候骤变,时裂时冻,在风力及水流作用下,可能发生冰层爬动将墩台推裂倾倒的情况;或因地形关系接受阳光及风向的不同,发生冰层厚度不均,冰压不均,以至挤裂桥墩的情况;或因冰层随水位涨落而发生破坏桥墩,有时甚至将木墩台的木桩拔起的情况;或在春融期间,常发生大量流凌或冰堆坝撞坏墩台或堵塞桥孔将墩台推倒的情况。因此在严寒地区做好防凌工作是很重要的。

一、凌　　汛

流水中的冰块称为冰凌,简称“凌”。冰凌对水流产生阻力而引起的江河水位明显上涨的水文现象,我们称之为凌汛,俗称冰排,凌汛如图 9-1 所示。在冬季的封河期和春季的开河期都有可能发生凌汛。

图 9-1 凌汛

产生凌汛的自然条件取决于河流所处的地理位置及河道形态。在高寒地区,河流从低纬度流向高纬度并且河道形态呈上宽下窄,河道弯曲回环的地方出现严重凌汛的情形较多。这是因为河流封冻时下段早于上段,解冻时上段早于下段,而且冰盖厚度下段厚上段薄。当河道下段出现冰凌以后,阻拦了一部分上游来水,增加了河槽蓄水量,当融冰开河时,这部分河槽蓄水急剧释放出来,出现凌峰向下传递,沿程冰水越聚越多,冰峰节节增大的现象。凌汛严重与否,取决于河道冰凌对水位影响的程度,当上游的冰水向下游传播时,遇上较窄河段或河道转弯的地方卡冰就会聚集成冰塞或冰坝,造成水位大幅度地抬高,最终漫滩或决堤,称为凌洪。通常情况下,只有在河道中出现严重的冰塞或冰坝后,才会引起水位骤涨,造成严重的冰凌洪水。冰凌洪水主要发生在我国北方的大河,如黄河在宁夏和在山东境内的河段、松花江等某些由低纬度流向高纬度的河段等。

简言之,产生凌汛的条件:一是有冰期的河流(多指 0 ℃以下的河流);二是从较低纬度流向较高纬度的河段,且较明显的南北流向。

二、凌汛对桥涵的危害

(1)在严寒冰冻地区,春融期间水位上涨,大块冰凌随流而下,冲撞和磨损桥梁墩台,如图 9-2 所示。

图 9-2 冰凌撞击桥梁墩台

(2)在大量冰凌的河流中,严重时会形成冰堆或冰坝堵塞桥孔,甚至推走整座桥梁。

(3)冰层有时在骤冷情况下会开裂,如遇大风,冰层移动会挤歪或切断桥梁墩台。

(4)河流结冰后，由于水流的影响或其他原因，冰层会发生移动；当水位涨落时，冰面也会升降，这种上下起伏，对墩台特别是桩基墩台会引起破坏。

三、铁路桥涵防凌措施

铁路是国民经济的大动脉，当前铁路发展进入了高速铁路时代，为了缩短城市间的距离，铁路的建设在设计上是“逢山开路、遇水搭桥”，铁路桥涵设备大量增加，凌汛给铁路桥涵带来的安全风险应进行科学研判，并严格加以控制，否则极有可能成为安全隐患 ，甚至发生行车事故。铁路工务部门在沿袭和借鉴地方政府防凌经验的同时，不断地进行实践摸索，总结出铁路桥涵局部防凌的可行性措施。

1. 设置破冰装置

(1)设置破冰凌

为了防止巨大的冰凌撞击桥墩，比较原始的做法就是在桥墩的前方设置破冰凌装置，在冰凌撞击桥墩之前将其破碎，起到保护桥墩的作用。破冰凌的形状如图 9-3 所示。

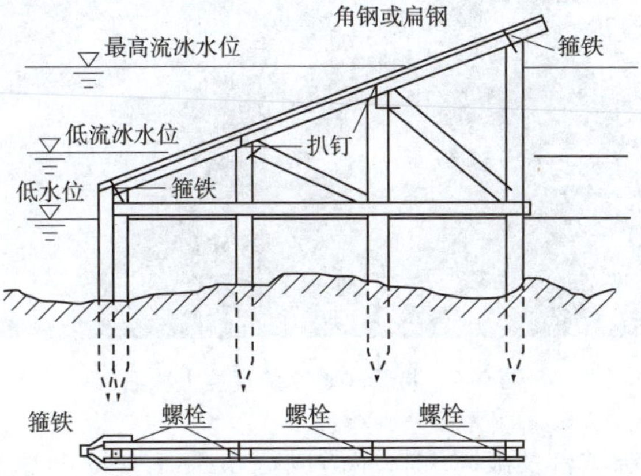

图 9-3　破冰凌

(2)设置“破冰尖”

“破冰尖”是 2018 年最新研发的除冰设备，新研制的破冰装置安装在桥墩上，如图 9-4 所示。“破冰尖”采用力学原理科学解决铁路桥墩周边结冰问题。“破冰尖”形似破冰船的头部，尖而硬的三角形被紧紧箍在桥墩之上，顶端对着水流的方向既可以减少水流结冰，也减少了桥墩周围的压力。在对比实验后发现，未安装破冰尖的桥墩周边压力系数为 0.9，安装后的桥墩压力系数为 0.6。当压力系数降至 0.6 后，冰层将不会对桥墩造成任何威胁。将新式破冰装置拉上冰面准备安装，如图 9-5 所示。

2. 凿冰沟

冬季，桥墩会被厚厚的冰挤压和侵蚀，如果不把桥墩周围的冰层打碎打散保证活水流动，结出的冰层会给桥墩造成巨大压力，严重的会破坏桥墩，威胁铁路运输安全。每年的 1 月至 2 月平均气温在 −10 ℃左右，当冰层厚度达到 15 cm 时，开始清理桥墩周边的冰，我们把这项工作称为凿冰沟，现场俗称“打冰”。

图 9-4 新研制的破冰装置安装在桥墩上

图 9-5 将新式破冰装置拉上冰面

在结冰期间，应围绕墩台及破冰凌将冰凿成宽 0.5~1.0 m 的冰沟，如图 9-6 所示。木墩台冰沟与墩台之间有 0.2~0.4 m 的保留冰层；实体墩台冰沟与墩台间距离可为 0.5(小桥)~5 m(大桥)。随着冰层的加厚，冰沟应随之加深。为防止沟内继续再冻，也可用树枝或稻草等物将冰沟掩盖，并在上面铺填雪或土进行保温。

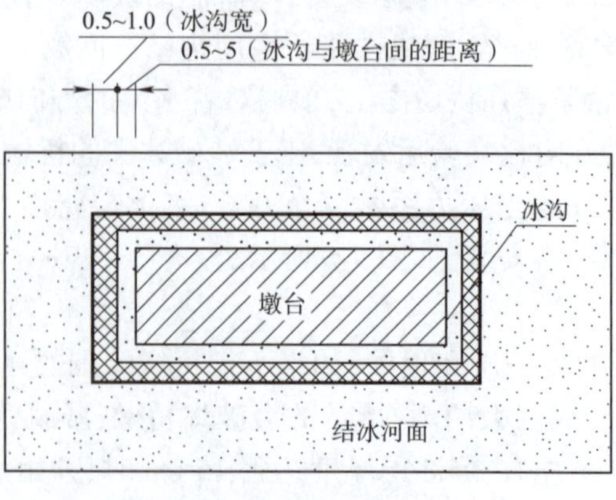

图 9-6 冰沟(单位:m)

3. 破冰

在冰层开始移动前，应将实体墩台的周围(宽约 0.5 m)以及上游(约 25 m)的一部分冰层破开，以免流冰撞击桥墩，如图 9-7 所示。

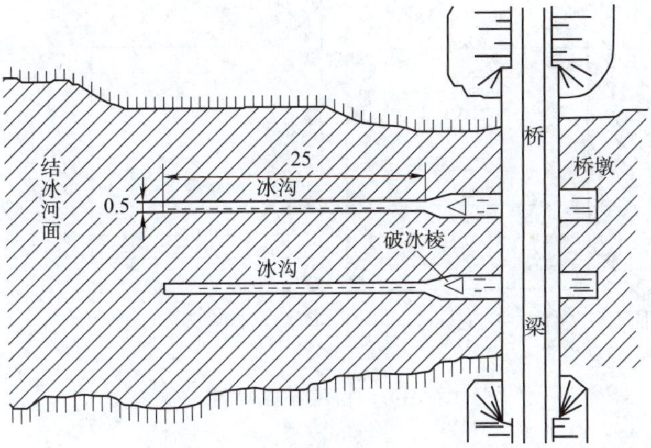

图 9-7　破冰范围(单位：m)

4. 开凿纵横冰沟

对有大量流冰的河流应在桥梁上游不少于 50 m、下游不少于 30 m 范围开凿多道纵横冰沟，如图 9-8 所示。

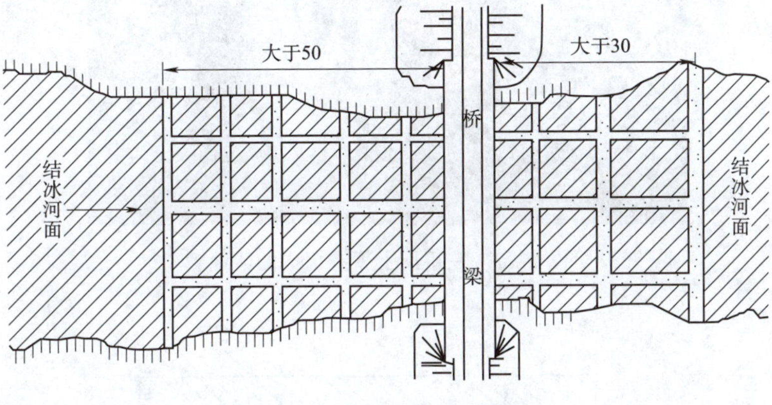

图 9-8　多道纵横冰沟(单位：m)

5. 凿冰池

对流冰特别严重的河流，为保护桥梁应将上下游不少于 2 倍河宽范围内的冰层凿成冰池(用手工凿或炸药爆破)，如图 9-9 和图 9-10 所示。

6. 爆破

当冰层较薄时，可以用手工开凿，当冰层较厚时，必须采用水下爆破或破冰船破冰。

水下爆破时炸药扣在一根有横木的粗绳上沉入水中，或者绑在一根竿子上，如图 9-11

所示，竿或绳长 2.5~4.0 m，炸药轻时，可在其上加绑一些石块等重物，竿子上应装一根横木，横木放在冰面上。把炸药放至离冰层底缘(2.5~3)h(h 为冰层厚度)处最为有利。

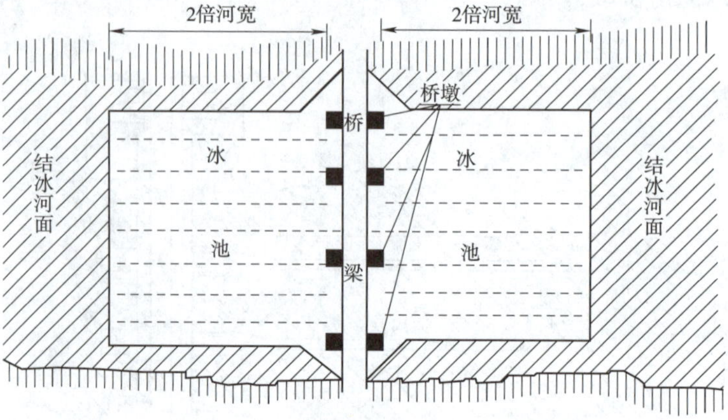

图 9-9　桥墩前的冰池

图 9-10　在桥梁上下游凿成的冰池

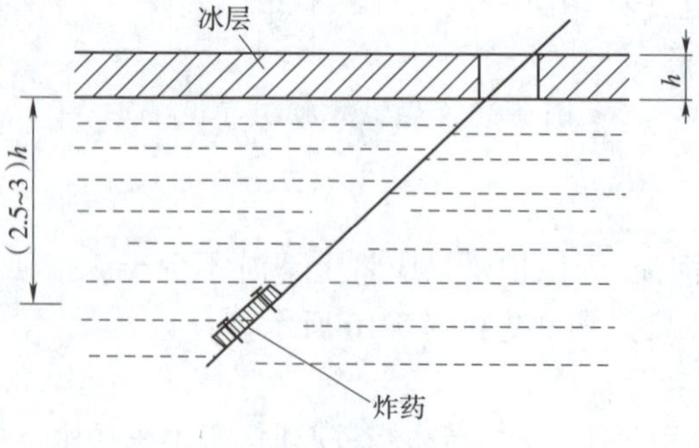

图 9-11　水下爆破

7. 控制流量

如果上游有水利枢纽，则应与主管单位联系，在开河时期控制放水流量，降低流凌速度。这是防止开河冰害颇为有效的措施。

第二节　线路冻害防治

线路冻害，通常是指铁路线路上存在的短距离地段内的不均匀冻胀。其实质是路基土体发生不均匀冻胀引起轨面不平顺的地区性、季节性病害，主要分布在我国东北地区及西北高原地区，这些地区路基的土质多为季节性冻土，含水量又不均匀，地表土层冬季随着气温下降开始冻结，路基面将发生不同程度的冻胀。春夏又发生融化下沉，使轨面出现高低不平，线路轨道高低、水平等几何参数频繁发生变化，往往超过了正常行车的允许限值，影响行车的平稳，甚至危及行车安全。不仅如此，到了雨季，由于土体吸水性强、透水性差，往往在较严重地段会发生翻浆冒泥，道砟陷槽，基床外挤等病害。

一、产生冻害的主要原因及影响因素

1. 土质

碎石类土和砂石类土等属于渗水性土质，一般不易产生冻胀，而土颗粒的粒径在 0.1～0.05 mm 的粉土、细粒土等属于非渗水性土质，这类土吸水性强、含水量大，很容易产生冻胀。

2. 水

水是发生冻害的根本原因。水在土中的存在形式主要为重力水、毛细水、吸着水、薄膜水、气态水。重力水即为地下水，受重力作用而流动；毛细水能克服重力作用，从重力水面上升到一定高度；吸着水、薄膜水吸附在土颗粒表面，它能由较厚的薄膜向较薄的薄膜运动，当土中水冻结成冰晶时，附近的薄膜水迅速移向冰晶冻结，使冰晶进一步增大，并形成水迁移作用梯度，达到毛细水饱和时，发生大量移动，从而产生冻胀。

3. 温度

主要表现在土层的负温数值对冻结速率的影响，由于不同的土壤都有各自相应的相转换区和最佳迁移水分冻结速率，当相转换区处于土层的负温度，且冻结速率较小时，土中水分迁移的条件最充分，可以形成较大的冻胀。

4. 压力

外部荷载对冻胀也存在一定影响，土在压力作用下越密实，其土中水分迁移就越困难，压力大则冻胀量小。

综上所述，水、土、温度、压力是发生冻胀的四个基本条件，但水是产生冻胀的根本原因，当冻胀敏感的土质在较低的温度下，土中若存在一定水分和一定压力，势必会使路基土体发生不均匀的冻胀，发生冻害。

二、冻害造成的危害

1. 增加了维修工作量,加大了维修成本

冻害是严寒地区普遍存在的病害,在冬春两季随着气温频繁的变化、路基土质的差异,就会产生不均匀冻胀,在轨面上表现出高低起伏变化,轨道几何尺寸超限,破坏了线路的平顺性,给行车安全性和平稳性带来很大影响,在寒冷地区,冬春两季的线路维修工作基本上都是围绕冻害展开的。如:东北地区,处理冻害所需工作量一般约为一年总维修工作量的1/3;大量的冻害垫板、调高扣件等维修材料上道,增加了维修成本,降低了工务维修的技术经济效益。

2. 对行车安全构成严重威胁

冻害的发生往往使线路高低、水平超限,还会形成较大三角坑,给行车安全带来极为不利的影响。特别是曲线地段,如果检查和处理不及时,因冻害形成反超高,必然给行车安全构成极大的威胁。

3. 减少了轨道各部件的使用寿命

冻害的发生还会使路基强度降低,承载力下降,加速道床道砟脏污、翻浆冒泥、道床板结等严重病害,使轨道工作条件劣化,缩短部件使用寿命。

三、冻害的分类

1. 按纵向外部形态分

(1)冻峰

路基面在短距离内的冻胀高度大于相邻两地段的冻胀高度所形成的凸起部分,如图9-12(a)所示。

(2)冻谷

路基面在短距离内的冻胀高度小于相邻两地段的冻胀高度所形成的凹槽部分,如图9-12(b)所示。

(3)冻阶

路基面两相邻地段的冻胀高度不同而在连接处所形成的错台部分,如图9-12(c)所示。

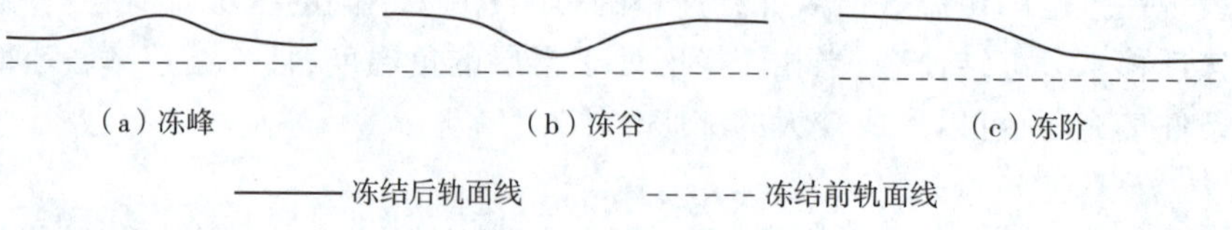

图9-12 冻峰、冻谷、冻阶

2. 按横向外部形态分

(1)单侧冻害

沿路基横断面两侧冻胀高度不等,如图9-13(a)所示。

(2)双侧冻害

沿路基横断面整个冻胀高度大体一致。

(3)交错冻害

在路基纵横断面上相邻地段的冻胀高度均不相同,形成高低交错的现象,如图 9-13(b)所示。

图 9-13　单侧、交错冻害

3. 按冻胀产生部位分

(1)表层冻害

表层冻害是指受地表水影响产生的冻胀,发生在路基土体临界冻结深度内上半部分,当冻结深度为 2 m 左右时,一般为从基床面向下 0. 8~1. 0 m 范围内;表层冻害大多发生在冬季上半期,具体时间根据各地所处地理位置不同而有所不同,冻胀高度较小,一般为 30~50 mm,春融时最先开始回落,表现为“早起早落”型。

(2)深层冻害

深层冻害是指受地下水影响产生的冻胀,发生在路基土体临界冻结深度内下半部分,当冻结深度为 2 m 左右时,一般为从基床面向下 0. 8~1. 0 m 到临界冻结深度下缘。冻胀高度较大,一般多发生在冬季下半期,到春末甚至初夏才消失,表现为“晚起晚落”型。往往表层冻害稳定后深层冻害仍继续发展,冻起高度由土体内含水量决定,严重时可达 100 mm 以上,直接危及行车安全。

4. 按冻害高度大小分

10~25 mm 为一般冻害,26~50 mm 为较大冻害,51~100 mm 为大冻害,100 mm 以上为特大冻害。线路维修人员可根据冻胀量的大小结合冻害产生的原因采取相应的防治措施。

四、预防冻害的措施

在冻害防治工作中,必须坚持以“预防为主,预防与整治相结合”的原则,认真做好冻害的预防工作,主要预防措施如下:

(1)经常保持道床清洁,防止泥土杂物混入道床,及时清除土垄。

(2)保持路肩和边坡平整,无裂缝、无坑洼积水。

(3)完善地表排水系统,保持各种地面排水设备平顺畅通,排除堑顶、堤脚及附近积水。

(4)定期检查、疏通各种地下排水设备,做到不积水、不堵塞,降低地下水位。

(5)结合其他作业,事先更换或改良不均质土体。

(6)入冬前,做好各项排水设备的防寒工作,保持其状态良好,不冻结,无损坏。准备必要的保温材料,以便随时应用。

在冻害发生后，应详细、认真地进行路基冻害的调查，分析冻害形成的原因和规律。一是从外部形态方面调查：冻害发生的部位、形状、高度、起落时间及发展过程。二是进行钻探或挖验：记录土层的类别、厚度、冻土结构、水文地质条件，包括必要的土工试验等。这些为整治冻害提供充分的依据。

五、整治冻害的措施

1. 使用冻害垫板整治冻害

使用冻害垫板整治冻害是工务线路维修作业中最常用的方法（图 9-14），根据线路冻害冻起或回落的状态，通过使用不同厚度的垫板来调整轨面高低、水平，使之符合列车正常安全运行条件。这种方法操作简单、实用，在一定条件下，能够随着气温的变化、冻害的涨落随时调整垫板厚度以消除轨道高低、水平超限问题，所以，在普速铁路和高速铁路中均普遍采用，只是作业规程和标准有所区别。

图 9-14　使用冻害垫板整治冻害

2. 注盐整治冻害

注盐整治冻害也是工务维修作业中常用的预防性整治方法，用氯盐（NaCl）整治冻害是一种效果明显，易于实施的措施，但在整治过程中必须注意下面几个问题：

（1）用盐量的控制

由于盐化基土只能减小冻胀，且用盐量与冻胀量的减小并不成比例，根据实践经验，冻害防治的用盐量一般分为三种，见表 9-1。

表 9-1　冻害防治用盐量

冻害高度（mm）	20 以下	20～50	50 以上
1 m^2 用盐量（kg）	5	10	15

（2）作业方法

注盐整治线路冻害常用的方法有：挖槽铺盐法、打孔注盐法、稀释注盐法以及土盐拌和法等。挖槽铺盐时，盐应均匀地铺洒在基床面下 200～400 mm 处的土层中，打孔注盐注入的深度可至冻结深度的30%~40%。盐化处理后的土应予以夯实，夯实既可提高土的容重，又可减少盐的流失，以保持较长的效果。

(3)效果

盐化基土整治冻害的效果都有一定的时间性，取决于冻害的性质、用盐量、施工方法、气候条件等。短的2~3年，长的可达10年之久。如反复采用盐化基土的办法，应控制土中的含盐量，一般不应超过土重的5%~8%。

(4)应用范围

由于这种方法只能减轻冻害，浪费较多，效果虽明显，但维持时间短，一般只适用于表层冻害。

(5)某铁路局集团公司采用挖槽铺盐法整治线路冻害的整治经验

①作业程序

在作业前应先将盐粒碾压成粉末状为宜。如过了雨季，应将盐溶解成溶液进行浇注。将枕盒道床扒成V形沟槽(V形沟槽上部两侧边缘为轨枕边)，沟深距轨枕底面以下100 mm，不得扰动枕底道床。

a. 确定注盐量。根据现场钢轨上标记的冻高，计划好每个轨枕盒内的用盐量。

b. 设置防护。

c. 将每个轨枕盒的计划用盐量，用石笔写在钢轨腹部。

d. 将盐运送到注盐地点，摆放在路肩上。

e. 扒轨枕盒道床沟槽。按注盐范围扒轨枕盒道床沟槽。

f. 注盐。按计划准确衡量用盐量，按单、双股注盐标准均匀注盐。

g. 回填道床。注盐后及时回填好道床，道床饱满，并按标准整理、夯实。

h. 做好记录。做好注盐的原始记录，建立档案。

i. 收工前，作业负责人对作业地段进行全面检查验收，并做好回检记录。

j. 现场负责人组织回收材料，清点工具，撤除防护。

②作业要求

a. 注盐法仅适用于土质原因造成的冻害。

b. 对注盐后冬季效果不显著的，要具体分析，找出原因，切勿在第二年又盲目注盐。

c. 用盐量要准确，用衡器称量。注盐要均匀，钢轨下、辙叉下等部位，不要因作业不方便而少注。注盐过程中，防止将盐洒落在钢轨、扣件及胶垫上，以免盐侵蚀钢轨、扣件及胶垫。

d. 扒出的道砟不得超出轨面和靠近钢轨工作边。

e. 无缝线路地段注盐作业，严格按作业轨温条件进行作业。

③技术要求

a. 注盐范围双股冻起时，为整个枕盒及枕头外100 mm以内部分；单股冻起时，由冻起股枕头外100 mm至未冻起股钢轨内侧150 mm处。

b. 注盐量应因地制宜，根据实际情况决定(10 mm以下冻害、中修清筛地段不注盐)，超过10 mm以上冻害一般注盐量为：

ⓐ双股冻起，每1 mm冻高用盐1 kg，由冻高最大处向两侧冻害起始点均匀递减到零。

ⓑ单股冻起,每 1 mm 冻高用盐 0.5 kg,从线路中心至未冻起股钢轨内侧 150 mm 处的用盐为该轨枕盒用盐量的 1/4,用盐量由线路中心起逐渐向未冻起股减少;由冻高最大处向两侧冻害起始点均匀递减到零。

ⓒ道岔内每一轨枕盒用盐量,按线路(Ⅲ型轨枕长度 2.6 m)用盐量的标准,视该处岔枕长度按比例增加。

除上述两种常用的预防性整治措施外,要彻底解决线路冻害问题,还需从根本上进行整治,就是要在排水和路基土质等方面着手,因地制宜地采用多种措施综合进行整治。

3. 排水与隔水

排水不良是路基冻害的主要原因,路基土体中存在大量的地表水或地下水不能及时排除,在冬季温度达到零下时,含水土体发生冻结,而产生不均匀冻胀,使轨面不平顺。所以由排水不良引起的冻害,应采取排水、隔水措施加以整治。

(1)采取有效的排水措施

排水措施包括排除地表水和地下水,排水设备应齐全、完好。有充足的过水能力,及时将路基土体中的水分排出,此外,排水设备还应具有抗冻、防冻的能力,不被冻融破坏。这就要求我们在秋季入冬前,对排水设备、设施认真地进行过冬防寒前的检查整修工作,保证在严冬时,能发挥正常排水作用。

(2)隔水措施

利用各种材料制成的隔水层,使地下水不能透过,或隔断毛细水的补给,限制冻结时水分的迁移作用,以减少或消除冻胀。

所用隔水层的材料有:黏土、耐寒塑料薄膜、土工纤维防渗布、聚氯乙烯板及氯丁橡胶板等。

4. 更换土质

换土是最普遍、采用最多的一种整治冻害的措施。

通过换土主要达到三个目的:一是将部分冻胀土换为不冻胀土,以便减小冻胀值;二是将冻胀性较弱的土(或不冻胀土)换为冻胀性较强的土,以便消灭冻谷或单侧冻起等;三是改换土中的冻胀土层或冻胀土质的不均匀条件,以消除冻害条件。换土在基床冻害的整治中是有条件的,经调查分析认定,基床冻害产生的原因为基床土体中土质不均匀或是土层厚薄层次不等时,才采取更换土质的措施。如果基床冻害是由于水的原因(即地表水或地下水的不均匀渗入或浸湿),则应采取排水措施,而不应当采取换土的方法。

在更换土质的措施中,有两种情况:一种是更换冻胀土,另一种是更换不冻胀土。这两种情况不仅起的作用不同,而且条件要求也是不一样的。

5. 铺设保温层

将保温材料覆盖或铺设在路基基床的表层,使表层下的土层不冻结或减少冻结深度。

(1)保温层的材质

炉渣的导热系数很小,是一种良好的保温材料,能就地取材,成本低,效果好。用作垫层的炉渣应过筛,粒径以 3~40 mm 为宜。易粉碎的、含水率较大的炉渣不宜使用。

泥炭和冷压泥炭砖,经国外几十年使用证明效果良好,使用年限长。湿度大的泥炭水分冻结时,会放出大量潜热,能防止泥炭进一步冻结。实际调查表明,当泥炭垫层的含水率为85%时,其保温效果最好。

泡沫聚苯乙烯板是一种强度很高的隔温防水材料,在280 kPa压力下的压缩变形不超5%,导热系数一般为0.029 W/(cm·K)。通常1 cm厚的泡沫聚苯乙烯板保温层相当于14 cm填土的保温效果,能使用二三十年。如铺在道床下,其上下应各铺10~20 cm厚的砂垫层。其他保温材料还有膨胀珍珠岩粉、石棉等。

(2)保温层的厚度

根据当地土的冻结深度、导热系数,按均质土层计算保温层的厚度。无足够数据时,可根据冻层深度来确定炉渣垫层的厚度。

(3)保温层的宽度

最好将路基顶面全部铺设保温材料,也可在轨枕头外各1.3 m范围内,或总宽5 m范围内铺设。

(4)炉渣保温层的排水与隔离

因炉渣浸水后的保温作用要显著降低,因此,保温层的底面必须高于地下水水位。如地下水位较高,应设置单侧或双侧地下排水设备,使地下水位降低后再设置保温层。也可在保温层内每隔5~10 m设一横向渗水盲沟,流水坡度采用5%~10%。在砂道床地段,可用细粒炉渣铺一层10 cm厚的隔离层,以免砂与炉渣混杂;也可铺一层10 cm厚的三合土或防渗土工布做隔水层;其顶面做成路拱以利排水。

6. 高抬道

采用炉渣、石屑或渗水性能较好的砂性土,通过多次抬道分层垫入枕底,将路基抬高至需要的高度,使抬道范围内的冻害地段有一层保温层。

高抬道适用于沼泽地区路基和两侧常年积水的低路堤地段,以及地表水较丰富,地下水位较高的浅路堑地段(结合必要的排水设备)。

在路基基床冻害的整治中,要坚持两个基本原则:一是要坚持消除不均匀冻胀的原则。也就是说整治冻害必须是以消除局部冻害地段的冻胀高度为目的,主要是指消除路基的冻胀差值,或使这一差值在规定距离内逐步消失,使线路状态达到合乎要求的标准。这是一条非常重要的原则。在生产实践中,往往由于没有注意到这一点,大量出现彻底消除冻胀值的做法,从而将冻峰变成冻谷,把相邻区段的均匀冻胀值所需要的冻胀量也消除掉了。这实质上是对冻害形式上的一种转移,在人力、物力上造成很大的浪费。二是要强调综合整治的整体效果。各种整治冻害措施的目的、作用和效果不尽相同,各有针对性和适用范围。因此要根据冻害的具体情况分析研究不同措施的互相搭配,注重它们的整体效果,以争取达到根除冻害的目的。

六、冻害的管理

在线路设备日常养护维修中,为了确保列车运行安全,应加强对冻害的管理,以便切实掌握冻害发展规律,也为日后冻害整治积累宝贵经验。相关铁路局集团公司根据本集团公司管内冻害的特点制定冻害管理办法,现将《某铁路局集团有限公司普速铁路冻害管理办法》中的一些管理经验进行分享,仅供参考。

1. 冻害检查制度和方法

(1)动态检查。设备管理单位要充分利用轨道检查车、综合检测列车、车载式线路检查仪、便携式添乘仪等检测设备,安排专人分析冻害地段数据变化,正确指导现场作业。冻害发展期间(指冻起、回落,下同),根据冻害变化情况加密添乘检查频次。

(2)静态检查。冻害发展期间,要加密检查频次,及时掌握冻害发展情况。设备管理单位对正线冻高大于 10 mm、站线冻高大于 15 mm 的冻害处所检查每半月不少于一次;对正线冻高大于 20 mm、站线冻高大于 25 mm 的冻害处所检查每周不少于一次。

(3)检查内容。检查轨道几何尺寸、10 m 过渡段(平台)长度、顺坡倍数、冻害垫板层数及厚度、穿枕木数量、冻害道钉规格及数量、扣件扭矩以及线路是否存在空吊。

(4)信息处理。各级检查人员进行冻害检查时,认真记录检查情况,并核对冻害登记表内容,将检查信息(包括接到的上级检查信息)通知有关车间或工区,车间或工区分轻重缓急及时安排整修。

2. 冻害统计分析

(1)正线 10 mm 及以上冻害,由设备管理单位做好统计,认真分析产生原因,为冻害防治提供依据。

(2)正线 20 mm 及以上冻害,由铁路局集团公司工务部掌握,提出整治建议。

(3)在冻害发展期间,设备管理单位应每日综合分析轨道检查车、车载式线路检查仪、添乘及静态检查等检查数据,关注冻害变化趋势,对添乘晃车地段、轨检车波形图幅值变化达到 5 mm 及以上处所,安排车间及时进行现场复核确认。

(4)在冻害发生期间,设备管理单位对照冻害登记表,对新增冻害要组织分析,从排水不畅、土质不良、道床不洁、外部环境变化等方面找出可能引起冻害的原因。已经进行过冻害整治的,要从整治时间、整治方法、整治过程等方面分析整治的有效性。

3. 冻害的整修

(1)混凝土枕线路冻害地段,在冻结前,应有计划地撤出调高垫板进行捣固。在冻结后,冻起高度不超过 15 mm 的地段,可用调高垫板整修,每处调高垫板不得超过 2 块,总厚度不得超过 15 mm(丝扣不足的螺旋道钉除外)[1]。

(2)混凝土枕线路冻高超过 15 mm 时,可采用调高扣件整修,每处调高垫板不得超过 3 块[1]。

(3)混凝土枕道岔冻害地段,应根据滑床板(铁垫板)的规格,制作相应长度的垫板。厚度 3 mm、6 mm、9 mm、12 mm、15 mm、20 mm,根据冻害变化情况在轨枕和滑床板(铁垫板)之间垫入垫板。垫板厚度超过 15 mm 时,根据垫板厚度使用相应长度的加长岔枕螺栓,但加长岔枕螺栓严禁焊接。垫板厚度超过 20 mm 时,每隔 4 根轨枕使用轨距杆加强。转辙部垫板作业必须有电务配合,并由电务部门进行道岔转换试验,保证道岔转换正常。在固定电务转辙机的轨枕上垫(撤)垫板时,应保持左右股垫板厚度相同。

(4)线路、道岔上垫入或撤出冻害垫板作业时,在正线、到发线上,顺坡长度应为:允许速度不大于 120 km/h 线路不应小于冻起高度的 600 倍,允许速度为 120(不含)~160 km/h 线路不应小于冻起高度的 1 200 倍,允许速度大于 160 km/h 线路不应小于冻起高度的 1 600 倍;在其他站线上,顺坡长度不应小于冻起高度的 400 倍。线路上冻起高度超过 20 mm 时,两端顺坡之间应有不短于 10 m 的过渡段,其坡度应与线路坡度一致。辙叉及转辙部分不得有变坡点[2]。

(5)冻起高度大于 20 mm 的地段,根据历年冻起高度规律,应采用“冬病夏治”的原则进行整治。主要整治方法有:开挖盲沟、清筛道床、注盐、地表排水、渗水管、平排孔、换填、桥涵保温、化学注浆等。

4. 冻害分级管理

冻高 15 mm 以下的冻害整治方案由车间主任制定并组织实施,冻高 15 mm 及以上冻害整治方案由段制定方案,经主管副段长审核后组织实施,冻高 20 mm 以上冻害由设备管理单位分析原因,确定整治方案上报工务部,工务部依据年度预算下达整治计划。

5. 冻害登记

设备管理单位对冻高 10 mm 及以上的冻害在冻害登记表中登记,各单位应指定专人负责对车间冻害信息进行收集、整理、登记、核对和汇总等工作,分析冻害形成原因,提出整治方案。冻害登记表电子版每年按要求上报工务部。

6. 冻害调查及标记

设备管理单位每年对管内冻害进行调查,冻胀期每次调查过后根据变化情况对冻害登记表信息及时更新,冻害稳定后在钢轨轨腰上将冻害的起讫位置、长度、最大冻高信息进行标记,如图 9-15 所示。

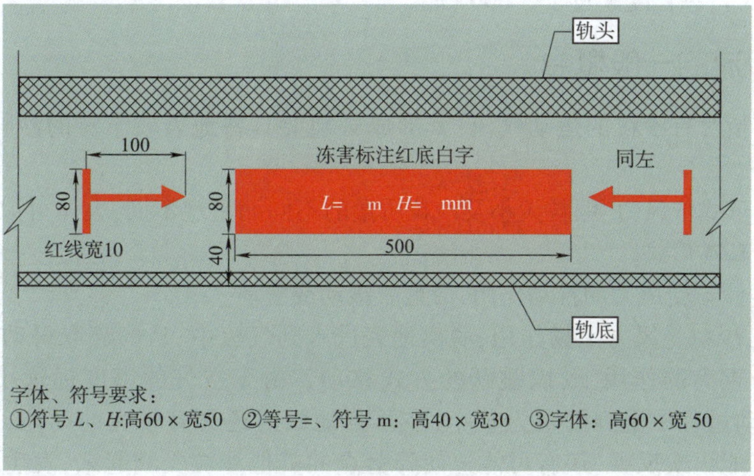

图 9-15　冻害标记(单位:mm)

7. 冻害观测

(1)冻高观测。设备管理单位在冻害冻起及回落期对 25 mm 及以上冻害建立固定观测点,使用水准仪进行观测。

(2)成因观测。设备管理单位应在冻害期间,从道床脏污、路基含水率、路基填料、周边环境等方面综合观测冻害成因,并摸索冻害变化规律,为“冬病夏治”提供依据。

8. 冻害限速要求

(1)线路冻高超过 20 mm 时,设备管理单位可根据现场静态检查情况采取限速或封锁措施,参考《普速铁路线路修理规则》中轨道静态几何不平顺限速或封锁限值。

(2)现场冻害变化频繁,不能够保证行车安全时,立即采取限速措施,具体限速数值根据现场情况确定。

第三节 沙害防治

沙害指的是穿越沙漠地区的铁路,风沙流的堆积、吹蚀(掏蚀)作用对铁路线路设备的破坏或流沙上道影响行车的现象。

我国的沙漠(包括沙质荒漠、戈壁及沙地)主要分布在北纬 35°~50°、东经 75°~125°之间,就其地理位置而言,主要分布于西北五省及内蒙古自治区、东北西部、黄河故道,海滨地带也有零星的平沙地。从气候条件而言,沙漠绝大部分分布在干旱少雨、蒸发量大、风力强劲、大风频发的地区。沙漠铁路主要指穿越沙质荒漠和戈壁地区(石质与砾质荒漠)的铁路。

我国的沙漠铁路主要有包兰、兰新、青藏、南疆、干武、集二、乌吉、包神等 21 条,分布于我国西北、华北北部和东北西部的新疆、青海、甘肃、宁夏、内蒙古、陕西、山西、辽宁、吉林、黑龙江等省(区),总长度超过了 5 000 km。

一、风沙流的一般概念

风沙流是指含有沙粒的运动气流,其形成必须要具备地表较丰富的沙物质和一定的风力。

沙粒运动形式依风力、颗粒大小及沙粒质量的不同而呈现不同,大体可以分为蠕移、跃移和悬移三种基本形式。

(1)蠕移:沙粒受风力的推动作用,沿地表滚动或滑动。

(2)跃移:沙粒受风力上扬作用,脱离地表进入到气流中,从气流取得动能加速前进,并在沙粒自身重力的作用下,以跳跃的方式移动。由于空气的密度远远小于沙粒的密度,沙粒在运动过程中受到的阻力较小,在落到地面时还具有较大的动能,因此,降落的沙粒不但有可能再次反弹,还有可能迫使降落点的其他沙粒飞溅起来,发生跃移,形成连锁反应。

(3)悬移:沙粒在一定的时间内悬浮在空中,保持不与地面接触,并随气流的运动而运动。

二、常见铁路沙害形式及原因

1. 风蚀

当风沙流通过路堤时,路堤就成为阻碍气流前进的人为屏障。此时风沙流的强度随路堤边坡坡度、路堤高度的不同而不同。在迎风侧,由于气流受阻,风速由路肩向坡脚逐渐减小,风速自路肩面向上至 1 m 左右处达到最大,由于遭受高风速的不饱和风沙流侵蚀,对于路基填料含沙量较高的铁路,若不进行防护或者防护不够时,因沙粒疏松,在风沙的撞击和磨蚀作用下，而造成风蚀。

风沙地区的铁路路基，风蚀的轻重程度随路基的形状和部位不同而不同：

（1）在路堤上，以路肩部分风蚀最为严重，坡面次之，坡脚一般不被风蚀，反而有积沙现象，由于路堤长期受到风蚀作用，极易造成局部的路肩宽度不足、轨枕外露、道砟全无，严重时会使路肩全无，危及行车安全，如图 9-16 和图 9-17 所示。

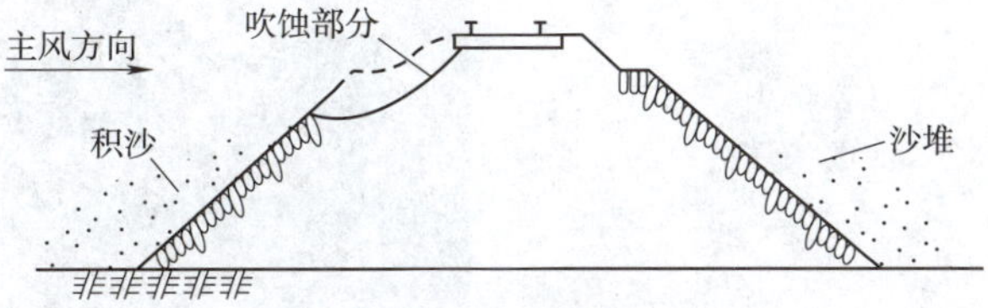

图 9-16　风蚀路基

图 9-17　风蚀造成路肩全无

（2）当风沙流通过路堑地段时，路堑内的风向变化相对比较紊乱。途经堑顶的风沙流因地表形态的变化，作用于堑顶及两端的风力较大，风力刷蚀的结果，常使堑顶成浑圆状，或在路堑薄弱部位形成风蚀洞，造成塌方现象，堵塞线路，影响行车安全。当风速发生改变时，其携沙能力会有所降低，致使沙粒大量落在背风坡。在路堑底部还会产生拉沟风，它会将短路堑内的积沙吹至沟口。在拉沟风与堑顶的风沙流之间还存在着涡流区，涡流不仅会吹扬沙粒，还会对路堑边坡进行吹蚀，造成线路沙害。鉴于风沙流在路堑内的种种变化特征，在风沙地区宜采用展开式路堑。

2. 沙埋

风沙流在越过路堤后气流扩散，在背风侧形成涡流区，涡流会对背风侧边坡的上部产生一定的淘蚀作用，随着气流的进一步扩散，风沙流的携沙能力进一步降低，会在背风侧坡脚形成风积区。当路堤较低时，随着时间的推移，两侧堆积区的积沙会逐渐增高，灌满道床、掩埋钢轨，最后掩埋线路，这种现象称沙埋。图 9-18 为作业人员正在清理被沙埋的线路。一般在不填不挖、低路堤、浅路堑处，沙埋现象比较严重，甚至造成行车事故。

风沙流对路基的影响还与风向有较大的关系。当风向与路基正交时，风沙流的堆积、吹蚀、淘蚀作用都最强，而风向与路基的交角越小，风沙流对路基的破坏也就越弱。

图 9-18　作业人员正在全力清理被沙埋的线路

三、风沙对铁路运维的危害

风沙对铁路的危害，涉及车务、机务、工务、电务等养护部门，在运营和养护方面的危害主要有：

1. 脱轨

当道床积沙掩埋轨面后，使车轮上升，爬越钢轨，机车车轮脱离钢轨。一般说来，积沙厚度达到 20 cm，长度达到 2~3 m 以上，就有可能引起机车脱轨，由此而引起翻车和损坏线路的严重事故。

2. 停运

当钢轨被沙埋到车难以通过时，不得不减速缓行甚至停止运行等待清理，这种现象出现较多。有时由于线路积沙过长，不能很快清除，就造成停运现象。有时由于风蚀路基边坡，造成坍塌，也会造成列车停运。

3. 拱道

道床积沙后，由于列车通过时产生振动，沙子透过道砟向下渗落，聚集在道床底部，将道砟挤向道床表面，轨枕及钢轨被抬高，使线路拱起造成危害。由于抬高程度不均，易产生三角坑病害，列车车轮的踏面不能同时与轨面接触，行车不稳，严重时造成断钩甚至脱线事故。铁路工务部门要经常进行清筛道砟，清除积沙，需消耗大量人力和财力。

4. 低接头

道床积沙后，细沙从道砟空隙中下渗，增加道砟的含沙量，在清除道床积沙过程中，往往带走一部分石砟，致使道床石砟减少，影响捣固质量。特别是在钢轨接头处，车轮对钢轨冲击力较大，时间较长，冲击次数加多，使接头处下沉，导致产生低接头现象。

5. 轨枕病害

道砟内充满细沙，引起排水不良，湿度增大，轨枕易产生病害，使用寿命缩短。

6. 堵塞桥涵

风沙线路的桥梁和涵洞，被流沙堵塞的现象经常发生，一旦出现暴雨，易形成水害，冲毁线路，影响列车运行，甚至可能造成严重行车事故发生。

此外,还有一些诸如道床积沙后由于排水不良,易使线路翻浆及冻害,沙粒进入机车和车辆的机械部分,造成严重磨损等,以及风沙流对通信线路的吹蚀磨耗、摇摆拉长而发生碰线、混线或吹倒线柱等,都为铁路运输带来不利的影响。

某铁路线是连接蒙古、俄罗斯及东欧的重要国际干线,全长 335.6 km。2007 年,该铁路线全线共有 120 km 发生沙害,严重沙害地段达到 50 km。据统计,沙害造成 110 次断道,65 次影响行车,39 次拦停列车,累计封锁线路时间长达 295.6 h。

2008 年以来,北方地区频遭沙尘暴袭击,仅在集二国际铁路干线,就接连发生沙害 36 起,10 多次封锁线路,沙害肆虐正在给铁路行车安全亮起红灯。图 9-19 为列车行驶在被流沙威胁的线路上。

图 9-19　列车行驶在被流沙威胁的线路上

沙害继续呈现扩展之势。在 1~3 月,发生沙害的地段已经蔓延到 200 多千米。夏拉哈玛车站以北的集二线 K266+000~K274+000 段是沙害最严重的一段。这里狂风劲吹、黄沙弥漫,沙子从路肩爬上了轨道,将道床全部掩埋。线路西侧的积沙最高处,已经超过钢轨 1.5 m。沙害不仅影响铁路畅通,而且对线路基础设备造成严重破坏。更为严重的是,强沙尘暴袭来时,进入机车油缸的细密沙尘会导致机车无法运行。

四、沙害的等级

铁路沙害的防治是一个长期而艰巨的课题。从铁路沙害防治角度对铁路沙害进行分类是有效地进行铁路沙害防治和预测的理论依据。既有铁路沙害分为三个等级,见表 9-2。

表 9-2　既有铁路沙害等级

沙害等级		积沙状况	危害程度
一级	严重	积沙掩埋轨头	危及行车安全
二级	中等	积沙掩埋扣件	影响巡道及养护作业
三级	轻微	积沙掩埋道床	污染道床,引起线路病害

五、沙害的防治措施

铁路沙害的防治应坚持“预防为主、防治结合、因地制宜、因害设防、宜林则林、永临结合”的原则，沿着线路主导风向方向侧，防沙措施垂直主导风向，采用“远阻近固”形成综合防护体系。尽量把线路沙害的潜在威胁减少到最小程度，并防止沙害范围扩大。

沙害综合治理措施大体可分为“固、阻、输、导”、植物防沙及化学固沙。固定线路两侧流沙，阻挡远方风沙流向线路侵袭，恢复天然植被，植树造林，增加植被覆盖度，改善生态环境，其防沙措施类型见表9-3。

表9-3　防沙措施类型

防沙措施	沙障类型	沙　障　名　称	沙障性能
固沙措施	平铺式	卵石、片石铺压	固沙
		平铺柴、草	
		土工布及PE网固沙	
	半隐蔽式	草方格	固沙
		盐块、黏土、碎石方格	
		尼龙网、芦苇方格	
阻沙措施	高立式	混凝土、金属涂塑网、PE沙障	阻沙
		防沙(枝条)栅栏	阻沙
		大网格(枝条、PE网)	阻沙
		阻沙袋	阻沙
		阻沙堤	阻沙
		截沙沟	阻沙
		挡沙墙	阻沙
输沙措施		下导风工程	输沙
		浅槽	输沙
导沙措施		导沙堤	导沙
		导沙栅栏	导沙
		羽毛排	导沙
植物防沙		防沙林带、防沙生态示范园	阻、固沙
化学防沙		石油衍生物、高分子材料、水泥、石灰及各种固化剂等	固沙

1. 机械固(阻)沙

机械固(阻)沙措施是防止风沙危害最基本的措施，其主要是通过增加地表粗糙度来转化风沙运动条件，主要用于降水量250 mm以下、植物不能利用地下水的干旱区，或者是风蚀严重的风口地段。

(1)草方格沙障

草方格沙障是用稻草、麦秆和芦苇等柔性材料，直接插入沙层内，直立于沙丘上，扎成方格状的半隐蔽式沙障。草方格沙障不仅能固定原地沙面，而且能阻挡外来流沙使其在周围停止下来，固沙效果好、速度快，是目前铁路线路最常用的机械固沙措施，尤其在包兰铁路、干武铁路的治沙中大面积应用，并取得了很好的效果。

草方格沙障分为格状沙障和条状沙障两种。草方格沙障即在流沙表面用麦草、稻草扎成 1 m×1 m 的草方格，使流沙不易被风吹起，达到阻沙、固沙的目的。并在麦草方格上栽种沙蒿、花棒、籽蒿、柠条等沙生植物，建立起旱生植物带，起到挡沙固沙作用。其优点是能就地取材，施工方便，成本较低，固沙效果显著，麦草沙障如图 9-20 和图 9-21 所示。

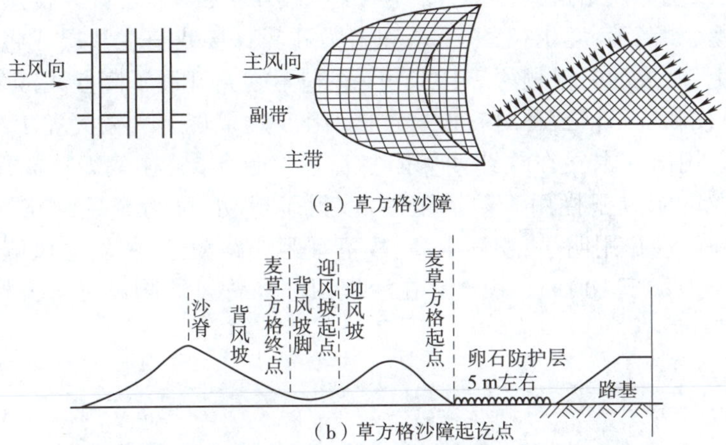

（a）草方格沙障

（b）草方格沙障起讫点

图 9-20　麦草沙障

图 9-21　麦草方格沙障

（2）土梗沙障

利用沙漠附近的各种土制成土梗，也可起到一定的固沙作用。

在沙层中掺入黏土做成黏土沙障，效果较好。黏土沙障是由黏土碎块堆成小土梗而成，可削减风速、提高沙层的含水量，其防风固沙和保水性能及对植物生长的影响均较好。但由于其材质较硬，不透风，固沙效果略逊于草方格。不过黏土沙障具有设置简便、省工耐用的优点，特别是由于在沙层中掺入了黏土，如果植被能跟上，防（治）沙效果将会好于草方格。

黏土沙障是一种经济、有效的固沙措施，凡附近有黏土产源的地区，均可推广采用。宝中铁路中宁、中卫地区，宁夏灵武铁路支线灵武以东地区采用该措施治理沙害取得了很好的效果。兰新线玉门地区和包兰线海勃湾地区利用当地卵石、砾石地层挖出的卵、砾石覆盖附近沙丘也收到了较好的效果。

(3)高立式沙障

在铁路两侧适当距离设置人工障碍物，以阻止和延缓风沙的前移速度，使沙粒在障碍物前后堆积，以避免线路遭到沙埋，图 9-22 和图 9-23 为防沙屏障。高立式沙障是采用高秆植物或作物，如芦苇、灌木枝条、玉米和高粱秆等直接栽植在沙层或将这些材料编成篱笆钉在木框上，制成的防沙栅栏。1981 年，在包兰铁路开展了高立式沙障阻沙试验，采用荆条笆、杨树枝和玉米秸三种材料设置沙障，阻沙效果显著。在大虎山—通辽、乌达—吉兰泰等线路曾用旧枕木立在铁路两侧阻拦流沙。近年来，在敦煌莫高窟顶，采用具有防火性能的尼龙网制成栅栏用于防风阻沙，取得了成功，可为今后铁路沙害防治借鉴。由于高立式沙障阻沙作用明显，积沙很高，故不宜距线路太近，一般主风侧距离不应小于 200 m，背风侧不应小于 100 m。积沙后在沙堤顶部和背风坡脚设置草方格沙障，增加沙堤本身的稳定性。

图 9-22　混凝块修筑的防沙屏障

图 9-23　田字格防沙带和白色的围栏

如果条件允许,还可以采取设置防沙栅栏、防沙沟堤、防沙挡墙等阻沙设施。防沙挡墙如图 9-24 所示。

图 9-24 防沙挡墙

2. 化学固沙

化学固沙是将化学材料喷洒在流沙表面,使其表面形成覆盖层或渗入表层沙中形成黏结层,阻止风力对沙粒的吹扬和搬运,从而达到防治沙害的目的。

化学固沙除了封固作用抗风蚀外,还有改善沙地含水条件,促进植物生长的作用,故常和植物固沙相配合。化学固沙收效快,但由于成本高,限制了大面积推广。

3. 植物固沙

植物固沙不仅可以巩固和扩大沙漠地区植被覆盖,减少风蚀,控制流沙移动,防治风沙危害,同时还能改善自然条件,改善自然界生态平衡,保护和美化环境。所以,植物固沙是经济有效而又持久的措施,也是从根本上改造沙漠的主要途径。在年降雨量大于 100 mm 和地下水埋藏较浅或附近有水源可利用时,可采用植物固沙,植物固沙包括种草和种植乔木、灌木。草本植物能够适应较差的自然条件,易于生长,但寿命不长;灌木适应性强;乔木树干高大,一般需要较好的水分条件才能成活生长。所以,理想的植物固沙措施是草、乔木、灌木相结合,取长补短,达到最大的防风固沙效果。

树(草)种选择、造林额度及其营造技术是影响植物固沙成败的关键因素。

沙漠中的植物是长期自然选择的结果,对沙漠环境具有一定的适应能力,所以当地生长的植物应作为首选树(草)种,如引种外地树(草)种时,必须经过栽培试验成功后,才能推广应用。

植物固沙有条件时,以营造林带为本。选择适合当地自然条件的树种,栽种防护林带。林带采用植物混种、均匀透风类型。迎风林带先矮后高,即先灌木,后乔木;背风侧则先高后矮,有效防护宽度一般为树高的 15~25 倍。沙害严重地段,迎风侧可营造多条林带。防沙林应根据沙漠性质、水文地质条件、气候特征选择生长快,固沙、防风能力强,不怕沙埋的树种,常被选用的植物有沙枣、胡杨、小叶杨、文冠果、花棒、沙蒿、胡枝子、杨柴等。图 9-25 为植物固沙防护林带。

植物固沙常常与机械固沙、化学固沙措施结合起来使用。在干旱荒漠区,一开始就栽

图 9-25 植物固沙防护林带

植植物,植物成活率低,难以达到固沙的目的;仅使用沙障,固沙的期限短,而且投入高。在流动沙丘上先设置沙障,待沙面稳定后在障间造林,造林前期主要由机械沙障起固定流沙、保护幼林成活的作用,在机械沙障功能寿命结束之后,植物就能完全担当固定流沙的任务。"沙障+植物"是一种成功的综合治沙模式,在铁路防沙中发挥了十分重要的作用。

4. 封沙育草、保护天然植物

由于不合理的农垦、过度放牧和樵采等人类活动,破坏了天然植被,致使流沙再起。在施工中,铁路两侧的天然植被遭到破坏,加之取土、弃土不合理,又未及时采取防护措施,这些人为因素均可造成沙害。在原有植被遭到破坏或有条件生长植被的地区,实行一定的保护措施(在线路两侧 200~300 m 范围的沙地设置围栏网封闭),建立必要的防护体系,严谨放牧、采伐等生产破坏活动,给植物以恢复繁衍的时间,逐渐恢复包括特定目的植物在内的天然植被。

封沙育草,保护天然植被,是各条铁路线普遍采用的一项行之有效的治沙措施。几十年的治沙实践表明,在水分条件较好,并有一定数量天然植被的沙漠地区,采取封育措施后植被覆盖度明显增加,从而把沙丘固定住。

东北地区樟子松林的恢复与发展,西北地区胡杨林的封育恢复,梭林的封育恢复,敦煌地区以柽柳为主的荒漠植被的封育恢复都是非常成功的。封育同时还应加强管理,实行人工补植、移植,从而加速植被的恢复与生态的逆转。封育要注意时效性,封育区必须具备植物生长的条件,有种子传播,又残存的幼苗、萌芽、根茎苗、根蘖苗的存在,又存在植物生长的气候和土壤水分条件。

5. 路基本体的防(治)沙技术

为了防止沙质路基本体(边坡和路肩)免受风蚀,必须加以全面防护,保证其稳固。路基本体防护工作量较大,面宽线长,至于采取哪种方法,就要看防护材料供应情况,因地制宜,就地取材。路基本体的防(治)沙措施如下:

(1)平铺或叠铺草皮

平铺或叠铺草皮多用于线路附近有沼泽草甸或湿地等,有取草皮条件的地区。草皮规格一般切挖完成厚 10~15 cm、宽 20 cm、长 40 cm 左右的长方形，铺时草皮向外，使根部与湿地相接，块块相连。

(2)卵(碎)石土、黏性土包坡防护

用卵(碎)石土、黏性土包坡是沙区铁路路基常用的一种经济而有效的防护措施，边坡防护厚度一般不小于 20 cm，路肩为 10~15 cm。

(3)平铺栽砌卵(砾)石防护

可以全面平铺在路肩及边坡上，在路肩上平铺卵(砾)石可掺些黏土于孔隙中，增加其稳固性。另外也可采取用大块卵(砾)石砌成方格，格内平铺小粒径卵(砾)石的方法。

(4)沥青沙防护

用熬热沥青，直接平铺在路基边坡之上，整平拍实，厚度一般为 3~5 cm。

六、治沙实践经验

(1)1995 年在包兰铁路增建二线沙坡头地区进行了土工网和植物护坡的试验研究，得到了良好的防(治)沙效果。1998 年在神延铁路进行的黏土包坡后种草试验亦收到很好的效果。

(2)最近几年，中国铁路建设者又有了新的办法。兰新高铁(兰州—乌鲁木齐)途经四大风区以及阿拉善等沙漠，建设者在铁路两侧设置了防风屏障以及防风明洞。主要是为了防风，同时也起到了较好的防沙作用。兰新线高铁的防风屏障如图 9-26 所示。

图 9-26　兰新高铁的防风屏障

(3)敦格铁路也是一条沙漠铁路。敦格铁路(敦煌市—格尔木)蜿蜒穿过库姆塔格沙漠，这里布满了流动沙丘链和流动沙山，常规的防沙措施很难奏效。于是，建设者在沙漠中直接建起了高架铁路，如图 9-27 所示。

(4)2018 年 12 月 20 日正式开工建设的和若铁路是新疆和田地区和田市至新疆巴音郭楞蒙古自治州若羌县的铁路，线路全长 878 km，起自喀和铁路和田站，途经 7 个市(县)，终点接入库格铁路的若羌站，主要技术标准为国铁Ⅱ级、单线、设计行车速度 120 km/h。这条铁路是在世界第二大流动沙漠——塔克拉玛干沙漠中建设的铁路，如图 9-28 所示，其中约四分之三的路段穿越流动性沙漠，因此防风固沙成为建设工作的挑战，建设过程中推进铺轨主体工程同时，采取多种措施避免风沙掩埋路基和轨道。

图 9-27　沙漠中建起的高架铁路

图 9-28　塔克拉玛干沙漠中建设的铁路

①修建四千六百万平方米的草方格阻挡风沙

主要采取“阻沙障+草方格”的方式，用芦苇、稻草等建立了高低结合的多层阻沙体系，每层阻沙障都留有适当空隙，防止由于过密形成“阻风墙”而难以抵挡强风，阻沙障和草方格如图 9-29 所示。

（a）阻沙障　（b）草方格

图 9-29　阻沙障和草方格

多层阻沙体系逐步减缓风沙通过速度，将风沙控制在远离铁路的范围，有效避免了流动风沙影响施工。

②阻沙障被掩埋还有“双保险”

在塔克拉玛干沙漠，一年中有三分之一的时间是风沙天气，即使是 1.5 m 高的阻沙障，一年时间也往往被掩埋大半。因此，在建设过程中，在阻沙障与草方格之间种植了易于在沙漠生长的梭梭、红柳、胡杨等作物，通过植物固沙的方式增强治沙效果。为了提高固沙植物的存活率，铁路部门选用本地苗木，在本地有经验的种植团队指导下进行种植养护，有效保障了植物固沙的效果，易于生长在沙漠中的植物梭梭如图 9-30 所示。

图 9-30　沙漠中的植物梭梭

七、铁路沙害防治措施

(1)在风沙地区修筑铁路，合理选线是防止铁路沙害最有效、最经济的措施。

(2)铁路防(治)沙措施不是单一的，也不是固定不变的，应当根据当地自然环境条件、经济状况、沙害类型参考借鉴类似的防护结构，采取固、阻、输、导的多种防(治)沙措施，构成严密的、整体性的防沙结构体系。

(3)防(治)沙工程需要较大的投资，并耗费巨大的人力，故要先易后难，突出重点，有计划有步骤地进行。

(4)植物固沙措施是一种长期有效的治本措施，在条件允许的情况下均应优先采用植物固沙措施。采用微(滴)灌溉技术营造固沙防护林是沙漠地区造林固沙经济而有效的措施。为了将植物种在沙地上且固定下来并生长，初期在流动沙地上需设置机械沙障。

(5)禁止开垦放牧，封沙育林育草，保护天然植被，是治理流沙防止沙化蔓延的有效保证。

第四节　雪害防治

我国雪害多发生区主要集中在高纬度、高海拔和地形起伏变化比较大的稳定积雪区内，主要有青藏高原东部及其四周边远地区、新疆阿勒泰和天山西部及北部，东北和内蒙古高原以及冰川发育的地区。

然而,随着人类对自然资源不合理的开采和利用,使全球气候变化异常,雪害也不再是寒冷地区的“专利”了。比如,在 2008 年 1 月中旬至 2 月上旬,我国南方大部分地区出现了 50 年一遇罕见的持续大范围低温、雨雪和冰冻的极端天气。冰雪灾害造成黔、湘、鄂、皖、苏、陕、甘等 17 个省(直辖市、自治区)不同程度受灾,此期间正值春运高峰,对铁路、公路、电力、民航造成了严重影响。受雪灾影响的铁路运输如图 9-31 所示,受雪灾影响的电力设备如图 9-32 所示。

图 9-31　受雪灾影响的铁路运输

图 9-32　受雪灾影响的电力设备

由此可见,雪害已趋于全国性,雪害的防治应在全国范围内引起高度重视。

一、铁路雪害的成因与危害

1. 雪害的成因与特点

(1)风吹雪的形成条件和特点

风吹雪是在一定风力作用下,气流挟带雪粒运动的一种特殊二相流。风吹雪的形成要具备三个条件:丰富的雪源、较强的风力和特定的地形。一般情况下,只要降雪或地面有积雪,就可能产生风吹雪,但降雪量的大小、积雪性质和积雪深度决定了风吹雪的类型和规模。当地表风速达到起动风速,雪粒即开始运动形成风吹雪,雪粒的运动形式有蠕动、跳跃和悬浮三种方式。风吹雪的强度随风速增大而显著增强,风速较小时,雪粒的运动以蠕动和跳跃为主,风雪流的输雪强度较低,运动高度不超过 5 cm,危害相对较小。风速较大时,雪粒的运动以悬浮为主,吹扬高度可达 20 m,雪粒遮天蔽日,能见度极低,危害较大。风雪流在运动过程中风速减小或遇到障碍物,风携带的雪粒即发生沉积。

风吹雪的危害程度与路基断面形式有一定关系,通常低路堤、浅路堑或半堤半堑容易形成积雪。风雪流首先在路堤两侧边坡堆积,坡面积平后很容易蔓延到线路上埋没钢轨。风雪流经过路堑时,风速明显下降,雪粒大量沉积,极易形成雪害,低路堤处雪埋钢轨如图 9-33 所示。

(2)雪崩的形成条件和特点

雪崩的发生取决于两个主要因素:一是积雪厚度,二是地形条件。斜坡上的积雪在重力作用下,具有下滑的趋势,由于积雪与坡面间和积雪层内雪粒间具有摩擦力与内聚力,阻止了坡面雪体的下滑。当斜坡积雪厚度达到极限厚度,或积雪的力学强度降低,雪体的下

图 9-33　低路堤处雪埋钢轨

滑力大于抗滑力时，雪板发生断裂，雪体大量滑动，而形成雪崩。持续降雪使坡面积雪厚度不断增加，雪体的下滑力随之增大，此外，雪体的力学强度随气温升高而降低。因此，雪崩通常多发生在冬季降雪期和春季融雪期。积雪具有一定的休止角，只有当斜坡坡度大于雪粒休止角时才可能形成雪崩，但斜坡坡度过陡也不能形成雪崩，因为坡度太陡积雪不易保存，很难形成深厚的积雪，最易发生雪崩的斜坡坡度为25°~50°。

雪崩有常年性雪崩和季节性雪崩，常年性雪崩一般发生在永久积雪或冰川周围的山坡，通常远离线路。铁路建设和运营遇到的多是季节性雪崩，发生在积雪丰富的山区中。根据雪崩区的地貌形态，雪崩可划分为坡面雪崩、沟槽雪崩和跳跃雪崩。一般情况下坡面雪崩的运动速度较慢，破坏力较小；沟槽雪崩的运动速度较快，破坏力较大；跳跃雪崩的运动速度最快，产生强大气流，破坏力巨大。

2. 雪害对铁路的危害

(1)对工务的影响

①在低温条件下，大量降雪会融化成冰，在轨枕上、道砟上结厚厚的冰层，影响正常的线路养护维修。轨枕、道床上大量降雪融化成冰如图9-34所示。

图 9-34　轨枕、道床上大量降雪融化成冰

②道床积雪过厚,增加了线路维修的工作量和难度。例如垫板作业,首先要清除轨枕和扣件的积雪积冰,刨出起、拨道器窝,天气寒冷,橡胶垫板与轨底冻成一体,需要用铲子把橡胶垫板铲下来,作业完毕后,还需把轨枕面和扣件上的积雪清理干净。工作量较平时增加了一倍,图 9-35 为工务作业人员在积雪较厚的线路上进行垫板作业。

图 9-35　工务作业人员在积雪较厚线路上进行垫板作业

③冬季初期气温波动较大,如早期积雪随气温升高发生融化,融化的雪水渗入基床后不易排出,容易引发线路冻害,春融又易引起翻浆冒泥病害,春融期道床翻浆如图 9-36 所示。

图 9-36　春融期滥道道床翻浆

④道岔的转换受到冰雪的影响,容易引发故障。积聚在道岔的转辙、可动心辙叉等关键部位的积雪发生冻结,发生道岔夹雪夹冰,导致尖轨与基本轨或可动心轨与翼轨不密贴、卡阻,道岔无表示等故障,甚至发生行车事故。道岔外锁闭装置夹冰,使道岔转换卡阻,造成道岔无表示如图 9-37 所示。

⑤冰冻和低温容易导致夹板、钢轨、辙叉折断,严重威胁行车安全。由于冰冻和低温发生断轨,如图 9-38 所示。

图 9-37　道岔外锁闭装置夹冰

图 9-38　由于冰冻和低温发生断轨

二、铁路雪害的防治措施

1. 雪害的防治原则

防治雪害是保证铁路运输安全的重要任务，也是铁路养护维修的一项重要工作。雪害的防治应贯彻“安全第一、预防为主、防治结合”的方针，从铁路线路设计、施工到运营维修的各个阶段都要给予高度重视。

(1)设计阶段合理地选线并考虑采取可靠的工程措施是防止雪害的根本

在铁路设计阶段，确定线路走向时，应考虑绕避严重雪崩和风吹雪地段，必须通过时，应设计相应的工程措施。地形条件允许时，应在隧道通过雪崩地段和山口强烈的风吹雪地段，采用隔离雪棚洞、防雪渡槽等永久性工程措施防护线路。线路走向与风雪流的主导向尽量平行，尽量采用路堤并保证一定的路堤高度，少设路堑并适当加宽，必要时设防雪棚。隧道进出口路堑容易积雪，沿隧道走向的风吹雪把积雪吹入隧道，掩埋隧道洞口线路，应采取防护措施。

(2)施工阶段因地制宜优化工程措施并确保工程质量是防治铁路雪害的重点

雪崩和风吹雪灾害与地形条件关系密切，雪崩灾害的破坏力巨大，施工阶段应根据现场实际情况优化防雪工程措施，确保施工质量。科学组织施工，保护地表植被，及时清理线路两侧障碍物，防止在线路两侧形成雪堆。

(3)运营阶段掌握铁路雪害发展规律并及时治理是防治铁路雪害的关键

运营期间加强观察，及时发现问题并尽早采取防护措施，逐步积累雪害治理经验，掌握雪害发展规律。以往轨面积雪厚度在 20 cm 以上的严寒地区和可能形成雪堆的风口地段，应营造雪害防护林或设置防雪栅栏，防止积雪埋没线路。山区地段设置防雪桩或防雪棚，阻止斜坡发生雪崩。道岔安装融雪装置，防止因冻结影响使用。降雪期间要加强巡查，采取人工或机械除雪措施，及时清理线路积雪，保证行车安全。

2. 雪害的防治技术

对雪害进行工程治理是确保铁路行车安全的有效措施。铁路雪害防治措施主要有：雪害防治工程，包括阻雪工程、防雪棚洞工程、雪崩防治工程等；保证严寒地区道岔正常工作的道岔融雪装置，保证雪害地段行车安全的雪害监测报警系统等。

(1)阻雪工程

阻雪工程包括阻雪栅栏、阻雪墙、防雪林等,用来阻挡风雪流,降低其运动速度,将雪粒拦截堆积在线路以外。

①阻雪栅栏是国内外普遍使用的一种防雪工程,风雪流在阻雪栅栏前后减速,把雪粒拦截在阻雪栅栏周围,防止线路积雪。阻雪栅栏通常设置在线路上风侧,多以木结构为主,栅栏的高度、空隙度、间距和配置方式应根据当地的地形、风向和降雪量合理确定。在严重积雪地段,如果地形平坦开阔且风向不稳定,防护地段两侧应同时设置阻雪栅栏。阻雪栅栏的疏透率一般为30%~40%,高2~4 m,间距40~80 m。阻雪栅栏与线路间应保持一定距离,平坦地区30~50 m,山坡地段40~60 m。挪威寒区铁路在风吹雪地段设置透风式阻雪栅栏防止线路雪害,栅栏透风度在30%左右,高3~4 m,大部分为木制,少量为钢结构,透风式阻雪栅栏如图9-39所示。

②防雪林具有稳定雪面、减小风速的作用,既能防止积雪形成风雪流,还能有效拦截风雪流,利用林带使风雪流携带的雪粒在防雪林内堆积,防止在线路上形成雪堆。防雪林通常由多条林带构成,乔木、灌木及草本等植被合理配置,形成从下到上紧密、均匀的整体,充分拦截风雪流,防雪林如图9-40所示。

图9-39 透风式阻雪栅栏

图9-40 防雪林

(2)防雪棚洞

在雪崩和风吹雪严重地段修建防雪棚洞是保护线路免遭积雪危害的有效工程措施,国内外寒区铁路和公路中应用较多。防雪棚洞通常临山修建,采用钢筋混凝土结构,国外很多地区采用钢结构,棚洞顶部顺坡略大于山坡坡度,以利雪的排泄。防雪棚洞如图9-41所示。

图9-41 防雪棚洞

(3)雪崩防治

对可能发生雪崩灾害并危及铁路运营

安全的地段应采取防治雪崩的工程措施，尽量防止雪崩发生，或避免雪体滑落侵限危及行车安全。可在雪崩源头区修建阻雪、稳雪工程来支撑山坡积雪，防止积雪蠕动和断裂；在积雪运动区修建消散雪崩能量的消能工程，降低雪崩运动速度；在堆积区采用导雪和阻挡雪崩的措施，把雪体引导或拦截在线路之外。

(4)道岔融雪装置

为保证道岔转换设备在冬季的正常工作，通常采用道岔融雪装置，道岔融雪装置的种类很多，按加热方式可分为电热暖风式、油热暖风式、电直接加热式和热水喷射式等，应用最多的是电直接加热式和电热暖风式。应用到高速铁路道岔的电直接加热式融雪条如图 9-42 所示。

图 9-42　电直接加热式融雪条

电热暖风式融雪设备由鼓风机与电热丝产生暖风，沿送气管通过喷嘴吹向积雪。电直接加热式是将带有电发热体的金属器件，分别安装在尖轨的侧面、辙叉的垫板和钢轨底面，直接加热融化积雪。

道岔融雪设备是通过降雪传感器和轨道温度传感器的检测参数自动控制，当检测到降雪量达到设定的参数值时，融雪系统自动开始工作。

3. 建立雪害监测报警系统

在可能发生雪崩和风吹雪的地段设置雪害监测传感器，对线路附近的降雪量、积雪深度、气温、风速等气象参数进行实时监测，当监测到影响行车安全的雪害信息时自动发出报警。

4. 配备清雪机械

在雪害地段配备公铁两用除雪车和轨道除雪车等清雪机械，出现影响行车安全的积雪应及时清除。机车前部应安装犁状清雪器，排除线路积雪。轨道除雪车如图 9-43 所示。

图 9-43　轨道除雪车

三、铁路雪害的应急处置

雪害对铁路的运输安全构成了严重的威胁，一旦出现了降雪灾害天气，工务部门应视具体情况按要求启动应急预案，在保证安全的前提下积极应对，制定科学有效的处置方案，尽全力保证铁路运输的安全、畅通。

由于各铁路局集团公司管内的设备情况不尽相同，在雪害应急处置方案方法上有一定差异，但都遵循以安全为导向的原则，下面就把某工务段对于普速铁路除雪应急管理及某高铁基础设施段对于高速铁路除雪应急管理经验予以分享，仅供参考。

1. 普速铁路除雪应急处置经验

以某铁路局集团公司某工务段为例，介绍普速铁路除雪应急处置经验。

（1）信息传递、启动预警、除雪应对

①信息传递

安全生产调度指挥中心负责收听（看）央视及省台未来两天天气预报，将雪情、上级命令有关要求及时通知各车间及工区；必要时采取手机短信的形式向有关人员进行传达，各车间、工区应将雪情及时向安全生产调度指挥中心汇报。

②预警启动

a. 遇有中雪及以上天气时应启动应急预案，安全生产调度指挥中心及时向主管段长汇报，并立即向各车间进行传达。

b. 车间值班干部及时将雪情信息传给工区值班人员，工区值班人员接到通知后立即通知职工，并按照道岔除雪分工布置除雪工作。

c. 工区包保干部接到雪情预告或段除雪通知后，要立即与工区取得联系，确定集合地点、出发时间和方式，以雪为令，保证在发生雪情的第一时间赶赴各自岗位，协助各工区迅速除雪。包保干部不得无故不参加包保工区的除雪任务，遇特殊情况确实不能参加除雪工作时必应事先向安全生产调度指挥中心说明原因，由段合理调配人员进行包保。

③除雪应对

a. 干部、职工在接到车间雪情通知后，除雪负责人立即组织人员携带工具在最短时间内赶赴现场除雪。下班在家休息的干部、职工应主动向车间工区全面了解作业情况，并及时赶赴现场参加除雪工作。

b. 各车间遇降雪天气时，值班人员不少于3~4人，车间主任（工长）及值班人员必须电话报告安全生产调度指挥中心，同时向车站值班员了解本站列车停、通、会情况，组织当班人员做好除雪工作，确保道岔位置正确，可正常使用。

各车间、工区应备有应急人员联络图，遇有中雪以上天气时由值班人员通知休班职工与当班人员一起进行道岔除雪。

c. 除雪要做到随下随除，在清雪时要有重点和主次之分，确保正线开通。同时要组织除雪人员对暂时没有通过列车的道岔进行清扫或请车站值班员协助进行道岔扳动试验，防止因积雪影响道岔正常使用。降雪后24 h内应派人对责任区段道岔进行看守，检查发现道岔转辙部积雪、结冰时应立即组织处理。

d. 除雪人员参与除雪时，必须听从指挥。认真执行各项人身安全规定，必须设专人防护。

e. 除雪结束后,由车间安排专人负责将作业人员名单上报段安全生产调度指挥中心。

(2)除雪准备工作

①对职工进行过冬防寒培训,掌握道岔除雪基本技能。对除雪防护人员进行培训,确保数量充足、业务过硬的防护人员队伍。

②检查、修理、补齐除雪、照明工具、备品。

(3)区间除雪

对于车辆较少区段,遇有大到暴雪天气时,安排专人添乘检查。线路车间要以雪为令,要组织人员区间除雪,图 9-44 为工务作业人员现场除雪。必要时由段安全生产调度指挥中心安排轨道车配合除雪或联系调度所安排单机压道。

图 9-44 工务作业人员正在清理区间被积雪掩埋的铁路

(4)道岔除雪标准

①尖轨尖端前 6 个枕木空起至尖轨根部后 1 m 及基本轨外侧 1 m,范围内的积雪必须清除干净,道岔除雪范围如图 9-45 所示。

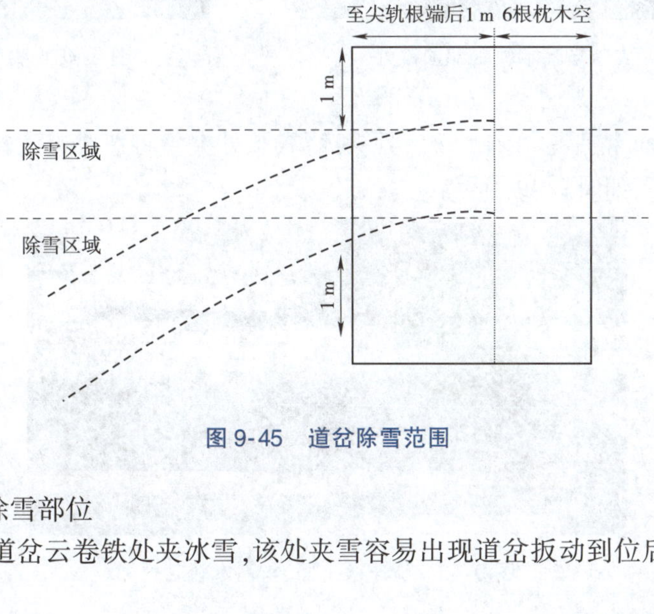

图 9-45 道岔除雪范围

②道岔重点除雪部位

a. ZD6 系列道岔云卷铁处夹冰雪,该处夹雪容易出现道岔扳动到位后不落锁打空转或卡口故障，如图 9-46 所示。

图 9-46　ZD6 系列道岔云卷铁处

b. 尖轨与基本轨跟部顶铁处夹冰雪，该处夹雪容易造成道岔尖轨密贴后存在反弹力，出现不落锁及卡口断表示故障，如图 9-47 所示。

c. 尖轨上沿处夹冰雪，该处夹雪容易造成道岔转换不到位空转及无表示故障，夹雪后扳动还容易造成道岔无法解锁空转故障，如图 9-48 所示。

图 9-47　尖轨与基本轨跟部顶铁处

图 9-48　尖轨上沿处

d. 滑床板上面，特别是与基本轨底处夹冰雪，该处夹雪将造成道岔转换不到位打空转或卡口断表示故障，如图 9-49 所示。

图 9-49　滑床板上面、与基本轨底处

e. 75 型以前木枕道岔滑床台厚度较薄，仅为 6 mm，容易夹冰雪，该处夹雪容易造成道岔转换不到位空转及表示故障，如图 9-50 所示。

图 9-50　75 型以前木枕道岔滑床台易夹冰雪部位

f. 提速转辙机内表示杆夹缝间夹冰雪，该处夹雪容易造成道岔无表示或道岔空转不能正常转换故障，如图 9-51 所示。

图 9-51　提速转辙机内表示杆夹缝间

g. 提速道岔锁钩与锁闭铁斜面处及锁钩、锁闭杆侧面与锁框内侧面间夹冰雪，该处夹雪容易造成道岔不落锁故障，如图 9-52 所示。

图 9-52　锁钩与锁闭铁斜面处及锁钩、锁闭杆侧面与锁框内侧面间

h. 提速道岔防跳铁处夹冰雪，该处夹雪容易造成斥离轨走行不到位，出现不落锁或无表示故障，如图 9-53 所示。

图 9-53 提速道岔防跳铁处

i. 提速道岔锁钩与尖轨连接销间及锁钩、锁闭杆与限位板间，上述处所夹雪容易造成锁钩不灵活而出现不落锁或转换过程中卡阻空转故障，如图 9-54 所示。

图 9-54 提速道岔锁钩与尖轨连接销间及锁钩、锁闭杆与限位板间

j. 提速道岔锁钩与锁闭杆接触面间夹冰雪，该处夹雪容易造成道岔不落锁及转换过程中卡阻空转故障，如图 9-55 所示。

图 9-55 提速道岔锁钩与锁闭杆接触面间

③在除雪打冰过程中，遇有道岔转换不到位时，应与车站联系反复扳动试验，查找夹雪夹冰的准确部位。笤帚不能清除的冰雪，要使用小铲清理，严禁使用撬棍等工具撬动尖轨，防止给电务设备造成机械损伤。图 9-56 为工务作业人员正在清除道岔关键部位的积雪。

图 9-56　作业人员清除道岔积雪

④各工区应根据实际情况，自制扁铲、带刃铁钩等除雪工具，遇尖轨底部、尖轨与基本轨之间有冰雪夹饼道岔不密贴时，清扫人员可用扁铲铲掉或铁钩钩掉，严禁用手直接在道岔转辙部清雪、抠雪。

（5）除雪安全措施

①上道作业前必须设专职驻站联络员，现场设专职防护员，未设好防护严禁上道作业。作业中驻站联络员严禁擅自离岗，现场防护员严禁兼做其他工作。

②凡是参加站场除雪、除冰的作业人员上岗作业，必须按规定路线行走路肩，必须穿戴符合规定的劳动保护用品，棉帽必须有耳孔并外露，所有人员必须坚持同去同归制度，缺一不走、少一不归，横越线路必须严格执行“手比、眼看、口呼”“一停、二看、三通过”制度。

③站内除雪、除冰人员必须严格执行闭塞下道制，邻线来车也必须下道，下道后不得在两线间停留避车，两线间不得留有工具材料。下道后作业人员必须在指定地点集中避车，防护员为来车方向第一人，距作业人员 5～20 m 处。

④驻站联络员要做好列车（或调车）预报、确报、变更的通知，现场防护员要严格执行与驻站联络员 3～5 min 通话制度，使驻站联络员时刻掌握现场作业情况，及时通知作业人员下道避车，保证作业人员人身安全。

图 9-57　使用风力除雪机一机一人防护

⑤清扫道岔积雪时，应安排在施工或维修天窗时间内进行，清扫人员应取得驻站联络员与车站值班员的同意并在现场设专人携带列车无线调度电话等通信设备防护，方可进行清扫作业。

⑥除雪作业禁止使用风力除雪机，如遇特殊原因必须使用时需报主管段长同意，并采取一人一机，拉绳防护的方式，现场防护员必须佩戴耳机进行防护，如图 9-57

所示。

⑦收工前必须对道岔各部设备进行检查试验,重点是道岔转辙部,经检查确认各部设备状态良好后,经车站签字同意后方可返回。

2. 高速铁路除雪应急管理措施

以某铁路局集团公司某高铁基础设施段为例,介绍高速铁路除雪应急管理措施。

高速铁路除雪综合应急处置是以确保冬季运输安全畅通,实现“小雪不影响,中雪保畅通,大雪不憋堵”为目标,遵循“以人为本,安全第一、预防为主,专业融合,统一领导和集中指挥”的原则,实现高效、精准、安全的应急处置。

(1)应急处置流程

①信息传递

生产调度监控中心每日将集团公司雪情天气预报信息及时转发给班子成员、中心负责人及车间主任,同时要按照预报情况做好值班住宿安排。

a. 接到中雪及以下天气预报时,段领导干部要轮流值班,车间干部轮流值班,工区要有工班长值班,各基地应急值守人员不少于 4 人。

b. 接到大雪天气预报时,段内由段长、书记轮流值班,车间由车间副主任以上人员轮流值班,工区要求一半以上人员留宿。

c. 接到连续降雪或暴雪天气预报时,段内由段长、书记同时上岗值班,车间主任、支部书记同时上岗值班,工区全部人员留宿。

d. 预警级别

ⓐ黄色冰雪预警:中雪及以下。

ⓑ红色冰雪预警:大到暴雪。

②初步研判

a. 生产调度监控中心接到工务部降雪预警信息后,立即向段长报告预警信息,经段长同意后,启动“黄色冰雪预警命令”“红色冰雪预警命令”预案。

b. 冰雪预警命令须包括冰雪预计发生区域,冰雪预计发生时间,冰雪等级及启动预警级别等。

c. 降雪信息传递。

ⓐ生产调度监控中心应及时了解和掌握段管内降雪、除雪和雪灾救援情况,及时向段领导报告。对发生因降雪造成的设备故障、雪灾造成的严重憋堵等信息要第一时间向工务部调度报告。

ⓑ凡遇管内降雪,生产调度监控中心于次日 7 时前填报降雪除雪情况统计表,网传“某铁路局集团公司工务部调度指挥中心”邮箱。

ⓒ各驻站联络员应及时向生产调度监控中心汇报降雪及除雪应急相关信息。

③赶赴现场

a.“冰雪预警命令”下达后,各级包保干部采取添乘的方式前往包保地点,并向生产调度监控中心报告添乘车次、问题及到达时间。到位后,要对包保工区做好除雪组织和指导工作,班子成员要同时对包保的工区及分片包保的车间进行除雪组织和指导。

b. 驻站联络员自降雪开始至雪后 24 h 上台待命,并及时申请临时除雪天窗,掌握列车运行径路,做好道岔扳动试验的申请或提示,要做到提前通知应急除雪人员上道除雪信息,保证除雪人员有充足的准备时间,在调度命令下达前到达作业门,同时向生产调度监控中心做好信息反馈工作。

c. 遇有降雪时,各工区进入除雪待命状态。

d. 各级除雪人员要提前到达指定的作业门准备除雪。

e. 针对除雪任务多、压力大的站区,段要随时组织增援。各专修队要以雪为令,备好人员及工具,随时准备支援线路、信号、接触网工区进行除雪。负责支援的各抢险队伍,要自行携带除雪工具,统一听从综合维修车间指挥。

f. 针对除雪任务多,行车干扰大车站的实际情况,成立由主管安全副段长任指挥长的临时除雪指挥部(地点设在车站应急值守点),遇有降雪天气,由该车站综合维修车间组织应急除雪人员 10 人,工程车 1 台。

g. 应急除雪时,要根据除雪位置确定最近进网作业门。天窗除雪时,要根据自己的责任区段选择进网位置;负责除雪的 20 人分成 2 组,每组应有综合维修车间人员 5 人,并安排好除雪负责人及防护人员,除雪工作由车间主任、包保干部负责指挥。遇有情况变化时,以生产调度监控中心指挥为准。

h. 每日确认列车开行前,生产调度监控中心必须利用综合视频系统对隧道口进行浏览。降中雪及雪后 3 日内,生产调度监控中心对隧道口重点处所综合视频每半日浏览一遍,对隧道口一般处所每日浏览一遍。降大雪及以上雪后 3 日内,生产调度监控中心对隧道口重点处所实时盯控综合视频系统,对隧道口一般处所每 1 h 浏览一遍。对视频监控发现的问题处所安排地面检查,通知添乘人员重点检查。

i. 降中雪时,每隔 2~3 h 对降雪区段添乘一次;降大雪及以上时,每隔 1~2 h 对降雪区段添乘一次。

j. 降雪限速:

ⓐ当防灾系统雪深计报警时,值班调度要安排添乘人员复核,同时利用视频监控系统,对限速区段轨道板积雪范围、深度进行复核,限速与实际不符时,按实际向集团公司调度所提报限速。雪深计发生故障时要立即通知维修人员处理,并按规定进行登销记;组织和掌握有关人员添乘检查线路积雪情况,按规定及时向高铁台提报动车组运行速度变更的申请报告。

ⓑ添乘人员发现线路积雪达到限速标准时,立即向生产调度监控中心汇报,生产调度监控中心利用视频监控系统进行复核,并将限速相关事宜上报工务部调度。

ⓒ要求值班调度及各级添乘人员必须掌握降雪限速值标准:

当运行区段降中雪或积雪覆盖轨枕板或道砟面时,无砟轨道区段限速 250 km/h 及以下,有砟轨道区段限速 200 km/h 及以下;当运行区段降大雪、暴雪时,无砟轨道区段限速 200 km/h 及以下,有砟轨道区段限速 160 km/h 及以下。

④除雪处置

a. 道岔除雪:

ⓐ综合维修车间道岔除雪工作由车间主任负责统一指挥。担当除雪任务的各工区要明确道岔除雪分工,责任到人,根据降雪情况,及时申请临时天窗上道除雪,重点对风口道

岔、动车径路频繁使用道岔及影响动车通过道岔使用状态的关键部位进行重点清扫，避免道岔发生卡阻现象。每次上道前、下道后，现场负责人要对除雪机具、备品进行清点，严禁随意乱放或遗留在网内。

ⓑ除雪范围：临时天窗除雪范围应在尖轨尖端前 3 个承轨台至道岔辙叉最后一块顶铁后方 3 个承轨台，道岔护轨及固定型辙叉，确保道岔使用状态良好，不卡阻。天窗时间内要将岔区前后 20 m 范围内的雪清到路肩以下。

ⓒ关键部位：长时间不扳动的斥离轨侧尖轨与基本轨间和滑床板部位；道岔加热条加热不到的顶铁、限位铁和防跳铁部位；道岔锁钩和锁闭杆凹槽部位；转辙机和表示杆之间没有加热条部位；道岔密贴检查器部位，道岔护轨及固定型辙叉。

ⓓ检查确认：完成道岔除雪后，必须对道岔进行扳动试验，道岔没有表示时，由信号专业人员进行除雪指导和应急处理。

b. 除雪负责人应根据现场需要，申请垂直天窗上道检查设备，清理道岔积雪、积冰、积水。

ⓐ根据降雪情况，由除雪负责人提前通知驻站联络员申请临时上道。

ⓑ驻站联络员在“道岔除雪签认簿”中进行登记，并签认。

ⓒ在临时上道给点时间结束前 5 min，驻站联络员通知现场除雪负责人组织人员下道至站台上或作业门外。

c. 无垂直天窗或时间不足，确需人工除雪时：

ⓐ道岔融雪装置作用不良，或大雪天气道岔融雪装置不能保证道岔正常使用时，人工对道岔除雪（冰），每组道岔处置时间原则上不超过 20 min。道岔融雪装置作用良好，道岔无积雪、积冰，但道岔扳动仍出现问题时，以信号专业人员处置为主，每组道岔处置时间原则上不超过 10 min。

ⓑ除雪负责人通知驻站联络员提前向调度所提出上道除雪申请计划。

ⓒ列车调度员下达本线封锁、邻线限速 80 km/h 调度命令后，驻站联络员通知除雪负责人上道除雪作业。

ⓓ邻线列车通过前 5 min，驻站联络员通知除雪负责人组织人员携带除雪工具撤至安全地点避车。

ⓔ人员避车后，再次清扫前需经驻站联络员确认。

ⓕ在给点时间结束前 5 min，驻站联络员通知现场除雪负责人组织相关人员下道至站台上或作业门外。

d. 天窗内除雪，要将正线、邻近正线道岔及前后 20 m 范围内的积雪全清除到路肩以下，两线间积雪要用抬雪布等工具运出，到发线线路不允许雪埋扣件。包保干部要全程做好除雪的组织、指导工作。

e. 上道处理除雪、除冰、除水及道岔无表示时，使用“道岔除雪签认簿”进行签认。天窗内上道除雪时，应在“道岔除雪签认簿”中登销记。

f. 降雪结束后，24 h 内要及时做好临时应急除雪和窗内除雪工作，必须达到除雪规定的标准。

g. 驻站联络员须通过视频监控装置随时检查岔区积雪，以及人员上道除雪和避车情况。

h. 道岔故障处置。每年 11 月 1 日 0 时至次年 4 月 1 日 0 时期间，处理道岔故障时执行以下规定：

ⓐ遇道岔不能转换至需要位置时，应人工反复单操，道岔表示恢复可正常使用，如人工反复单操 5 次仍不能正常使用，按规定进行检查处理。

ⓑ接到车站值班员或调度所道岔故障信息后，生产调度监控中心通知综合维修车间值班干部，在“行车设备检查登记簿”登记，综合维修车间驻站联络员在“行车设备检查登记簿”登记故障道岔相关线路封锁、邻线限速 80 km/h（邻线线路允许速度不超过 80 km/h 时除外）的上道抢修设备申请。

ⓒ综合维修车间驻站联络员接到调度命令后，立即通知相关人员上道抢修设备。

ⓓ上道抢修设备期间邻线需接发列车时，邻线接发列车排列进路前 3 min，驻站联络员按照车站值班员通知组织上道人员携带机具下道至安全地点避车，人员避车后，再次上道清扫前需经驻站联络员联系确认和准许。

i. 区间除雪：

ⓐ通过沿线视频监控系统、防灾监控系统及添乘检查，重点对沿线各雪深计检测点积雪情况进行核实，如降雪较大，由综合维修车间根据检查结果及时进行清理，防止雪深计误报。

ⓑ遇预报夜间降中雪以上时，生产调度监控中心提出停止夜间综合天窗修作业的申请，报上级相关部门，待停止天窗修命令下发后，段值班调度立即将信息传达段领导以及相关车间。

ⓒ天窗时间内降雪时，生产调度监控中心可根据需要请示段领导批准，向相关部门申请提前结束综合天窗修，停止天窗修命令下发后，段值班调度立即将信息传达段领导以及相关车间。

ⓓ生产调度监控中心根据情况向列车调度员提报除冰车或轨道车运行计划，注明发站、到站、编组、运行径路，并派人添乘检查，具体开行间隔以列车调度员发布命令为准。

ⓔ降雪期间，需人工上道除雪时，应申请垂直天窗，上、下道须执行登记签认制度，区间上、下行线须同时封锁。

j. 综合维修基地及动车所除雪：

ⓐ本段轨道车运行时，包保干部应及时组织工区对综合维修基地内道岔、线路除雪作业，使道岔处于良好状态，保证工程抢险车辆的径路畅通。同时驻站联络员要保持与车站联系，申请径路道岔扳动实验，发现问题立即处理。

ⓑ动车所内道岔，工务轨道车需要出入库时清扫。

⑤接触网除冰

a. 综合维修车间按抢修抢险预案及布点，接到冰雪预警命令后热备轨道车、汽车及相关工具，确保随时出动。

b. 综合维修车间立即将人员去向安排、电话联系方式等预案内容报供电部、调度所供电调度。

c. 接触网工区派胜任人员到工区所在车站进行驻站，视需要安排其他车站驻站，观察接触网上覆冰和动车取流情况，及时报告供电部，同时段值班干部安排人员登乘动车组检查线路两侧树木情况，发现倒树及时通知综合维修车间进行处理。

⑥销记开通

在给点时间结束前3 min，车站值班员通知相关驻站联络员组织人员机具下道至站台上或作业门外；人员机具全部下道至安全地点后驻站联络员方可销记。

⑦分析总结

a. 现场处理后，由作业负责人向生产调度监控中心汇报处理情况。

b. 应急结束后，生产调度监控中心等相关人员对故障原因、处理过程等情况进行分析，总结经验教训、进行责任认定、制定预防和整改措施，并将情况写成书面材料上报集团公司业务主管部门。

⑧作业安全

a. 线、岔除雪作业，必须按规定设驻站联络员、现场防护员，二者缺一不准上道除雪，并严格执行“双报告、三方控”制度。

b. 应急除雪时，现场防护员要集中精力瞭望列车，经常与驻站联络员电话联系，及时向驻站联络员报告作业位置，联系中断时要立即组织现场下道避车。

c. 现场防护员、现场负责人按规定携带G网手机、对讲机，保证现场联络通畅。在防护期间要认真监听电台，接到来车报告后及时通知作业人员按规定下道避车。

d. 驻站联络员要先于现场作业人员到达车站行车室，在驻站防护期间要认真掌握列车通过和调车作业情况，并及时通知现场防护人员。

e. 作业人员应同去同归，并严格按照规定的路线图行走，作业期间不得单人离开作业小组。

f. 除雪作业人员必须按照规定着装，确保听觉、视觉不受影响，严禁穿戴连体帽或无听声孔防寒帽，防寒帽听声孔尺寸要符合标准并开放。禁止穿大帽钉鞋、塑料底鞋、高跟鞋及易滑鞋，防止发生人身伤害。

g. 非垂直天窗严禁使用风力除雪机。

(2)除雪组织

①发生雪灾影响列车运行时，党委书记要在生产调度监控中心坐镇指挥，段长要到雪灾现场指挥应急处置。

②天窗内各工区保证充足的除雪人力及除雪工具，窗内对分担的除雪任务必须按标准清扫完毕，除雪有困难时，第一时间向生产调度监控中心汇报情况。

③段、车间要切实加强冬季除雪工作的检查、指导，要将除雪工作纳入对车间、班组、个人月度考核工作。

④进入冬季，车间、工区要组织不少于1次除雪演练，现场专题培训道岔除雪范围、重点部位、工机具使用、信息传递流程、登销记制度及人身安全等。未经安全技术教育培训合格的新职人员，不得上道进行除雪作业。

⑤其他没有除雪任务的人员，遇有降雪时应随时处于待命状态，听候生产调度监控中心统一调配。

(3)技术要求

①站区除雪工作应服从车站统一指挥。

②道岔除雪程序：先列车径路上的正线、到发线及联动道岔，后其他站线道岔。

③各作业组在联动道岔除雪时要特别注意，需要操动道岔时，必须由现场负责人亲自向现场防护员下达操动道岔指令，现场防护员确认作业人员远离道岔转辙部位（含可动心轨）时方可向驻站联络员请求操动道岔指令，驻站联络员在向车站值班员请求操动道岔前，必须向现场防护员确认作业人员已经撤到安全位置，方可请求操动道岔；道岔恢复原位时程序相同。

④各车间在雪停后 24 h 内要留有足够的除雪人员，对道岔转辙部积雪（特别是连接杆处）进行彻底清扫，防止因风吹或列车振动，使积雪侵入造成雪后道岔卡阻。雪停 48 h 内要对除雪责任区段的设备和除雪质量进行检查，消除隐患。

⑤雪停后信号工区要对管内的设备进行全面的检查，包括转辙机、轨道电路、电热融雪条及安装装置，是否存在破损，变形等问题出现，确保设备稳定运用。

⑥道岔融雪装置管理。安装道岔电热融雪装置必须严格遵守集团公司的相关技术标准要求，不得影响尖轨、心轨等工务设备的稳定性，安装道岔电热融雪装置，必须征得综合维修车间同意，安排人员监督。遇有降雪或冰雪影响道岔转换时，车站值班员根据雪情开启融雪装置控制终端，融雪装置连续加热不得超过 4 h。道岔电热融雪装置必须使用自动控制模式，严禁使用人工（短时）加热模式。车站控制终端自动功能失效，综合维修车间信号专业人员可以手动启动应急按钮，加热结束后，及时关闭。当降雪中道岔电热融雪装置发生故障，综合维修车间信号专业人员可根据雪情申请命令，上道进行抢修。

⑦日常应急演练管理。由生产调度监控中心牵头，工务维修技术中心组织各车间开展应急演练活动，并及时对演练过程中存在的问题进行收集整理。

典型案例9-1

冻害引起轨道几何尺寸严重超限封锁线路

1. 概　　况

某工务段线路车间主任孙某检查至某站上行机待线，发现线路冻害变化较大，现场冻害长 80 m，最大冻高 33 mm，最大冻凹 22 mm，最大三角坑 24 mm，如图 9-58 所示。根据《普速铁路线路修理规则》第 6.2.1 条线路轨道静态几何不平顺容许偏差管理值（混凝土枕线路）表所列，已超过其他站线封锁限值，危及行车安全，立即申请封锁进行临时抢修，对该处病害采用落道、捣固与垫

图 9-58　现场冻害情况

板相结合的方式进行处理，于17时39分处理完毕并开通线路。

2. 原因分析

该站上行机待线在两年前为水害地段，该处黄泥冲上线路导致路基土质变化，当年未发生明显冻害，近期由于温差异常变化及土质原因导致该处产生较大冻害。

典型案例9-2

高速铁路道岔夹冰，导致变更股道接发列车

1. 概　　况

某年2月1日16时34分，高速铁路线某站139/141号道岔定位无表示，17时21分，某段上道进行检查，发现139号道岔第1牵引点至第2牵引点间定位侧密贴检查器表示杆位置夹冰。图9-59为现场道岔定位侧密贴检查器表示杆位置夹冰，经处理完毕设备恢复正常使用，影响多次列车变更股道接发列车。

图9-59　道岔定位侧密贴检查器表示杆位置夹冰

2. 原因分析

由于2月1日上午开始降雪，中午气温回升积雪融化，午后气温骤降，在139号道岔第1牵引点至第2牵引点间定位侧密贴检查器表示杆雪水冻结成冰，16时34分，道岔扳动准备接D某次列车，由于定位侧密贴检查器表示杆位置夹冰，道岔发生卡阻造成139/141号道岔定位无表示。

防治案例9-1

包头组织民兵进行防凌实弹炸冰演习

随着黄河防凌进入全面戒备状态，包头市防汛部门组织民兵在某公司堤段，进行了防凌实弹炸冰演习。身着迷彩服的民兵将四门重型武器-320炸药抛射器一字排开。随着震

耳欲聋的爆炸声传来，冰层被炸开，冰凌腾空而起，水花高高掀起，炸碎的冰块顺畅地向下游流淌而去，防凌炸冰演习顺利完成。

包头防凌前线指挥部为了预防险情的发生，组织了这次实弹炸冰演习，确保包头段一旦出现卡冰结坝的险情，防凌抢险部队能及时拉得出、用得上、打得胜。

防治案例9-2

包兰铁路形成绿色走廊保障铁路畅通

穿越茫茫腾格里沙漠的中国第一条沙漠铁路——包兰铁路，受沙害影响极为严重，自1956年开始沙害防治工作，铁路部门成立了中卫固沙林场，历经几代人的努力，到1986年建成了由卵石防火带、灌溉造林带、草障植物带、前沿阻沙带和风沙育草带组成的“五带一体”铁路治沙防护体系，实现了人进沙退的壮举，很多流沙已经固定，沙面上出现1~8 mm厚的结皮，创造了举世瞩目的治沙奇迹。保证了40多年来包兰铁路在大漠中畅通无阻。1988年“包兰线治沙防护体系”荣获国家科技进步奖特等奖。这是铁路治沙界得到的第一个特等奖，也是至今唯一的特等奖。1994年中卫固沙林场荣获联合国环境规划署“全球环境保护500佳先进单位”荣誉称号。

为保证铁路安全畅通，承担治沙工程的兰州铁路局集团公司中卫固沙林场的科技人员和工人，在中国科学院沙漠研究所沙坡头治沙站科研人员的大力支持和配合下，在火车穿越的50 km铁路沿线展开了规模浩大的治沙工程。

1. 麦草方格沙障

包兰铁路六次穿越沙漠，其中以沙坡头坡度最大，风沙最猛烈，为了保证铁路畅通，避免轨道被沙埋住，从20世纪50年代起，在铁路两侧营造防风固沙工程，这项工程取得了成功，铁路两侧巨网般的草方格里长满了沙生植物，包兰铁路沙漠段几十年来安然无恙，这一治沙成果引起了治沙界的普遍关注。包兰铁路沙坡头铁路两侧巨网般的草方格如图9-60所示。

图9-60　包兰铁路沙坡头铁路两侧巨网般的草方格

2. 实施黏土覆盖

黏土虽较易剥蚀和受暴雨冲刷，如果铺一定厚度并加以夯实效果还是较好的，如掺入

25%的沙子或20%的碎石,还可以加强防蚀性。包兰线沙漠路基试验,黏土防护层厚度以20 cm效果为好,如在铁路沿线有泥灰岩的地区,可用泥灰岩风化碎屑加水浸软,搅成糊状物,涂抹于黏土防护层表面,抗风蚀能力将会显著增强。

3. 播草盖沙,栽培七大沙生植物

七大沙生灌木植物柠条、毛条、杨柴、花棒、沙棘、沙柳、红柳是能够在沙地、沙质化土地正常生长和繁殖的优良品种,可在裸露沙荒地、卵石滩地、沙坑地栽植及播种,全面实行播草覆盖。

4. 实施沙害综合治理

设置围栏、封沙育草,保护和恢复天然植被,设置高篱式沙障,阻挡远方流沙的侵袭,打井铺设输水管路,采用先进的滴灌设备与技术,防风固沙,养护林木。

防治案例9-3

某线沙埋线路临时封锁清理积沙

1. 概　况

某年3月15日,内蒙古地区,大风黄色预警,平均风力8~9级,阵风9~10级并持续,能见度2 km。某线路车间车间主任吴某添乘某次列车检查某线,11时13分发现某线K24+000~+100处沙子被刮上线路。立即通知某线路工区工长带人处理,首先组织车间干部职工申请临时封锁进行人工清理。由于风大沙子不断上线路人工清理不过来,故第二次申请临时天窗利用机械进行清理,图9-61为线路沙害处理前、处理中、处理后情况对照。

(a)处理前　(b)处理中　(c)处理后

图9-61　线路沙害处理前后情况对照

2. 原因分析

经检查发现某线K24+000~+050线路右侧高度为6 m高路堑,虽然该处所已经设置挡雪网、种植金吉尔,但因水土流失非常严重,冬季积雪春融后结冰,风大流沙造成沙子侵限,K24+026~K25+126为直线上坡地段,坡度6.8‰,长度1 100 m,造成该路段100 m范围内的线路有三处被沙子掩埋。

复习思考题

1. 凌汛有哪些危害？
2. 凌汛产生的自然条件是什么？
3. 冰凌对桥涵的危害有哪些？
4. 铁路桥涵防凌措施有哪些？
5. 凿冰沟的作用是什么？
6. 产生冻害的主要原因有哪些方面？
7. 表层冻害有哪些特征？
8. 深层冻害有哪些特征，危害是什么？
9. 注盐整治线路冻害有几种常用方法，分别是什么？
10. 发生沙埋现象比较严重的地点有哪些？
11. 植物固沙适用条件是什么，可以用哪些类植物？
12. 常见路基本体的防（治）沙技术有哪几种？
13. 铁路雪害防治措施主要有哪些？
14. 道岔融雪装置按加热方式分为哪几种？

引用规章文件

[1]《普速铁路线路修理规则》（铁总工电〔2019〕34 号）第四章第 4.13.5 条
[2]《普速铁路线路修理规则》（铁总工电〔2019〕34 号）第四章第 4.13.1 条

附　录

附录1　月度施工计划格式

编号	施工等级	线路	行别	施工项目	施工日期	施工地点	施工时间	施工内容及影响范围	限速及行车方式变化	设备变化	运输组织	施工单位及负责人	备注
						区间及起止里程	施工起止时间（施工时间，分钟）	施工内容影响范围	限速要求行车方式	线路数据变化： 站场线路、道岔、径路变化： 信号机位置及显示变化： 接触网信号标志位置变化： 其他变化：		主体施工单位 （职务） （姓名） 施工单位 （职务） （姓名） 配合单位	

附录 2　施工安全整改通知书

施工单位：　　　　　　　　　　　　　　　　　　检查单位(安全检查员)：

工程地点：　　　　　　　　　　　　　　　　　　编　　号：

检查发现问题	
整改意见及期限	
落实情况	
备　注	

施工负责人(签字)：　　　　　　　　　　　　年　月　日　时　分

检查单位负责人(安全检查员)(签字)：　　　　年　月　日　时　分

附注：本通知书主送施工单位，抄送建设单位、铁路局集团公司相关部室自存。

附录 3　营业线施工停工通知书

编号：　　　　　　　　　　　　　　　　　　　　　　　　　　施工单位：

你单位在____________施工，因违反_______________________规定，经___________________检查组（安全检查员）检查，目前施工危及营业线行车安全。应立即停工并采取措施，保障营业线列车安全运行。特此通知。

复工前书面报告我单位（部门）__________，复查合格后才能复工。

发出通知单位：　　　　　　　　　　姓名：　　　　　　　　时间：

接收通知单位：　　　　　　　　　　姓名：　　　　　　　　时间：

附注：本通知书主送施工单位，抄送建设单位、铁路局集团公司相关部室自存。

附录4　自轮运转特种设备运行、作业计划表

自轮运转特种设备运行、作业计划表　　(××××年×月×日)

上报时间:××××年×月×日

序号	列车种类	运行区段	预计时刻		列车编组	车号	使用单位	司机姓名	用途及运行要求	备注
			始发	终到						
1										
2										
3										
4										
5										

附录5　行车设备施工登记簿格式

运统—46（施工）

请求施工（慢行及封锁）登记					承认施工	施工后开通检查确认、销记		施工开通	备　注
本月施工编号	施工项目	月日时分	（1）影响使用范围（需要的慢行或封锁条件） （2）施工负责人签名 （3）设备单位检查人签名 （4）车站值班员签名	所需时分	（1）命令号及发令时间 （2）慢行及封锁起止时间 （3）车站值班员签名 （4）施工负责人签名	月日时分	（1）恢复使用范围和条件（开通后恢复常速确认） （2）施工负责人签名 （3）设备单位检查人签名 （4）车站值班员签名	（1）开通（恢复常速）命令号及开通时间 （2）施工负责人签名 （3）设备单位检查人签名 （4）车站值班员签名	

参考文献

[1] 杨忠吉.《普速铁路工务安全规则》知识问答[M]. 北京:中国铁道出版社,2014.

[2] 王志广. 工务设备常见病害整治与故障处理[M]. 北京:中国铁道出版社,2018.

[3] 包向阳. 电气化铁路工务安全作业基础知识[M]. 北京:中国铁道出版社,2018.

[4] 杨晓东. 铁路工务安全[M]. 北京:中国铁道出版社,2016.

[5] 李向国. 高速铁路技术[M]. 北京:中国铁道出版社,2010.

[6] 李肖伦. 我国铁路沙害的防治[J]. 中国铁路,2004(11):28-30.

[7] 钱征宇. 寒区铁路雪害特点及防治技术[J]. 中国铁路,2007(11):33-36,62.